TURGOT

Corbeil, typ. et stér. de Crété.

TURGOT

PHILOSOPHE, ÉCONOMISTE

ET ADMINISTRATEUR

PAR

A. BATBIE

ANCIEN AUDITEUR AU CONSEIL D'ÉTAT
PROFESSEUR SUPPLÉANT A LA FACULTÉ DE DROIT DE PARIS,
AVOCAT A LA COUR IMPÉRIALE.

OUVRAGE COURONNÉ PAR L'INSTITUT

— ACADÉMIE DES SCIENCES MORALES ET POLITIQUES —

PARIS

COTILLON, ÉDITEUR, LIBRAIRE DU CONSEIL D'ÉTAT,

au coin de la rue Soufflot, 23.

—

1861

A MADAME LÉON FAUCHER [1].

Madame,

En vous dédiant ce travail, j'acquitte une dette de reconnaissance; car c'est à la fondation par laquelle vous avez honoré la mémoire de Monsieur Léon Faucher, que l'ouvrage dont j'entreprends la publication doit l'avantage de paraître sous les auspices d'une haute récompense. Une pensée dont la délicatesse révèle une âme tendre en même temps qu'une intelligence élevée, vous avait portée à chercher dans les études qui ont fait sa gloire l'hommage le plus digne de votre mari; l'Académie a répondu à votre généreuse initiative par un heureux choix du sujet. Quelles que soient les différences des hommes et des temps, il y a entre Turgot et Léon Faucher plusieurs points de ressemblance. Tous les deux avaient l'esprit étendu et apte à des choses diverses; leur caractère était ferme et porté au bien; tous deux aussi en passant aux affaires ont eu la destinée commune de n'y pas rester assez longtemps pour réaliser leurs bonnes intentions.

Agréez, Madame, l'hommage des sentiments respectueux avec lesquels j'ai l'honneur d'être

Votre très-humble et très-obéissant serviteur,

A. BATBIE.

Paris, le 9 avril 1861.

---

[1] Madame Faucher a fondé un prix d'économie politique à l'Académie des sciences morales et politiques. Ce prix, qui porte le nom de Léon Faucher, a été décerné pour la première fois à l'auteur de cet ouvrage.

TURGOT

INTRODUCTION

Les siècles, comme les individus, sont jugés et caractérisés d'après leurs qualités ou leurs vices principaux; la postérité ne s'arrête pas aux côtés secondaires. Ainsi le dix-huitième siècle sera toujours, ou du moins pendant de longues années, appelé le temps de la destruction et du scepticisme, parce que son rôle consista surtout à détruire les abus et que les hommes de cette époque furent entraînés par la connexité des choses à diriger contre les bonnes institutions les mêmes coups qui frappaient les mauvaises. Seuls les esprits éclairés et impartiaux aperçoivent, au milieu de l'ébranlement universel, la préparation de l'égalité civile, de la tolérance religieuse, de la liberté politique, nobles et généreuses idées qui sont entrées définitivement dans nos mœurs et qui inspirent nos lois civiles et politiques depuis plus de soixante ans.

Lorsqu'on est habitué, depuis le jour de sa naissance, à jouir des bienfaits de la société dans laquelle on vit, on finit par n'en plus tenir aucun compte et par ne penser qu'aux inconvénients que l'on ressent. Les hommes se tournant vers les périodes antérieures les jugent d'après les proportions factices qui leur viennent du lointain historique; ils ne font attention qu'aux avantages de ces époques et n'aperçoivent pas les inconvénients qui n'incommodent plus personne. Ainsi au dix-neuvième siècle, les esprits maladifs, fatigués des doutes que soulèvent les périodes d'examen et de critique, se sont plu à vivre dans le moyen âge, et nous avons vu une école historique et poétique entreprendre la réhabilitation des institutions les plus surannées, les moins conciliables avec l'esprit moderne. De tels rêves peuvent récréer l'imagination, et il y aurait cruauté à les interdire aux enfants, aux poëtes, à tous les esprits faibles. Mais il faut résister aux tentatives que font des écrivains aux formes sérieuses pour réhabiliter ce qu'ils appellent le *bon vieux temps;* car, tout méchant qu'il puisse paraître, notre siècle est meilleur que le passé, et quiconque a sérieusement étudié le *bon vieux temps*, doit le tenir pour une époque détestable, livrée à tous les désordres.

Le nombre des écrivains qui élèvent la voix pour condamner la Révolution française, devient chaque jour plus considérable, et nous en sommes revenus au point d'être obligés de défendre 1789. On a commencé par attaquer les excès de 1793, et, lorsque tous les esprits sains ont été d'accord sur ce point, la réaction a tenté de saisir la révolution de 1789 pour la jeter dans une proscription commune avec ce qui avait suivi. Les événements de 1793, disent ces écrivains, ne furent-ils pas la conséquence de 1789, et pourquoi épargnerions-nous la cause, quand nous demeurons effrayés devant les monstrueux effets qu'elle a produits? — Arrêtons-nous. 1789 représente les principes de la révolution, et c'est toujours à cette date qu'il faut se reporter toutes les fois qu'on veut indiquer le but et la portée de ce grand mouvement. Défendre 89, ce n'est pas assurément absoudre tous les faits qui se sont passés, toutes les fautes qui ont été commises par une assemblée inexpérimentée, toutes les exigences d'un peuple affranchi de la longue oppression féodale; ces événements peuvent être diversement jugés même par les historiens pénétrés de l'esprit moderne. Mais ce qui devrait être tenu pour incontestable, c'est le programme qui fut inauguré le 4 août 1789, sur l'initiative généreuse des privilégiés eux-mêmes, et complété dans le préambule de la constitution du 3 septembre 1791.

Certes le retour des anciennes institutions n'est pas à craindre, et même avec une nouvelle Restauration le *bon vieux temps* ne pourrait pas revivre. Mais, lorsque les regrets éclatent en toute sincérité, il est naturel que l'esprit moderne s'affirme avec énergie.

Nul plus que nous ne déplore le triste sort des victimes; nul ne comprend mieux que leurs descendants, refusant de voir la justice pour ne regarder que le sang, aient prononcé l'anathème contre la révolution. Se plaindre de cette condamnation serait vouloir que le cœur humain fût fait autrement qu'il ne l'est : *quis temperare a lacrymis possit?* Mais l'historien impartial se met au-dessus des larmes et juge les faits avec plus de fermeté.

Non, il ne s'agit pas de savoir s'il y eut des crimes commis en 93 et des fautes imputables aux hommes de 1789; si la longue oppression qui avait pesé sur les populations n'explique pas la terrible éruption de la révolution; toutes ces récriminations peuvent satisfaire la passion, mais elles jettent le trouble dans l'esprit et ne résolvent pas la question. Car, la seule chose qu'il nous importe d'établir, c'est que la cause de la révolution était légitime et que ses résultats ont été justes.

Or, la révolution a ouvert la carrière pour tous sans la fermer à personne, et c'est là le fruit dont il faut hautement proclamer l'excellence.

Nous allons étudier la vie et les ouvrages de l'homme qui traça d'avance le programme de la révolution, que des circonstances fortuites poussèrent aux affaires et qui aurait consommé l'œuvre nouvelle sans secousse ni effusion de sang, si, pour se défendre contre les intrigues et les hostilités suscitées par les intérêts menacés, il avait eu à sa disposition la prérogative toute-puissante d'un roi qui aux bonnes et généreuses intentions de Louis XVI aurait joint la fermeté de Louis XIV. Chaque jour, le nom de Turgot grandira dans l'opinion publique ; la postérité adopte ceux qui poussent une société vers l'avenir ; elle commence par haïr et finit par oublier ceux qui ont voulu la retenir dans ses entraves. Ce nom mérite encore notre reconnaissance parce qu'il est un reproche perpétuel aux ennemis de la révolution. Assurément il aurait été préférable qu'une réforme spontanée eût fait disparaître les abus ; mais l'insuccès de Turgot justifie la revendication énergique que le tiers état fit de ses droits.

Avant d'entrer dans notre sujet, voyons quelle place occupait Turgot parmi les hommes qui au dix-huitième siècle avaient de l'influence sur l'opinion publique. Plusieurs catégories sont à distinguer ; car, il n'est pas de période où le bien et le mal aient été plus mêlés.

Voltaire, le grand conducteur de son époque, est la

complète personnification de ce mélange, et c'est parce qu'il s'est approprié les tendances bonnes et mauvaises de son temps qu'il l'a dominé en souverain intellectuel. Il attira les uns par son esprit persifleur, son ironie mordante, ses vers licencieux, ses perpétuelles plaisanteries contre les prêtres. D'autres plus graves applaudirent à ses éloquentes réclamations pour la liberté et la tolérance religieuses, à ses diatribes contre les abus, à ses immortelles défenses des Calas et de Labarre. Voltaire fut roi par la double puissance de sa frivolité et de sa haute raison ; mais on lui doit la justice de reconnaître qu'il préféra la partie sérieuse et positive de son influence au pouvoir de sa meurtrière ironie. « On trouvera, disait-il, dans tous mes écrits cette humanité qui doit être le premier caractère de tout être pensant. On y verra (si j'ose m'exprimer ainsi) le désir du bonheur des hommes, l'horreur de l'injustice et de l'oppression, et c'est cela seul qui a tiré mes ouvrages de l'obscurité où leurs défauts devaient les ensevelir (1). »

Voltaire combattait sans colère ni violence; il réclamait contre les abus avec la sérénité d'un homme heureux qui, par inclination d'esprit plutôt que par entraînement de cœur, s'intéresse à ceux qui souffrent, sans haine contre ceux qui oppriment.

(1) Préface de la tragédie d'Alzire.

Rousseau porta dans ses écrits l'amertume de ses douleurs et de ses humiliations; une colère, tantôt sourde, tantôt violente contre tout ce qui est élevé, inspire sa prose brûlante et ses théories niveleuses. Le sentiment qui domine l'écrivain, c'est plutôt la haine de ceux qui sont heureux que l'amour de ceux qui souffrent; en lisant ses œuvres, on croit entendre le cri du peuple sous l'oppression féodale. Son style, souvent déclamatoire, est l'indice d'un cœur irrité et d'un esprit malade. Ses livres servirent d'aliment aux mauvaises passions, et sa philosophie fut celle de la démagogie de 1793. Si l'on devait juger les doctrines par leurs fruits, il suffirait, pour caractériser le rôle de Rousseau, de dire que c'est de lui que procède Robespierre, l'homme d'État du *contrat social*.

Les succès qu'obtinrent les philosophes matérialistes contribuèrent beaucoup à la décomposition des esprits. Le sensualisme, la morale du plaisir et de l'intérêt développés dans les ouvrages de Helvétius et d'Holbach firent de nombreux prosélytes; or, les hommes que dominent de telles croyances sont prêts à tout supporter et à tout faire; si, par exception, ils échappent à cette corruptrice influence, c'est que la générosité de leurs instincts est plus forte que l'empire de leurs conceptions, et que leur cœur est grand autant que leur tête est faible. Helvétius et d'Holbach, fils légitimes de Locke (1), ont à répondre de bien des égarements ; qui pourrait dire le nombre de ceux que leur philosophie abjecte livra sans frein à la démagogie ?

Il s'était formé, dans ce temps-là, une école d'esprits sérieux qui voulaient détruire les abus, en conservant à l'autorité ses légitimes attributions et tuer l'intolérance, sans ouvrir la porte à l'irréligion. Si leur influence avait été prédominante, le dix-huitième siècle aurait compté parmi les périodes organiques de notre histoire; car, au lieu de jeter des institutions nouvelles sur des ruines mouvantes, il aurait donné une vigueur nouvelle à la société, en la purifiant, sans l'ébranler. Malheureusement ils demeurèrent presque isolés ; leurs formules scientifiques, leur style austère, la nature de leurs idées, que la nouveauté ne rendait pas séduisantes parce que leur profondeur en défendait l'accès au plus grand nombre, tout contribua à en faire des penseurs presque solitaires, sans influence sur les masses. Le monde éclairé les étudia et leur rendit justice ; mais la nation ne les écouta point, et dans la majorité ignorante ils furent ou inconnus ou traités d'esprits chimériques. C'étaient les économistes, qu'on appelait

---

(1) Locke ne tira pas du sensualisme toutes les conséquences que le matérialisme grossier d'Helvétius et d'Holbach en fit sortir; mais elles y étaient renfermées.

alors les *physiocrates*, dénomination qui rappelait une de leurs erreurs et dont l'injuste effet a été de faire attribuer à un Anglais l'invention d'une science dont ils avaient posé les fondements neuf ans avant l'usurpation (1).

Le plus grand des disciples de Quesnay, Turgot est le seul homme de son temps qui se soit montré digne de gouverner cette nation remuée par un vague désir de réforme, le seul capable de fixer cette aspiration et de la forcer à prendre un corps. Soit en effet qu'on le considère comme penseur, soit qu'on examine les actes de son administration, il apparaît constamment avec des idées bien arrêtées et un caractère aussi ferme que son esprit. Les ministres qui possèdent de telles vertus, réalisent de grands desseins, et, même quand ils échouent, les germes semés par eux dans le présent ne sont pas perdus ; l'avenir les féconde et glorifie le grand homme qui n'avait été méconnu que parce qu'il voulait faire violence à son siècle.

Turgot rencontra un roi faible, partagé entre des impressions contraires, voulant le bien, mais incapable de marcher à son but résolûment et dispersant en résolutions diverses ou opposées la toute-puissance de sa prérogative. Armé d'une volonté

---

(1) Adam Smith était venu en France et avait été disciple de Quesnay.

royale inébranlable, Turgot aurait enchaîné son siècle et forcé le torrent à couler dans un lit agrandi, mais régulier ; sans secousse, l'esprit moderne aurait reçu sa forme de ce génie puissant qui s'était assimilé toutes les grandes idées et tous les grands sentiments de son époque, en répudiant les mauvaises passions qui l'agitaient.

Après la chute du grand ministre, la France oscilla pendant quelques années, changeant de pilote à chaque instant, sans réussir à se remettre dans sa voie. Enfin le vaisseau se brisa. Veut-on savoir ce qui resta du bouleversement de la fin du dernier siècle? Qu'on interroge les œuvres de Turgot; là se trouve le programme légitime de la Révolution française. Tout ce qui a été fait en dehors est contestable ou condamnable. On a dit avec raison que Turgot aurait empêché la Révolution s'il était resté au pouvoir; le moyen qu'il voulait employer était aussi simple qu'infaillible. Il se proposait, en faisant les concessions qui étaient dues, de réduire l'esprit révolutionnaire à n'être qu'une stérile agitation, à l'éteindre en lui arrachant la puissance du droit. L'étude des œuvres et des actes de Turgot nous apprendra donc à juger cette grande période de notre histoire et à discerner ce qui est juste de ce qui est inique.

En philosophie, Turgot commença contre le sensualisme de Locke la réaction spiritualiste qui n'a triomphé qu'au dix-neuvième siècle et fut le précurseur de Maine de Biran, de Royer-Collard et de Cousin. L'économie politique lui doit plus qu'une impulsion; il en fut le véritable fondateur dans ses *Réflexions sur la formation et la distribution des richesses,* le premier traité qui ait été fait; car il parut neuf ans avant la *Richesse des nations* d'Adam Smith. Comme administrateur, il poursuivit avec persévérance le triomphe de la justice et l'application de ses principes économiques; il sacrifia tout à ses idées et abandonna le soin de ses intérêts pour se consacrer à ses convictions. C'est par là surtout que sa vie publique se distingue de la conduite des ministres ses collègues qui cherchèrent à durer pour eux-mêmes, non pour une cause. Son attachement désintéressé au bien général lui a valu l'immortalité, tandis que l'oubli règne sur les ministres qui parvinrent, à force de ruse et de concessions, à conserver, quelques années de plus, un pouvoir inutile au peuple.

Nous aurons donc à l'examiner successivement comme philosophe, comme économiste, comme administrateur. Mais cette division, que l'ordre de la composition nous oblige à suivre, ne correspond pas à la réalité. Dans l'ordre chronologique, l'histoire du philosophe, de l'économiste et de l'administrateur est une; car jamais, même au milieu de ses travaux les plus absorbants, Turgot ne cessa de tourner sa vaste intelligence vers la spéculation. Les écrits dont nous extrairons son système philosophique et sa doctrine économique sont datés les uns de Saint-Sulpice, les autres de Limoges; ceux-ci furent composés pendant la période tourmentée de son passage au contrôle général, ceux-là pendant les années de retraite qui séparèrent sa disgrâce de sa mort. Essayons, avant d'entrer dans les divisions que nous avons tracées, de reproduire dans son ensemble et son unité cette vie tellement remplie de grandes pensées et de belles actions que nous sommes obligés de la décomposer pour la bien comprendre.

BIOGRAPHIE

Anne-Robert Turgot naquit à Paris le 10 mai 1727. Sa famille fort ancienne appartenait à la noblesse d'épée ; mais plusieurs de ses membres avaient rempli des fonctions éminentes dans la magistrature. Michel-Étienne Turgot, le père du ministre, était prévôt des marchands, et c'est à lui que Paris doit l'égout qui étend ses ramifications sous la rive droite de la Seine (1). L'histoire a conservé le souvenir d'actes qui honorent les ancêtres de Turgot et prouvent que l'indépendance et le courage étaient naturels aux hommes issus de cette vieille race. En 1614, le trisaïeul de Turgot, président de la noblesse aux états de Normandie, ne craignit pas de résister au puissant comte de Soissons ; il s'opposa énergiquement à la concession qu'un gouvernement débile avait faite au

---

(1) Condorcet, dans sa Biographie de Turgot, dit que ce nom « signifiait le *Dieu Thor*, dans la langue des conquérants du Nord qui ravageaient nos provinces, pendant la décadence de la race de Charlemagne. » (Œuvres de Condorcet, *édit. Arago*, t. V, 6 et 7.)

comte, des terres vaines et vagues de la province (1). Quelques années après, on vit Claude Turgot des Toureilles, cousin du précédent, empêcher une levée de gens de guerre que de Watteville Mont-Chrestien avait indûment ordonnée en Normandie. Longtemps la généralité de Metz garda le souvenir des années heureuses qu'elle dut à l'administration du grand-père du contrôleur général; la Touraine, dont il devint plus tard l'intendant, n'oublia pas non plus la fermeté avec laquelle il défendit les intérêts de sa province au milieu d'une cour frivole et distraite des graves affaires. Enfin le prévôt des marchands (2) fit cesser au péril de ses jours, sur le quai de l'École, un combat entre les gardes françaises et les gardes suisses. Cette belle alliance de la valeur et de la fermeté, des vertus militaires avec celles du magistrat, ne manqua pas à Robert Turgot que nous verrons, plus tard,

(1) *Mémoires sur la vie et l'administration de Turgot*, par Dupont de Nemours, t. Ier de l'édition de 1811 p. 6. — Nous ferons nos citations sur l'édition en deux volumes de la *Collection des économistes*. Nous n'avons pris dans l'édition de Dupont de Nemours que le tome premier, où se trouvent les mémoires de l'éditeur.

(2) Voici comment s'exprime, à ce sujet, Dupont de Nemours : L'on ne peut songer à ce magistrat se jetant au milieu des grenadiers des gardes françaises et des gardes suisses qui s'égorgeaient, désarmant un des plus furieux, les contenant, les arrêtant tous et faisant seul cesser le carnage, sans se rappeler la belle image de Virgile :

. . . . . Si forte virum quem
Conspexere silent. . . . . . . (*Mémoires*, p. 8.)

courageux et inébranlable, au milieu des agitations causées par les actes de son administration calomniée ou mal comprise. Il fut de plus que ses ancêtres, un penseur éminent. Mais revenons aux premières années de sa vie ; de bonne heure il manifesta les qualités graves qui lui ont valu l'admiration de la postérité.

Morellet, le panégyriste le plus ardent de Turgot, raconte, avec un naïf attendrissement, l'étonnement du prévôt des marchands, lorsqu'il apprit que son fils distribuait presque tout son argent à ses camarades les plus pauvres, pour leur procurer les livres dont ils manquaient. Ces sentiments au-dessus de son âge ne changèrent pas l'opinion de sa mère, qui désespéra de cet enfant sans vivacité, gauche de manières, toujours absorbé par quelque idée et prêt à s'enfuir ou à se cacher derrière les meubles, au moindre bruit de porte. Aussi approuva-t-elle pleinement le projet que forma son mari de faire prendre à leur fils les grades théologiques, pour le préparer à l'état ecclésiastique. Turgot, après avoir fait ses études littéraires à Louis-le-Grand et suivi les classes supérieures au collége du Plessis, entra au séminaire de Saint-Sulpice, pour prendre son grade de bachelier en théologie.

Il avait connu au collége du Plessis trois professeurs distingués, qui furent récompensés des soins donnés à sa jeunesse par la gloire de devenir ses amis : c'était l'abbé Guérin, professeur de rhétorique, l'abbé Sigorgne, le premier qui substitua, dans l'enseignement universitaire, le système de Newton aux hypothèses de Descartes sur les tourbillons, et l'abbé Bon, « homme de talent et de caractère qui, selon les dispositions très-conciliantes d'une partie du clergé de ce temps, trouvait le moyen d'être admirateur passionné à la fois de Fénelon, de Vauvenargues, de Voltaire et de J.-J. Rousseau (1). »

Les bruits du siècle qui lui étaient arrivés au Plessis portés par les ecclésiastiques chargés de l'instruire, le suivirent à Saint-Sulpice ; tant l'agitation intellectuelle était générale. Elle pénétrait au fond des plus sévères retraites. Le jeune étudiant en théologie était tellement dévoré du désir d'apprendre qu'il mêla aux études théologiques la lecture des philosophes et des économistes, combinaison singulière qui aurait pu troubler une tête faible, mais qui, tombant dans cette précoce intelligence, y produisit le plus heureux effet. Depuis lors, Turgot ne cessa pas d'être à la fois catholique respectueux et philosophe indépendant. Cette association de la philosophie et de la religion, si difficile à maintenir, qui se dénoue ordinairement par la prédominance de l'un ou l'autre élément, se

---

(1) H. Baudrillart, *Éloge de Turgot*.

conserva dans cet esprit vigoureux et discipliné. L'enseignement théologique, en outre, l'habitua aux détails de la vie, par la casuistique, étude analogue à celle du droit et, comme la jurisprudence, propre à faire connaître les mille variétés de la pratique. Il n'en faut pas douter, cette minutieuse analyse des cas de conscience servit à développer la remarquable aptitude que Turgot montra plus tard à suivre les conceptions les plus élevées dans les conséquences les plus humbles.

C'est de Saint-Sulpice qu'est datée la lettre qu'il écrivit à l'abbé de Cicé sur le *papier-monnaie*. Nous sommes en 1749, et par conséquent Turgot n'avait que 22 ans. Avec une fermeté de pensée et une sobriété de style bien surprenante de la part d'un aussi jeune homme, il établissait quel était le véritable rôle du papier-monnaie dans les transactions. A ses yeux, les billets n'étaient qu'un auxiliaire de la monnaie et ne pouvaient pas la remplacer ; car si la monnaie sert d'intermédiaire à l'échange des produits, c'est parce qu'elle est une valeur à laquelle les autres peuvent être comparées. Le papier ne remplace l'or et l'argent que parce qu'il est réalisable, à volonté, en numéraire. S'il n'en était pas ainsi, tout le monde le repousserait comme un objet insignifiant. C'était la réfutation scientifique d'une opinion que l'expérience venait de condamner ; car la doctrine que Terrasson et Dutot soutenaient encore était toute meurtrie de la chute de Law.

A la Sorbonne où le bachelier en théologie vint prendre son grade de licencié, ses camarades le distinguèrent dès son arrivée ; leurs suffrages le nommèrent prieur. En cette qualité, il prononça deux discours, l'un au milieu, l'autre à la fin de l'année 1750, tous deux remarquables par la nouveauté du sujet et l'élévation des idées. « Il y a, dit « M. Cousin, plus de philosophie dans ces deux dis-« cours que dans tout Voltaire. » Dans le premier, il exposait les principes de la philosophie chrétienne et les services que le christianisme avait rendus à l'esprit humain (1). Dans le second, il traçait le tableau des progrès de l'humanité et terminait par ces remarquables paroles qui contiennent toute la philosophie de l'histoire. « La masse totale du genre humain, par des alternatives de calme et d'agitation, *marche toujours, quoique à pas lents, à une perfection plus grande* (2). »

Ses études théologiques terminées, Turgot écrivit à son père une lettre respectueuse, pour lui déclarer qu'il était décidé à ne pas suivre la carrière ecclésiastique. Les représentations des amis qu'il avait connus en Sorbonne, des abbés Morellet, de Brienne,

---

(1) Prononcé le 3 juillet 1750.
(2) Prononcé le 11 juillet 1750.

de Boisgelin, de Cicé, de Véry ne le firent pas revenir sur une détermination qui était bien arrêtée. Vainement lui firent-ils entrevoir qu'il pourrait arriver à un siége épiscopal situé dans les pays d'États et que là, devenu président d'une grande assemblée provinciale, il aurait le moyen de suivre son goût pour l'administration : « Jamais, leur répondit-il, je ne pourrai me résoudre à porter un masque toute la vie. »

Substitut du procureur général en 1751, il fut successivement nommé conseiller et maître des requêtes, dans l'espace de deux années. C'est en 1761 qu'il sortit du conseil d'État pour aller à Limoges, en qualité d'intendant. Avant de le suivre dans sa province, arrêtons-nous quelques instants sur cette période de dix années que remplirent les travaux du magistrat et les études du philosophe.

Son désir de connaître les hommes dont il avait lu les ouvrages le conduisit chez madame Geoffrin. Il y arriva précédé des éloges que les abbés Bon et Morellet avaient faits de son esprit et y fut accueilli avec l'empressement que méritait l'estime de tels amis. C'est dans ce salon qu'il vit et connut Montesquieu, Helvétius, d'Alembert, le baron d'Holbach, Galiani, Mairan, Marmontel, Thomas et une foule d'autres hommes distingués dont le commerce répondait aux aptitudes diverses de son esprit. Les tendances du siècle vers la tolérance et la liberté, qui l'avaient saisi encore enfant, se fortifièrent, dans son âme, au contact des hommes qui conduisaient le mouvement; mais cette fréquentation ne changea pas sa manière d'être, et se développant suivant l'impulsion de sa forte nature, il resta ce qu'il avait toujours été, grave, désireux de détruire le mal pour fonder le bien, ennemi du désordre autant que de l'oppression. Il ne devint pas railleur avec ceux-ci, violent avec ceux-là, irréligieux avec la plupart; il prit presque tout dans son propre fonds et ne subit que peu l'influence des milieux. Sa forte intelligence, au lieu de recevoir des formes du dehors, donnait plutôt son empreinte à ceux qui l'approchaient.

En 1753, il traduisit les *Questions sur le commerce* de Josias Tucker, travail ingrat auquel il se condamna par dévouement à la cause de la liberté commerciale. N'était-ce pas acquérir un auxiliaire précieux que de faire connaître un aussi bon livre dans notre pays où il était ignoré? Vers le même temps, il écrivit le *Conciliateur* ou *Lettres d'un ecclésiastique à un magistrat sur la tolérance civile*. « Quand l'État, disait-il, dans une de ces lettres, choisit une religion, il la choisit comme utile et non comme vraie. » Il en donnait pour preuve que des hommes de convictions différentes peuvent se succéder au pouvoir et qu'un changement de religion, au commencement de chaque règne, serait la mesure la plus impolitique qui se pût imaginer. Que le gouvernement s'oppose aux enseignements contraires à l'ordre ou à la morale : c'est son droit et même son devoir. L'intolérance commence lorsque la majorité proscrit une religion honnête et inoffensive, par le seul motif qu'elle la juge fausse.

A cette période de sa vie appartiennent aussi les articles *Existence, Étymologie, Fondation, Foires et Marchés*, qui furent publiés dans l'Encyclopédie. Turgot se proposait de faire, dans le même recueil, les mots *Mendicité, Inspecteurs, Hôpital, Immatérialité, Humide et Humidité*, lorsque la célèbre publication fut condamnée par le parlement. Son activité intellectuelle trouva un dédommagement dans l'amitié de Gournay, intendant du commerce et de Quesnay, le fondateur de la physiocratie. Comme le premier, il était ennemi des prohibitions et règlements qui retenaient l'industrie au maillot; avec le second il partagea l'honneur de créer la science économique et aussi (la vérité pure semble être au-dessus de notre imparfaite nature) l'erreur de croire que l'agriculture est la source unique de la production. Il est surprenant que l'amitié de Gournay ne l'ait pas mis en garde contre une pareille doctrine; car, l'intendant du commerce lui permit de l'accompagner dans ses voyages, lui montra les services que le commerce et l'industrie rendaient à la société et lui fit juger, par la vue des faits, à quelle grandeur elle pourrait atteindre, dès qu'elle serait libre de suivre son essor naturel. Il revint de cette inspection plus fermement attaché que jamais à la liberté commerciale; mais son erreur physiocratique ne fut pas dissipée par le spectacle des richesses manufacturières, et il la professa toute sa vie.

Lorsque Gournay mourut (1), Turgot composa, en son honneur, un éloge où l'on sent, du commencement à la fin, la double inspiration de l'admiration et de l'amitié. Il trouva, dans ce travail, l'occasion naturelle d'exposer, sous le nom de l'ami qu'il louait, ses propres opinions sur la liberté commerciale, et, tant il est difficile à l'homme de s'effacer même quand il parle des morts, on y a trouvé non sans raison, le programme de sa conduite politique. Répondant à ceux qui avaient souvent accusé l'intendant du commerce d'être un *homme à système*, après avoir dit que son noble caractère répugnait à prendre des ménagements qui ne pouvaient être utiles qu'à lui-même, Turgot ajoutait : « Ce n'était pas qu'il crut, comme certaines personnes l'en accusaient, qu'il ne fallait garder aucune mesure dans la réforme des abus; il savait combien toutes les améliorations ont besoin d'être préparées, combien les secousses trop subites

---

(1) En 1759.

sont dangereuses; mais il pensait que la modération nécessaire devait être dans l'action et non dans la spéculation. Il ne demandait pas qu'on abattît tout le vieil édifice, avant d'avoir jeté les fondements du nouveau; il voulait, au contraire, qu'avant de mettre la main à l'œuvre on eût un plan fait dans toute son étendue, afin de n'agir à l'aveugle ni en détruisant, ni en conservant, ni en reconstruisant. » Nul plus que Turgot n'a été accusé d'avoir voulu tout plier à ses conceptions, et, même aujourd'hui, après une révolution qui lui a trop donné raison, l'empirisme politique et administratif le traite dédaigneusement d'*homme à système*. Mais quand le moment sera venu, nous établirons que s'il fut, comme économiste, ennemi de toute concession, il se montra, comme administrateur, habile à préparer les mesures de transition. Pour le louer, nous n'aurons qu'à lui appliquer les éloges qu'il donna lui-même à l'ami dont il fut le disciple.

En 1761, il fut appelé à l'intendance de Limoges. Presque tous ses biographes arrivés à cette époque de sa vie expriment le regret de voir Turgot perdu pour la philosophie, et lui-même, s'il faut en croire Dupont de Nemours, aurait, sous l'empire des déceptions que lui laissa son passage aux affaires, plaint les années qu'il n'avait pas consacrées à la science. « C'est assez tard, dit l'auteur des *Mémoires*, qu'il a été convaincu que, vu l'instabilité qui tient à nos mœurs, une découverte heureuse, un livre fait avec soin sur une matière importante sont d'une utilité plus grande et plus réelle que celle de la loi la plus sage dont rien n'assure l'exécution et de l'établissement le mieux combiné dont rien n'assure la durée (1). » Regrets aussi injustes qu'inutiles! La gloire acquise en faisant le bien ne vaut-elle pas celle que donnent les plus brillantes facultés de l'esprit? L'homme qui par le spectacle des bénédictions dont les populations reconnaissantes honorent sa mémoire encourage les autres à bien faire, est-il donc moins utile que les initiateurs de l'intelligence? Or, jamais administrateur ne répandit autant de bienfaits sur une province.

La généralité de Limoges comprenait le Limousin et l'Angoumois; c'était, au moins pour les deux tiers, un pays pauvre, mal percé, coupé de montagnes. Ici les produits étaient insuffisants pour nourrir la population; là l'excédant de la production était retenu sur place par le mauvais état des routes, et l'abondance des uns ne pouvait soulager les douleurs des autres. A ces malheurs nés de la nature s'ajoutaient ceux qui avaient été créés par la loi. La taille dont le contingent imposé à la province avait été fixé à une

---

(1) *Mémoires*, t. Ier des œuvres de Turgot, édit. de 1811, p. 54.

époque de prospérité, pesait inégalement sur le pays, par suite de circonstances qui avaient fermé les débouchés par où les produits s'écoulaient autrefois. Cette surtaxe qui grevait toute la généralité était, pour certaines paroisses, aggravée par les opérations d'une mauvaise répartition.

Écrasée par ces maux permanents, la généralité de Limoges eut encore à souffrir de fléaux passagers. Pendant l'administration de Turgot, la disette, qui n'avait encore fait sentir ses rigueurs que sur certains points, s'étendit à toute la province ; l'Angoumois, en particulier, fut ravagé par le papillon du blé. Ces calamités tombaient sur une population, non-seulement découragée, mais pénétrée de préjugés et regardant avec défiance tous les efforts tentés, pour lui venir en aide. La résistance des administrés n'était pas la seule difficulté à vaincre ; un second obstacle venait des Parlements, corps puissants, jaloux de leurs attributions et des priviléges de leurs membres, peu favorables à l'autorité des intendants, hostiles aux doctrines nouvelles et attachés aux anciens règlements sur le commerce des blés avec l'obstination de l'aveuglement. Turgot surmonta tout.

Commençons par une observation qui explique le succès de cette difficile entreprise. L'intendant ne se borna pas à multiplier ses efforts, à ne reculer devant aucune fatigue ; il poussa le zèle jusqu'à l'abnégation et au sacrifice de sa propre carrière. Plusieurs fois, il put changer son poste pour des résidences plus importantes; mais il préféra toujours à son intérêt l'œuvre qu'il avait commencée (1); en refusant l'avancement qu'on lui offrait, il demandait qu'on reportât sur la province la bienveillance dont il était l'objet, et suppliait le contrôleur général de venir en aide à ses administrés soit par des secours, soit en augmentant la part du Limousin dans le *moins-imposé*, soit en faisant diminuer le contingent annuel que le conseil d'État mettait à sa charge. Le ministre, dans ses réponses, le louait de son zèle et faisait des promesses. Malheureusement elles ne furent que rarement tenues; chaque année Turgot renouvela ses demandes, et sa persistance dut sans doute paraître importune à un ministre préoccupé de graves embarras financiers. — Voyons maintenant comment fut conduite l'exécution de ses desseins.

Il fallait d'abord abattre les barrières que la nature avait élevées entre le Limousin et les provinces voisines, et celles qui séparaient les diverses parties de la généralité. Comment donner aux travaux publics une impulsion nouvelle, sans augmenter les

(1) Turgot refusa les intendances de Rouen, de Lyon et de Bordeaux. Le contrôleur général, dans les dépêches en réponse, le loue beaucoup de son zèle. *Mémoires*, p. 109 et lettre au contrôleur général Bertin du 10 août 1762. (Œuvres, édit. Guill., t. I, p. 511.)

charges et les injustices de la corvée ? jamais impôt n'avait été ni plus mal assis, ni plus mal perçu. Il n'atteignait que les paroisses voisines des travaux, ce qui était la conséquence inévitable de la prestation en nature ; si on avait requis les laboureurs éloignés des chemins, les animaux et les ouvriers seraient arrivés sur les chantiers fatigués et hors d'état de travailler. Ce mode de recouvrement avait encore l'inconvénient de causer une déperdition considérable de forces, à cause du peu d'ardeur que mettaient les prestataires à travailler, sans le stimulant de l'intérêt privé.

Demander de nouvelles ressources à cet impôt, c'eût été non-seulement aggraver une injustice déjà grande, mais encore tenter une mesure à peu près impossible ; car, cette taxe avait, à l'égard des paroisses qu'elle frappait, atteint son maximum de tension. Turgot résolut de convertir la corvée en argent, afin de la généraliser et d'en augmenter le produit.

Cette mesure fut accueillie avec la plus grande défiance. Les uns ne se rendaient pas compte de la conduite d'un intendant qui montrait tant de bienveillance à ses administrés, et, ne la trouvant pas naturelle, soupçonnaient vaguement quelque piège caché. D'autres dont les appréhensions étaient plus précises, allaient partout annonçant que, lorsque l'administration aurait reçu l'argent, elle rétablirait les anciens règlements, temporairement abrogés ; à leurs yeux, l'intendant ne voulait, par cette transformation, qu'arriver à *tirer d'un sac plusieurs moutures.*

Pour combattre de telles résistances, l'intervention de la puissance centrale n'aurait pas été de trop ; mais Turgot ne voulut pas recourir à un moyen aussi dangereux ; le roi ne pouvait trancher la difficulté qu'en donnant à sa décision un caractère général, ce qui aurait soulevé contre la mesure tous les privilégiés ; il était à craindre que leurs plaintes ne fussent assez puissantes, pour étouffer le projet.

Il tourna la difficulté avec une habileté qui prouve sa grande aptitude aux affaires. Mettant à profit une ordonnance de 1737 qui permettait aux intendants de faire exécuter les travaux par des entrepreneurs, aux frais des paroisses corvéables, il décida, par un simple arrêté local, qu'à l'avenir les chemins seraient construits de cette manière et que les sommes dues pour l'exécution seraient réparties, sur toutes les communautés, au marc la livre de la taille. Sans doute, cette innovation laissait subsister toutes les inégalités dont la répartition de la taille était elle-même entachée ; mais quoique imparfaite, l'amélioration ne tarda pas à être généralement approuvée. Les résultats d'ailleurs parlèrent assez haut pour faire taire tout mécontentement. Avec une imposition annuelle qui flottait entre quarante mille et cent mille livres, « on fit la route de Paris à Toulouse par Limoges et celle de Paris à Bordeaux par Angoulême, ouvertes depuis plus de quatre-vingts ans par la corvée et aussi peu avancées qu'au commencement. On fit la route de Bordeaux à Lyon par Limoges et Clermont ; celle de Limoges à la Rochelle par Angoulême ; celle de Limoges en Auvergne par Eymoutiers et Bort ; on fit une partie de celle de Bordeaux à Lyon par Brives et Tulle ; une partie de celle de Limoges à Poitiers, une partie de celle d'Angoulême à Libourne par Sainte-Aulaye, et l'on rendit praticable la route de Moulins à Toulouse par la montagne. Ce sont cent soixante lieues de route dans le pays le plus difficile, où il faut sans cesse monter et descendre (1). » Les routes une fois ouvertes furent entretenues de la manière la plus simple, au moyen de cantonniers placés de trois en trois lieues. Leur logement était situé au milieu de la distance à parcourir, et chaque jour ils devaient visiter la moitié de l'étendue qui leur était assignée.

Turgot compléta la réforme des corvées par une mesure relative aux transports militaires. Jusqu'alors ce service avait été fait par les habitants voisins des lieux de passage. Les réquisitions qu'on leur adressait

---

(1) Dupont de Nemours, *Mémoires*, p. 83 et 84, t. Ier de l'édit. de 1811.

tombaient souvent à l'improviste, au milieu des travaux les plus pressés et arrachaient les bœufs à la terre dans des moments où la moindre perte de temps pouvait être irréparable. Le transport des troupes se faisait du reste fort mal ; sans régularité, tantôt rapidement, tantôt avec lenteur, ici avec des bœufs, là par des chevaux ; naturellement les corvéables donnaient leurs plus mauvais animaux. La substitution de l'entreprise à la corvée était donc tout autant une amélioration du service qu'un soulagement pour les prestataires. L'innovation n'était pas sans précédent, et Turgot, en rendant compte de la réforme au contrôleur général, lui rappelait que l'exemple donné par les États de Languedoc avait été suivi, treize ans auparavant, par l'intendant de Franche-Comté.

Quant aux autres impositions, Turgot fit tout ce qui était en son pouvoir pour en détruire les vices. Pendant que, dans ses *Avis annuels*, il demandait, avec persévérance, la diminution du contingent de la taille imposé à la province, il poursuivait activement les opérations qui devaient conduire à une répartition plus exacte entre les paroisses et les contribuables. Son instruction aux commissaires des tailles indiquait avec netteté ce qu'il y avait à faire pour amener l'uniformité entre les diverses parties de la province, pour donner à l'impôt une assiette plus équitable et plus conforme aux données de l'analyse économique de la production ; enfin, pour ramener la proportion entre les estimations qu'avaient faites les experts et rétablir, autant que possible, la justice dans la répartition. Comme les registres des estimations n'avaient pas été tenus au courant des mutations, depuis près de vingt ans, il fit cesser cet état de choses et mettre les feuilles de relevé en harmonie avec la situation vraie des héritages ; cette mesure eut pour effet, en diminuant les cotes irrecouvrables, de simplifier la perception.

Turgot aurait voulu faire disparaître les taxes qui frappaient les animaux attachés à la culture ; c'est atteindre le capital d'exploitation, disaient les économistes, et porter l'agriculteur à le restreindre ; *autant*, ajoutaient-ils, *vaudrait imposer le fumier*. Son désir ne fut satisfait qu'en partie par l'exemption accordée aux bêtes à laine. Il fit revivre une disposition, depuis longtemps oubliée, qui dispensait de la taille les septuagénaires et les parents chargés de famille ; simplifia les formes des demandes en remise ou modération d'impôt, en cas de grêle, de gelée ou d'inondation au point que désormais les secours arrivèrent avec une rapidité appropriée à l'urgence des besoins ; enfin, termina les difficultés que faisait naître le voisinage de la généralité de la Rochelle, *pays de taille réelle*, où l'impôt était dû au lieu de la situation des biens, tandis que dans le Limousin, *pays de taille personnelle*, il était exigible au domicile du contribuable. Les doubles emplois qu'amenait l'action de ces deux principes ne furent plus possibles, du moment qu'un arrêté homologué par le conseil d'État eut décidé que, pour les deux provinces limitrophes, la taille serait payable, dans la paroisse de la situation. En cas de double emploi, chaque intendant avait le droit de pourvoir au remboursement des propriétaires *dont les demandes avaient été justifiées et vérifiées, par voie de rejet sur la paroisse où étaient situés les héritages* (1).

L'intendant, limité par la nature de son autorité, fut obligé de s'arrêter devant les vices généraux dont notre système financier était entâché. Sur ce point il dut se borner à faire connaître ses vues. Le contrôleur général Bertin qui méditait une réforme des vingtièmes, lui fournit une occasion d'exposer ses idées, en lui demandant ses observations sur le projet d'édit; Turgot le lui renvoya chargé de notes. Mais Bertin fut obligé de se retirer devant la résistance du parlement qui refusa d'enregistrer l'ordonnance, et sa retraite surprit l'intendant au milieu de la composition d'un mémoire sur *les impositions, sur l'imposition territoriale en particulier et sur le projet de*

(1) Art. IV de l'arrêt du conseil (œuvres de Turgot, p. 530, t. I).

cadastre. La réforme partielle du contrôleur général ne pouvait satisfaire la puissante intelligence de Turgot et l'avait conduit à une étude sur l'ensemble des contributions ; dès qu'un fait particulier tombait dans ce puissant esprit, il y provoquait immédiatement un travail de généralisation.

M. de Laverdy, qui prit le contrôle à la chute de Bertin, ne devait pas songer à reprendre un projet qui avait causé la retraite de son prédécesseur. Aussi, à partir de ce moment, Turgot se borna-t-il « aux « améliorations intérieures qui, dans sa généralité, « ne lui étaient pas interdites (1). »

Turgot avait compris, d'après les résistances que ses bonnes intentions avaient rencontrées, que l'ignorance des administrés est un sérieux obstacle à la marche de l'administration. En conséquence, il s'efforça de la dissiper par tous les moyens dont il put disposer. Dans ce but, autant que pour obéir à son goût pour les travaux de l'esprit, il attacha la plus grande importance à la présidence de la société d'agriculture, fonda des prix nouveaux et mit au concours des questions dont il rédigea lui-même le programme, sur des matières d'administration, d'agriculture et d'économie politique (2). Mais cette

(1) Dupont de Nemours, *Mémoires*, p. 70.
(2) Dupont de Nemours, *Mémoires*, p. 122 et suivantes, indique les sujets qu'il mit au concours :
1° Avantages du labour des chevaux et de celui des bœufs ;

propagande ne s'adressait qu'à un petit nombre de personnes déjà instruites, et il fallait surtout combattre les préjugés de la population rurale. Or, comment trouver, au milieu des terres, des agents intelligents pour parler aux paysans isolés? Les curés seuls pouvaient servir d'intermédiaire, et l'intendant s'empressa d'en faire les auxiliaires de son administration. Il les pria, dans ses lettres circulaires, de rédiger les pétitions que les habitants auraient à lui adresser; en même temps, d'engager leurs paroissiens à ne pas se déplacer pour venir au chef-lieu porter leur demande et à rester à leurs travaux avec la certitude que leurs réclamations seraient examinées; quant aux indemnités pour perte de bestiaux, les curés étaient chargés de garnir des tableaux divisés en plusieurs colonnes correspondant aux noms des propriétaires et à la date de la mort des animaux. Ces renseignements devaient être envoyés à l'intendant, d'abord tous les mois et, plus tard, tous les trois mois. Turgot leur parlait, dans ses circulaires, avec une bonté et une confiance qui suffiraient à expliquer le dévouement et l'empressement avec lequel

2° Quels sont les effets des impôts indirects sur le revenu des propriétaires de biens-fonds;

3° De la meilleure manière d'estimer exactement le revenu des biens-fonds;

4° De la fabrication des eaux-de-vie;

5° Histoire du charançon et de la meilleure manière de détruire cet insecte.

les curés servirent ses projets (1). Leur concours lui fut très-utile, pendant la disette de 1770-1771.

Le parlement de Bordeaux avait, dès le commencement du fléau, ordonné par un arrêt que, dans chaque paroisse ou communauté, on tiendrait une assemblée pour délibérer sur les moyens de pourvoir au soulagement des pauvres ; l'arrêt disposait, en outre, que toutes personnes ayant des revenus dans la paroisse contribueraient aux dépenses à raison de leurs facultés, sans distinction entre les privilégiés et les non-privilégiés. Cette mesure extrême, que justifiaient assez les circonstances exceptionnelles où l'on se trouvait, fut tempérée par l'intendant dans son application. Il écrivit aux curés pour leur indiquer comment ces assemblées de charité devaient être organisées. En même temps, il leur recommanda de commencer par faire appel aux souscriptions volontaires et de n'exécuter l'arrêt qu'en cas d'insuffisance des offrandes spontanées. « Je suis assuré, leur disait-il, par la correspondance que j'ai eue, à ce sujet, avec M. le procureur général, que cette voie de contribution volontaire, lorsqu'elle sera suffisante, remplira entièrement les intentions du parlement (2). » On voit par là que Turgot, fidèle à ses

(1) Ces lettres sont au nombre de cinq. Œuvres, t. Ier, p. 633 et suiv.

(2) Lettres circulaires du 10 février 1770, œuvres de Turgot, t. II. p. 21.

principes de liberté jusqu'à la dernière extrémité, réservait autant de latitude que possible aux délibérations des assemblées paroissiales; mais il ne recula pas devant les mesures coercitives, lorsque la nécessité lui en fut démontrée; c'est ainsi que, pour empêcher les propriétaires de renvoyer leurs colons et de les mettre à la charge des bureaux de charité, il rendit un arrêté qui les obligeait à pourvoir à leur entretien jusqu'à la récolte prochaine (1).

Il ne prit pas autant de ménagements pour combattre un autre arrêt par lequel le parlement de Bordeaux (2) avait ordonné à tous les marchands de blé, fermiers, régisseurs, propriétaires ou décimateurs, sans distinction de condition, de porter aux marchés quantités de grains suffisantes à l'approvisionnement, déduction faite seulement de ce qui était nécessaire pour la consommation domestique. Il leur était, en même temps, fait défense de vendre à domicile et ailleurs que sur le marché public. Cet arrêt fut déféré au conseil d'État, qui en prononça la cassation, « reconnaissant que le moyen pris par le parlement était contraire aux vues du bien public dont ce parlement était animé (3). »

Turgot fit casser également une ordonnance du

---

(1) Ordonnance du 28 février 1770.
(2) Arrêt du 17 janvier 1770.
(3) Arrêt du conseil, en date du 19 février 1770.

lieutenant de police d'Angoulême, qui prononçait les mêmes injonctions et prohibitions que l'arrêt de Bordeaux, à peine de mille livres d'amende (1). Il eut à défendre, d'un autre côté, la liberté du commerce des grains contre les murmures populaires. Pour rassurer les marchands, il fit afficher et publier les édits de 1763 et 1764; les officiers de Turenne ayant, sous la pression de quelques manifestations de ce genre, pris des mesures qui portaient atteinte à la liberté du commerce, il annula lui-même leur arrêté, sans le déférer au conseil. S'il déployait tant de vigueur pour maintenir la sûreté des ventes, c'est que depuis long-temps il était convaincu que les entraves étaient contraires à l'abondance des approvisionnements. Pourquoi, disait-il, ajouter les obstacles de la loi à ceux de la nature? Même en pleine liberté, n'y avait-il pas des mesures à prendre pour exciter et encourager les marchands qui reculaient devant des entreprises aventureuses? Turgot, malgré sa répugnance systématique pour les subventions, alla jusqu'à promettre la garantie de l'administration à un commerçant, si avant l'hiver, il faisait arriver une certaine quantité de grains; et ce qui prouve combien l'approvisionnement était difficile, c'est que le marchand ne put

(1) Arrêt du 8 avril 1770. L'ordonnance cassée était du 30 mars précédent.

pas remplir la condition sous laquelle la garantie lui avait été accordée.

En même temps qu'il assurait la liberté du commerce, l'intendant organisait la charité publique; les subdélégués et les officiers municipaux reçurent des instructions relatives à la constitution des ateliers et des bureaux de charité (1). Les premiers de ces établissements avaient pour objet de donner des secours par le travail aux pauvres valides; les seconds devaient venir en aide à ceux qui ne pouvaient pas s'employer, pour cause d'infirmité ou d'incapacité.

Malgré son respect pour les conventions et la propriété, la vue de la misère publique et le scandale de la tyrannie seigneuriale déterminèrent Turgot à s'associer à une mesure qui pouvait passer pour contraire à la force des contrats. Les seigneurs exigeaient le paiement de leurs redevances, en nature, suivant les clauses de leurs titres et conformément d'ailleurs à l'usage suivi; cette exigence, par suite de la cherté du blé, avait pour effet de quadrupler à peu près la dette. Le parlement de Bordeaux préféra suivre l'équité que le droit strict, et, s'appuyant sur une ordonnance de 1709 qui, dans un cas analogue, s'en était rapportée à la sagesse des cours, décida que les paiements pourraient être offerts en argent. Cette jurisprudence n'étant pas applicable à la portion de la

(1) Œuvres de Turgot, t. II, p. 4 et p. 37.

généralité qui ressortissait au parlement de Paris, Turgot (1) écrivit au chancelier pour lui exposer les raisons qui avaient fait prendre cette mesure et en demander l'extension à toute la généralité. Il n'était donc pas ce théoricien inflexible que ses ennemis ont représenté comme insensible même à la force des choses. Il savait d'ailleurs que si, parmi les contrats d'accensement, les uns avaient été librement consentis, d'autres étaient nés de l'oppression féodale; ainsi on s'explique comment Turgot fut plus touché de la misère des débiteurs que du droit des créanciers.

En même temps, il donnait, comme citoyen, l'exemple de la charité; toutes ses ressources furent consacrées à des œuvres de bienfaisance, et quand il les eut épuisées, il emprunta 20,000 livres, pour les consacrer au même usage. Cet administrateur ordinairement si exact, si attentif à ne pas dépasser les crédits, ne craignit pas de s'engager à découvert, pour l'approvisionnement de la province. Il demanda et obtint plus tard la décharge des obligations qu'il avait prises; mais cette noble confiance ne pouvait naître que dans une âme élevée et généreuse.

D'ailleurs qui aurait pu refuser son approbation à des opérations conduites avec autant d'intelligence que de dévouement? « J'ai reçu, disait-il lui-même

(1) Œuvres de Turgot, t. II, p. 67. — Lettre au chancelier, en date du 14 mai 1770.

dans son compte rendu au contrôleur général, dans le cours de deux années, 386,000 livres. Avec cette somme, dans le courant de ces deux années, j'ai fait entrer dans la généralité des grains de différente nature, des riz et des fèves pour la valeur de 890,248 livres. J'ai fait exécuter dans les deux années pour 303,400 livres d'ouvrages, et j'ai distribué pour 47,200 livres d'aumônes en sorte que la totalité des opérations monte à plus de 1,240,000 livres. J'ai donc fait pour près de 855,000 livres d'opérations, au delà des 386,000 livres que j'ai reçues. J'ose me flatter qu'un déficit de moins de 90,000 livres sur des opérations de plus de 1,240,000 livres vous étonnera moins et que vous jugerez moins défavorablement de mon économie (1). »

Dans l'Angoumois, la disette eut pour cause particulière, l'invasion du papillon du blé, insecte destructeur qui se multiplie avec une incroyable rapidité; car, chaque année en voit naître trois générations qui produisent 200 animaux pour un. Les habitants se hâtaient de vendre leur blé et répandaient ainsi le fléau dans les autres provinces. Celles-ci le renvoyaient, à leur tour, de sorte qu'il semblait inutile de combattre sur un point le mal qui arrivait de tous les côtés. Des expériences scientifiques avaient démontré que le blé soumis à une tem-

(1) Œuvres de Turgot, t. II, p. 97.

pérature de soixante degrés était délivré de l'insecte ; mais l'opération avait besoin d'être conduite avec précaution, parce que le froment, quand il a supporté une chaleur de soixante-dix degrés, perd la propriété de germer (1). Turgot fit construire des étuves en plusieurs endroits, les confia aux soins d'hommes capables de les diriger avec intelligence et attention, et écrivit aux curés pour les prier de faire comprendre aux paysans l'avantage qu'ils avaient à y apporter leur blé. Il combina ses mesures avec l'intendant de Poitiers (2), et, grâce à leurs efforts réunis, le fléau fut presque complétement dissipé (3).

Des préoccupations aussi graves, jointes aux soins quotidiens de l'administration courante, auraient absorbé tout autre que Turgot ; lui, trouva le temps pour composer de remarquables ouvrages et notamment ses *Réflexions sur la formation et la distribution des richesses*, véritable traité d'économie politique sous un titre plus modeste. Les livres qui ont été publiés depuis ne sont pas supérieurs à ce premier essai,

---

(1) Les expériences furent faites par MM. Duhamel et Tillet.
(2) M. de Blossac.
(3) Dupont de Nemours, *Mémoires*, p. 125. Turgot introduisit dans le Limousin des cultures nouvelles et particulièrement les prairies artificielles en luzernes, trèfles et sain-foin. Ces innovations relevèrent le nourrissage des bestiaux qui donnait le principal produit du pays ; le nourrissage n'avait été fait jusqu'alors qu'avec des turneps.

et la *Richesse des nations* d'Adam Smith lui-même, plus complète sans doute et plus analytique, est restée au-dessous comme ensemble et enchaînement systématique. Ce mémoire est entaché de l'erreur physiocratique; mais à part cette théorie, il est aussi profond que lumineux.

C'est aussi pendant son intendance qu'il écrivit à l'abbé Terray, sur le commerce des grains, ces lettres qu'on ne sait s'il faut admirer davantage comme démonstration ou comme acte de courage; car un intendant vulgaire se serait, par crainte de déplaire, abstenu de tenir un pareil langage à un contrôleur général qui avait manifesté son opinion en sens inverse. Turgot soutint avec fermeté les principes qu'il avait appliqués énergiquement au commencement de la disette. L'admiration augmente quand on sait que cette correspondance fut écrite « en moins d'un mois, pendant un voyage, en hiver, dans un pays très-pauvre, où il n'y a pas un bon gîte, au milieu des neiges, en faisant le *département*, c'est-à-dire la répartition de l'impôt entre les subdélégations et les communes (1). »

(1) Dupont de Nemours, *Mémoires*. Ces lettres sont au nombre de sept et portent les dates suivantes : 29 octobre 1770; Tulle, 8 novembre 1770; Egletons, 10 novembre 1770; Bort, 13 novembre 1770; Saint-Angel, 14 novembre 1770; Angoulême, 27 novembre 1770; Limoges, 2 décembre 1770 (Œuvres de Turgot, t. I, p. 158 et suivantes).

Une perturbation commerciale qui agitait la ville d'Angoulême lui fournit l'occasion de développer son opinion sur le *prêt à intérêt*. Il y avait une quarantaine d'années que, par suite de l'activité des affaires dont Angoulême était le théâtre, le taux de l'intérêt n'était pas descendu au-dessous de huit ou neuf pour cent; il avait même, plus d'une fois, atteint le nombre dix. Malgré l'ancienneté d'un état de choses qui était du reste accepté par tous les commerçants de la ville, un débiteur dénonça son créancier comme coupable d'usure, et l'autorité judiciaire, sur sa plainte, commença des poursuites. A cette nouvelle, tous les commerçants prirent l'alarme; car il n'y en avait pas un qui ne fût dans le même cas. Turgot écrivit sur les *prêts d'argent*, un mémoire où la question était traitée, au point de vue spécial du commerce d'Angoulême et au point de vue des principes généraux (1). Il y démontra la mauvaise foi des dénonciateurs et les inconvénients qu'entraînerait la continuation des poursuites pour le commerce du pays. A ses yeux d'ailleurs, l'usure n'était qu'un délit artificiel créé par la loi humaine, contrairement aux droits du propriétaire de capitaux. Pourquoi celui qui possède une somme d'argent ne serait-il pas maître de la vendre ou de la louer aussi librement que s'il avait des champs, des maisons ou des den-

(1) Œuvres, t. I, p. 106 et suiv.

rées? Le droit de propriété étant donné, Turgot en faisait découler la liberté du prêt à intérêt, et sa démonstration, fondée principalement sur cet argument, n'a rien gagné pour la solidité, en passant dans les spirituelles lettres de Bentham (1).

Conformément aux conclusions du mémoire, l'affaire fut évoquée par le conseil d'État, et les poursuites cessèrent.

C'est aussi à Limoges qu'il écrivit l'article *Valeurs et Monnaies*, travail inachevé qu'il avait commencé pour le *Dictionnaire de commerce* projeté par Morellet ; de la même époque datent ses *Observations sur les impôts*. Le prix qu'il avait proposé comme président de la société d'agriculture, sur la question de l'effet des taxes indirectes, avait été disputé par MM. Graslin et saint Péravy ; ce dernier l'emporta, mais une mention très-honorable fut accordée à son concurrent. Le mémoire couronné était conforme aux idées de Turgot, puisque l'auteur se déclarait partisan de l'impôt territorial unique ; mais on y trouvait plusieurs exagérations, et l'intendant fut assez impartial pour relever, dans ses *Observations*, les écarts de son allié. Il réfuta pied à pied le mémoire de Graslin et s'efforça de démontrer, une fois de

---

(1) *Defense of usury, showing the impolicy of the present legal restraints on pecuniary bargains.* Ces lettres sont datées de Crichoff dans la Russie Blanche, en 1787.

plus, que, les taxes retombant toutes sur le revenu agricole, il était inutile de charger plusieurs administrations de demander à plusieurs classes de contribuables ce qu'une seule devait supporter.

Son esprit universel s'appliquait à tout, même aux questions les plus spéciales. Dans un mémoire au ministre de la guerre (1), il proposa d'abroger le système du tirage à la milice, en le remplaçant par l'obligation imposée à chaque communauté d'envoyer un homme au corps provincial et de s'y faire toujours représenter par un milicien. « Dans ce système, disait-il, on pourrait sans inconvénient tolérer que les paroisses engageassent des miliciens volontaires ; elles seraient intéressées à n'en choisir que de bons, propres au service, à ne point engager des aventuriers sans résidence connue. La milice cesserait d'être un objet de terreur et d'effaroucher, à chaque tirage, les habitants des campagnes : on ne les verrait plus se disperser et mener une vie errante pour fuir le sort, puisque la charge de la milice serait volontaire pour les uns et se résoudrait pour les autres, en une légère contribution pécuniaire (2). »

Ainsi tous les détails de son administration prenaient, sous sa plume, un caractère général. Son mémoire sur la *propriété des mines et carrières* n'est

---

(1) Mémoire du 8 janvier 1773.
(2) *Œuvres*, t. I, p. 184.

que la réponse à une demande d'avis qu'il reçut comme intendant, sur la concession d'une mine de plomb dans la commune de Glanges. Le système qu'il y développa consiste à nier le droit de l'État et celui du propriétaire de la surface ; les mines sont, d'après Turgot, des richesses que personne n'a possédées avant leur découverte et dont l'existence est inconnue comme celle du trésor ; on peut dire d'elles que c'est : *Vetus quædam depositio cujus memoria non extat ;* et, puisqu'elles n'appartiennent à personne, il est conforme aux principes que l'inventeur soit déclaré propriétaire, en qualité de premier occupant. Sans doute, le propriétaire du dessus a l'avantage de pouvoir plus facilement pratiquer ses fouilles ; mais s'il trouve une mine, c'est comme inventeur qu'il y a droit et non *jure soli*. Celui donc qui, sur un point, a rencontré le gisement peut pousser ses galeries sous le sol voisin, à la charge de ne causer aucun dommage à la surface ; mais il ne doit pas d'indemnité pour le minerai qu'il extrait, parce que ces produits lui appartiennent *jure primi occupantis*. Deux exploitants, marchant en sens inverse, viennent-ils à se rencontrer, chacun doit rester maître de ses travaux et des matières extraites. Telle était la théorie que Turgot soutenait contre le droit régalien consacré par l'ancienne législation (1).

(1) Dupont de Nemours ne donne pas la date de ce mémoire ;

Malgré le succès de son administration et ses beaux travaux philosophiques et économiques, malgré sa liaison avec les hommes de lettres les plus célèbres, Turgot était peu connu à Paris, surtout à la cour. Il dut à son obscurité autant qu'au hasard d'être appelé au ministère de la marine, en remplacement de M. de Boynes.

Louis XV était mort le 10 mai 1774. Sans doute dans le but de réagir contre la honteuse domination des courtisanes, son successeur chargea de la composition d'un nouveau ministère, le vieux comte de Maurepas qui venait de payer par un exil de vingt-cinq ans, loin de la cour, une épigramme contre madame de Pompadour. L'opinion publique, tout entière à la joie de voir tomber des ministres infâmes, ne se préoccupa que peu du nom de leurs successeurs. C'était cependant un déplorable choix que celui d'un courtisan décrépit, sans autre habileté que celle qui consiste à ourdir ou à déjouer des intrigues de cour, uniquement attentif à ce qui pouvait intéresser sa position personnelle et dépourvu de cette initiative qu'il aurait fallu au premier ministre de Louis XVI, soit pour conduire le caractère incertain du roi, soit pour imposer à des privilégiés puissants les sacrifices

---

mais il est évident qu'il a été composé pendant le séjour à Limoges, puisque Glanges est situé dans la Haute-Vienne, arrondissement de Saint-Yrieix.

que la nation réclamait ; car on entrait dans une période d'effervescence où le pouvoir allait se trouver obligé de prendre un parti grave entre les résistances aristocratiques et les murmures populaires. Une circonstance fortuite fit entrer dans les conseils du roi le seul homme qui, dans ces conjonctures, eût été capable de porter le poids de la toute-puissance.

L'abbé de Very, qui avait connu Turgot à la Sorbonne, parla de lui à madame de Maurepas ; celle-ci, dès qu'il fut question du renvoi de M. de Boynes, pressa vivement son mari d'appeler à la marine l'intendant de Limoges, et le premier ministre céda d'autant plus facilement à l'influence de la comtesse qu'il espérait trouver une docilité absolue dans un collègue qui n'avait pas d'appui à la cour.

Turgot ne fit que passer au ministère de la marine qu'il quitta, un mois après environ, pour prendre le contrôle général (1). Arrêtons-nous quelques instants sur cette administration de trente-cinq jours. Quelque courte qu'elle ait été et quoique ce service spécial fût étranger à ses études, il signala son passage par des bienfaits : « Nous ne citerons que deux traits, dit Condorcet ; il fit payer aux ouvriers de Brest une année et demie des arrérages qui leur étaient dus, et il proposa au roi d'accorder à l'illustre

---

(1) Du 20 juillet au 24 août 1774.

Euler une gratification de 3,000 roubles (1). » S'il ne réalisa pas de plus grands desseins, c'est que le temps lui fit défaut; mais nous savons par ses écrits et par les mémoires de Dupont de Nemours (2) qu'il avait conçu des projets grandioses. Il voulait abolir le régime colonial, laisser au commerce une liberté complète, ouvrir aux vaisseaux étrangers toutes nos possessions maritimes et faire de l'île de France le centre d'un grand mouvement commercial. Il ne faut pas douter que s'il avait entrepris l'exécution de ce plan, il ne se fût plus d'une fois arrêté devant les faits; mais, comme il le disait lui-même, les tempéraments sont le correctif de la pratique, non de la théorie, et il ne faut tenir compte des résistances qu'au moment où l'on passe des principes aux actes.

Ce n'est pas à dire cependant que Turgot appartînt à cette catégorie de penseurs dont toute la hardiesse est dans l'esprit, et qui, arrivés au pouvoir, relèguent leurs conceptions parmi les chimères, rient de leurs principes comme d'une folie juvénile et suivent avec une ardeur de néophytes les traditions de l'empirisme. Entre l'inaction et le radicalisme, il avait trouvé un terme moyen, auquel il s'attacha fermement ; sa règle constante fut de poursuivre

---

(1) Condorcet, *Œuvres*, t. V, p. 48.
(2) Dupont de Nemours, *Mémoires*, p. 129 à 145.

le triomphe de la liberté jusqu'au point où elle rencontre le désordre, et de chercher la justice, sans égard pour l'ancienneté des abus, sans crainte des murmures et des menaces, sans autre ménagement que quelques transitions au profit des existences fondées avec bonne foi sur ces priviléges.

Aussitôt après sa nomination au contrôle général et en sortant de l'audience royale, Turgot écrivit au roi une lettre où il exposait le plan qu'il y avait à suivre, d'après lui, pour le rétablissement des finances. « Il n'y a qu'un moyen, disait-il, c'est de réduire la dépense au-dessous de la recette, et assez au-dessous pour pouvoir économiser chaque année une vingtaine de millions, afin de rembourser les dettes anciennes. Sans cela, le premier coup de canon forcerait l'État à la banqueroute (1). » Aussi recommandait-il au roi de refuser à l'avenir les grâces que les courtisans ne manqueraient pas d'implorer et de songer au sort des contribuables plutôt qu'au bonheur de quelques favoris. « Il faut, Sire, vous armer de votre bonté contre votre bonté ; considérer d'où vous vient cet argent que vous pouvez distribuer à vos courtisans, et comparer la misère de ceux auxquels on est quelquefois obligé de l'arracher par les exécutions les plus rigoureuses à la situation des

---

(1) Lettre du 24 août 1774. Œuvres, t. II, p. 165.

personnes qui ont le plus de titres à obtenir vos libéralités. » Il condamnait aussi les grâces qui semblaient n'être pas une charge pour le trésor parce qu'elles étaient imposées aux fermiers ; mais ces parts ou croupes, en diminuant les bénéfices des adjudicataires, devaient ralentir la chaleur des enchères et, par conséquent, diminuer le produit de l'impôt. « Tout profit sur les impositions, disait Turgot, qui n'est pas absolument nécessaire pour leur perception est une dette qui doit être consacrée au soulagement des contribuables ou aux besoins de l'État. »

S'il était utile de prémunir le roi contre sa bonté naturelle, il fallait surtout le mettre en garde contre les dangers de l'irrésolution ; car tout projet devenait impossible, s'il n'était pas secondé par une prérogative royale inflexible. « Je dois observer à Votre Majesté, disait-il, que j'entre en place dans une conjoncture fâcheuse, par les inquiétudes répandues sur les subsistances............ Sur cette matière, *comme sur beaucoup d'autres*, je ne demande point à Votre Majesté d'adopter mes principes, sans les avoir examinés et discutés, soit par elle-même, soit par des personnes de confiance, en sa présence ; mais quand elle en aura reconnu la justice et la nécessité, *je la supplie d'en maintenir l'exécution avec fermeté*, sans se laisser effrayer par des clameurs qu'il est absolument impossible d'éviter, en cette matière, quelque système qu'on suive, quelque conduite qu'on tienne. »

Il savait que les réformes rencontreraient une vive opposition dans le parlement, dont la stérile indépendance avait toujours servi la cause des abus. Aussi, malgré l'opinion publique qui se montrait favorable au retour des magistrats exilés et à la chute du parlement Maupeou, il vota au conseil des ministres contre le rappel de ses anciens collègues. C'était l'acte d'un homme d'État vraiment digne de ce nom, capable de subordonner ses amitiés et l'entraînement de son cœur au succès de la cause du bien public. Son opinion ne fut pas suivie, et le parlement revint plus puissant qu'il n'avait jamais été, irrité, bruyant et disposé à exercer avec une ardeur nouvelle le pouvoir qui venait de sommeiller dans l'exil. Les événements démontrèrent que le vote de Turgot était éclairé; car c'est du parlement que partit, avec la résistance aux réformes, la première étincelle qui alluma la révolution, contrairement aux vœux de ces inintelligents agitateurs.

Entre le contrôleur et la magistrature, la lutte commença à l'occasion de la cherté des grains. Dès le début de son ministère, Turgot (1) avait fait rendre un édit qui, renouvelant la déclaration de 1763, proclamait le commerce des grains complétement libre

(1) Édit du 13 septembre 1774.

à l'intérieur. Quoique partisan de la liberté, même à l'égard de l'étranger, le ministre n'avait pas voulu faire violence aux circonstances et s'était borné à la seule réforme qui fût autorisée par l'état de l'opinion.

Il n'appartenait qu'à un homme profondément versé dans la connaissance des lois sociales d'attendre, avec confiance, de l'entier exercice de la liberté, le meilleur remède aux douleurs publiques; cette sécurité, au milieu de l'agitation populaire, était le signe d'une croyance inébranlable à l'autorité de la raison.

Le parlement, au contraire, était principalement composé d'hommes livrés à tous les préjugés de l'empirisme. Ces magistrats dépourvus d'idées générales, comme le sont presque toujours ceux qui ont consacré leur vie à n'examiner que des faits, avaient en outre le défaut de croire qu'avec l'exercice du pouvoir on peut tout faire, même violenter la nature des choses. A l'inverse des économistes qui voulaient réduire le gouvernement à n'être que le protecteur du jeu régulier des lois sociales, le parlement le considérait comme le correctif de la société.

Lorsque l'émeute réprimée à Dijon, où elle avait commencé (1), se fut montrée aux environs de la capitale et de Versailles, le parlement fit afficher un ar-

(1) L'émeute éclata à Dijon le 20 avril 1775 : — elle partit de Pontoise le 1er mai 1775.

rêté qui défendait les attroupements, mais annonçait, en même temps, que le roi serait supplié de diminuer le prix du pain. C'était une concession faite aux insurgés et une atteinte à la liberté commerciale. Comment rassurer les boulangers qu'on menaçait de forcer à vendre au-dessous du prix de revient? Le contrôleur général répondit par une série d'actes d'une vigueur peu commune. Une ordonnance affichée dans tous les quartiers de la ville défendit d'exiger le pain au-dessous du cours; toutes les boutiques de boulanger furent protégées par des factionnaires; le lieutenant de police, Lenoir, qui avait pactisé avec l'émeute, fut destitué et remplacé par un ami de Turgot qui partageait ses idées et ses sentiments, l'économiste Albert; comme le parlement voulait connaître de toutes les affaires relatives à ces troubles, Turgot le fit mander à Versailles et le força, dans un lit de justice, à enregistrer une déclaration du roi qui saisissait la juridiction prévôtale; enfin il se fit donner un blanc-seing qui lui donnait des pleins pouvoirs sur la force armée, et chargea le maréchal Biron de dissiper l'émeute. Ce déploiement extraordinaire d'énergie lui attira d'autant plus de haines qu'il fut couronné d'un succès complet; mais sa conduite fut bientôt signalée à l'admiration de la postérité dans une lettre où Voltaire raconta les troubles de Pontoise et loua les actes du contrôleur général.

« Nous vîmes, ajoute-t-il en terminant, à Versailles passer le roi et la famille royale. C'est un grand plaisir, mais nous ne pûmes avoir la consolation d'envisager l'auteur de notre cher édit du 13 septembre. Le gardien de la porte m'empêcha d'entrer; je crois que c'est un Suisse. Je me serais battu contre lui, si je m'étais senti le plus fort. Un gros homme qui portait des papiers me dit : Allez, retournez chez vous avec confiance, votre homme ne peut vous voir; il a la goutte, ne reçoit personne, pas même son médecin, et travaille pour vous (1). »

Après avoir maintenu la liberté du commerce des grains contre l'émeute et le parlement, Turgot en assura le développement par la suppression de plusieurs entraves légales. Dans un assez grand nombre de villes, les denrées alimentaires étaient frappées de droits d'octroi élevés, impôt indirect mal assis puisqu'il frappait des objets de première nécessité. Des arrêts du conseil en prononcèrent successivement l'abrogation à Dijon, Beaune, Saint-Jean de Losne, Montbard (2), Pontoise (3), Bordeaux (4).

C'est à Rouen que le commerce avait été chargé

---

(1) Voltaire, Diatribe à l'auteur des *Éphémérides du citoyen*. — Cette lettre, adressée à l'abbé Baudeau, est du 10 mai 1775.

(2) Dans les quatre premières villes, la suppression fut prononcée par édit du 22 avril 1775.

(3) 30 avril 1775.

(4) 2 juin 1775.

des plus lourdes chaînes. Là le monopole appartenait à des marchands privilégiés en possession, depuis près d'un siècle, de charges établies en titres d'office. Comme un abus en entraîne toujours d'autres, on avait étendu le privilége jusqu'aux chargeurs, porteurs dont la profession était achetée, moyennant finance. Ce régime d'oppression était complété par un droit de banalité au profit de la ville, propriétaire de cinq moulins. A cet enchaînement de restrictions, Turgot substitua la liberté pure et simple (1).

Le monopole occupait encore le point le plus important du royaume ; car les édits de 1763 et 1764, qui avaient établi le libre commerce des grains, contenaient une disposition confirmative des règlements particuliers à la ville de Paris. Cette réforme ne fut réalisée qu'au mois de février 1776 : « Les règlements, disait le contrôleur dans son mémoire au roi, sont un titre pour autoriser les magistrats, en temps de disette, à faire parade de leur sollicitude paternelle et à se donner pour les protecteurs des peuples en fouillant dans les maisons des laboureurs et des commerçants ; enfin c'est une branche d'autorité toujours précieuse à ceux qui l'exercent. » La suppression de ce régime entraînait celle des offices de tout genre qui existaient sur les halles. Un se-

(1) Arrêt du 23 juin 1775.

cond édit compléta les dispositions du premier par l'abolition de ces charges.

En même temps que les deux édits précédents, Turgot en présenta quatre autres pour supprimer les corvées, les jurandes, et la caisse de Poissy et pour modifier le droit sur les suifs.

1° Le projet d'édit sur les corvées substituait à la prestation en nature des paroisses voisines des travaux une contribution spéciale payable par tous les contribuables, sans exception. Ce n'était pas, comme dans la réforme faite à Limoges, une addition à la taille empreinte de toutes les inégalités qui viciaient l'impôt principal, mais une taxe particulière qui, comme tous les impôts de création nouvelle, frappait les privilégiés eux-mêmes. Turgot proposait de l'ajouter aux *vingtièmes* parce que tous les ordres étaient soumis à cette contribution.

2° Le régime des maîtrises et des jurandes était, depuis longtemps, condamné par l'opinion publique comme la violation du droit de travailler, le seul qui reste au pauvre pour défendre sa dignité contre la misère. Ce système livrait sans défense les ouvriers à tous les excès du monopole et leur enlevait l'espoir de s'élever à une condition meilleure par l'intelligence et l'économie. L'occasion pour faire tomber ce vieil édifice était on ne peut plus favorable à cause de la guerre d'Amérique, qui fermait un vaste débouché aux fabriques anglaises, arrêtait la fabrication et réduisait une foule d'ouvriers à chercher de l'ouvrage au dehors : « S'il y a un moment, disait Turgot, où l'on puisse espérer d'attirer en France beaucoup d'ouvriers Anglais et, avec eux, une multitude de procédés utiles inconnus dans nos fabriques, c'est celui-ci. L'existence des jurandes fermant la porte à tout ouvrier qui n'a pas passé par de longues épreuves, et en général aux étrangers, ferait perdre au royaume les avantages qu'il peut retirer de cette circonstance unique. »

3° La caisse de Poissy avait été établie pour que les opérations sur les marchés de Sceaux et de Poissy se fissent au comptant, ce qui dispensait les vendeurs de perdre un temps précieux à surveiller la solvabilité des acheteurs. La caisse ouvrait des crédits aux bouchers, et ceux-ci remboursaient au bout de trois semaines ou de quinze jours avec l'argent provenant de la vente au détail des viandes. Ce service n'était pas gratuit, et c'est pour le rémunérer que l'on prélevait, sur le prix d'achat, un droit de tant pour cent. Rien n'eût été plus juste, si tous les acheteurs avaient participé aux bienfaits de l'institution. Mais parmi eux, les uns n'étaient pas crédités à la caisse parce que leur solvabilité n'était pas suffisamment établie; d'autres n'y recouraient pas parce que l'état de leur fortune rendait cette ressource inutile. On forçait donc ceux qui n'en profitaient pas à payer un service dont tout l'avantage tournait au profit de leurs rivaux. En conséquence, Turgot proposait de supprimer l'impôt qui grevait les ventes faites sur les marchés de Sceaux et Poissy, et de le remplacer au profit du trésor par une addition aux droits d'entrée sur les bestiaux à Paris.

4° C'est par une conversion analogue qu'il remplaçait le droit perçu sur les suifs étrangers (1). La communauté des chandeliers achetait le suif des boucheries de la ville, et, comme le suif du dehors payait un droit d'entrée, les marchands se gardaient bien d'en faire venir de l'extérieur. La consommation était donc limitée à la production intérieure, ce qui amenait la rareté de la marchandise et l'élévation exorbitante des prix. Pour rendre cette spéculation impossible, il suffisait de reporter le droit de la matière imposable sur les animaux qui la produisaient. Il devait résulter de cette modification une augmentation de revenu pour le trésor, puisque le droit ancien avait été rendu presque illusoire par la manœuvre des chandeliers.

Ces propositions, à l'exception de celle qui tendait à la suppression de la caisse de Poissy (2), rencontrèrent au parlement l'opposition la plus vive. Le garde des

(1) Turgot remplaça le droit de 7 livres 13 sous par quintal au moyen d'un droit de 50 sous par quintal sur les bestiaux à l'entrée.
(2) L'édit sur la caisse de Poissy fut enregistré le 9 février 1776. — Les autres ne le furent que le 12 mars suivant.

sceaux commença la lutte dans un long mémoire contre l'édit des corvées (1), et le parlement refusa l'enregistrement. Turgot répondit à M. de Miroménil par un mémoire où il discuta chaque argument et fit mander les magistrats à Versailles pour y tenir un lit de justice. Les remontrances furent faites par l'avocat général Séguier, qui parla en interprète fidèle des préjugés de sa compagnie. En lisant ces déplorables pages où les objections les plus absurdes sont rendues dans le style le plus déclamatoire, on est tenté de mettre en doute la bonne foi du magistrat qui les écrivit ; les principes qui furent alors combattus sont devenus tellement familiers à tout homme éclairé que nous avons peine à croire que ces pauvretés aient été dites avec sincérité. Ne nous hâtons pas cependant d'accuser un des noms les plus justement honorés de la magistrature et reconnaissons que ce langage, quelque étrange qu'il soit, s'explique par les préjugés du milieu dans lequel Séguier naquit et vécut. Mais jamais plus profond aveuglement n'a fourni un plus éclatant exemple de ce que Bacon appelait le fantôme de la caverne (*idola specus*), c'est-à-dire de cette cause de nos erreurs qui vient du courant d'idées que nos relations de société entretiennent autour de notre esprit. « Pourquoi, disait-

---

(1) Œuvres de Turgot, t. II, p. 251 et suiv.

il en commençant, faut-il qu'aujourd'hui une morne tristesse s'offre partout aux regards augustes de Votre Majesté ? si elle daigne les jeter sur le peuple, elle verra le peuple consterné ; si elle les porte sur la capitale, elle verra la capitale en alarmes ; si elle les tourne vers la noblesse, elle verra la noblesse plongée dans l'affliction (1). »

N'est-on pas tenté de prendre pour une dérision ces paroles où le peuple et la noblesse sont associés d'une façon si singulière ? En toute vérité cependant le peuple était assez ignorant pour redouter les projets de Turgot, comme les paysans du Limousin s'en étaient autrefois défiés ; il croyait au désintéressement des magistrats et ne pouvait pas s'imaginer que leur résistance ne fût pas favorable aux intérêts populaires. Ce ne fut ni la première ni la dernière fois que le peuple prit pour la vraie démocratie ce qui n'était qu'agitation vaine et qu'il accorda sa faveur aux défenseurs de la cause aristocratique. D'ailleurs la multitude est semblable aux exilés ; le bruit, de quelque côté qu'il vienne, est agréable à son cœur parce qu'il réveille toutes ses espérances.

Turgot triompha du parlement, et les édits furent enregistrés. Mais comment combattre avec un bon-

(1) Le procès-verbal du lit de justice tenu à Versailles le 12 mars 1776 a été inséré en note au tome II, p. 323 et suivantes des Œuvres de Turgot. — Nous le reproduisons à la fin de ce volume.

heur constant la haine d'un corps aussi puissant? Il avait du reste contre lui et l'opposition secrète du premier ministre et les clameurs unanimes des financiers.

Le comte de Maurepas, qui n'avait accepté Turgot qu'à cause de son obscurité, commençait à être offusqué de l'importance que le contrôleur général avait prise. S'il ne luttait pas ouvertement pour le renverser, c'est qu'il jugeait inutile de rien faire contre un ministre qui était assailli par tant d'ennemis. La haine des financiers était plus active. — Turgot avait commencé par refuser l'offrande que les fermiers généraux étaient dans l'usage de porter au contrôleur général, à chaque renouvellement de bail : il aurait craint, en l'acceptant, de se mettre par une prévarication dans la dépendance d'hommes qu'il voulait poursuivre à outrance. Son premier acte d'hostilité contre eux avait consisté à déclarer qu'à l'avenir les croupiers et croupières ne seraient plus tolérés; bientôt après, il avait retourné contre la ferme une disposition portant que, dans le doute, les règlements et tarifs seraient interprétés en sa faveur et au détriment des contribuables. A l'avenir, ceux-ci devaient profiter de l'obscurité des dispositions.

Turgot avait fait cesser un marché conclu par l'abbé Terray avec la régie des hypothèques et obtenu de la nouvelle régie qu'il institua, une avance de

12,000,000 à des conditions moins onéreuses que celles qu'on avait consenties à la première (1). Il avait également résilié le bail des fermiers du domaine (2) et celui de la compagnie des poudres et salpêtres (3). Pour le dernier service, la ferme avait été remplacée par la régie directe confiée à un régisseur de l'exécution sous la direction de quatre administrateurs qui, en même temps, lui servaient de cautions (4).

Turgot avait révoqué le privilége conféré aux entrepreneurs des messageries et en avait fait rentrer l'exploitation parmi les droits domaniaux. C'est à la suite de cette mesure qu'on avait vu, au lieu des lourdes et lentes voitures qui circulaient sur les routes, des diligences légères et rapides que la ma-

(1) Les fermiers dont le bail fut résilié avaient consenti une avance de 8,000,000 livres, aux conditions suivantes : 1° la compagnie touchait les remises proportionnelles; 2° l'intérêt de 8,000,000 à 12 °/$_0$; 3° le capital prêté était remboursable par fractions sans que les intérêts payables annuellement en fussent diminués.
(2) Les conditions du bail du domaine étaient également exorbitantes. Indépendamment des droits domaniaux, on leur avait conféré le pouvoir de faire rentrer, à leur profit, tous les domaines engagés.
(3) Les conditions de l'ancienne ferme imposaient la fourniture d'une quantité de poudre insuffisante pour la guerre et trop grande pour la paix, sans que le report de l'une à l'autre pût être exigé.
(4) Bergaud fut nommé régisseur. Parmi les administrateurs-cautions, se trouvaient Lavoisier et Le Faucheux.

lice populaire appelait ironiquement les *Turgotines* (1).

A ces réformes qui toutes avaient pour objet d'augmenter le produit des impôts, Turgot en avait ajouté plusieurs autres dont l'effet était de réduire les dépenses. Le banquier de la cour avait été supprimé ; les princes dont la capitation avait été jusqu'alors perçue par un receveur spécial, durent à l'avenir la payer au receveur de leur domicile ; le receveur général de la capitation et des vingtièmes de Paris avait été rendu inutile par la création de six receveurs des impositions ; la finance de leurs charges, fixée à la somme de 600,000 livres, avait servi à rembourser le receveur général.

Pendant qu'il augmentait les recettes et diminuait les dépenses, Turgot avait, par d'habiles opérations de trésorerie, ramené la confiance publique au gouvernement. Sans doute le déficit était encore profond ; où aurait-il trouvé, pour les jeter dans le gouffre de la dette, 22 millions d'excédant des dépenses ordinaires sur les recettes normales, 78 millions pour les avances faites par les fermiers et 235 millions de dette exigible ou flottante, pour employer l'expression moderne, arriéré accumulé

---

(1) *Notice historique sur Turgot*, par E. Daire, Œuvres, t. I, p. LXXXVII. Arrêt de décembre 1775, Œuvres, t. II, p. 428.

(2) Arrêts de janvier 1775 et de décembre 1775, Œuvres, t. II, p. 384 et 387.

par les guerres et les débauches des derniers règnes? Aucune mesure ne pouvait donner les 335 millions dont le trésor était à découvert lorsque Turgot arriva au contrôle-général ; mais il avait fait ce que pouvait faire l'homme le plus habile et le plus économe. Les services publics et le paiement des intérêts de la dette avaient été assurés; 15 millions avaient été remboursés sur la dette exigible et 28 sur les anticipations des fermiers. Les murmures des mécontents qui perdaient tant par la réforme des abus étaient couverts par la grande voix de l'opinion publique, et le rétablissement de la confiance donnait aux actes du ministre, l'approbation la plus éclatante qu'il pût désirer. Les capitaux eux-mêmes se livraient de manière à démentir les récriminations des financiers. Au moment où Turgot succomba, il venait de négocier en Hollande un emprunt à 4 0/0, tandis que son prédécesseur avait payé l'argent jusqu'à 12 0/0 et au-dessus.

Le clergé et la noblesse faisaient cause commune avec le parlement et les gens de finance. Les prêtres considéraient Turgot comme un philosophe, et dans ses opinions sur la tolérance, ils voyaient avec regret un blâme offensant pour leurs prédécesseurs. La tentative qu'il avait faite pour décider Louis XVI à modifier la formule du serment du sacre avait augmenté leur hostilité contre le contrôleur-général. Le roi, qui comprenait combien il était peu conforme à l'esprit de son époque de *jurer d'exterminer les hérétiques* (1), ne voulut cependant pas froisser un clergé puissant, et cédant à cette crainte plutôt qu'à celle d'engager sa conscience, il avait mieux aimé prononcer quelques paroles inintelligibles que d'adopter la formule proposée par Turgot.

Mais le motif le plus puissant de l'opposition du clergé lui était commun avec la noblesse. Les deux premiers ordres de l'État sentaient que leurs privilèges étaient menacés par les projets du contrôleur-général. Celui-ci n'avait pas caché ses idées sur l'impôt, et nul n'ignorait que son but était de convertir les contributions directes en une subvention territoriale unique, exigible de tous les propriétaires, sans exception (2). L'édit qu'il avait fait rendre pour substituer aux corvées un impôt ajouté aux vingtièmes prouvait suffisamment qu'il était prêt à passer de la théorie à l'exécution. On savait d'ailleurs que ses desseins étaient plus radicaux et que, par un système de municipalités fondées sur la propriété foncière, il voulait ruiner la puissance qui restait aux deux ordres.

Dans ce projet d'organisation politique, les propriétaires jouissant d'un revenu foncier de 600 li-

---

(1) Mémoire au roi de juin 1775, Œuvres, t. II, p. 492.
(2) Dupont de Nemours, *Mémoires*, p. 193.

vres nommaient les membres des municipalités paroissiales dont les attributions étaient au nombre de quatre :

« 1° Répartir les impositions ;

« 2° Aviser aux ouvrages publics et aux chemins vicinaux spécialement nécessaires au village ;

« 3° Veiller à la police des pauvres et à leur soulagement ;

« 4° Savoir quelles sont les relations de la communauté avec les autres villages voisins et avec les grands travaux publics de l'arrondissement et porter le vœu de la paroisse à l'autorité supérieure qui peut en décider. »

Les propriétaires dont le revenu était inférieur pouvaient former une voix collective en se réunissant à d'autres. Chaque assemblée municipale nommait un délégué à la municipalité d'arrondissement, élection ou district. Cette assemblée avait des attributions analogues à la première et était spécialement chargée de répartir l'impôt entre les paroisses.

A leur tour, les assemblées de district nommaient des délégués dont la réunion formait la municipalité provinciale qui faisait le *département* ou répartition des impôts entre les élections. Enfin la municipalité centrale ou grande municipalité composée des délégués envoyés par les municipalités provinciales, aurait remplacé les états-généraux pour le vote des subsides ;

c'est par elle qu'aurait été déterminé le contingent à lever dans chaque province.

C'était le programme d'une révolution profonde qui absorbait les deux premiers ordres dans le tiers-état. Sans doute l'étendue des propriétés qu'ils possédaient aurait assuré aux prêtres et aux gentilshommes une grande influence sur les élections ; mais ils auraient cessé d'être comme ordres distincts, tenant leurs droits de la naissance ou du caractère ecclésiastique, et l'on sait, par les événements qui suivirent, que cette aristocratie tenait plus à une distinction honorifique qu'à une puissance réelle partagée avec les roturiers (1).

Turgot ne désespéra pas de vaincre cette coalition d'intérêts tant qu'il put conserver au ministère le chancelier de Malesherbes dont l'appui soutenait son courage (2) ; mais le premier ministre, à la suite d'une scène d'humeur habilement ménagée, arracha sa démission au garde des sceaux, et à partir de ce moment, la chute de Turgot devint inévitable. Louis XVI gagné à la cause des opposants témoigna au contrôleur-général une froideur significative. Un jour, il interrompit son ministre au milieu de la lec-

(1) La rédaction du mémoire sur les municipalités a été faite par Dupont de Nemours ; elle avait été approuvée par Turgot.
(2) M. de Malesherbes qui avait remplacé à la justice Hue de Miromesnil partageait une grande partie des idées de Turgot, et le comte de Maurepas les appelait *nos deux philosophes*.

ture d'un mémoire, pour demander s'il aurait bientôt terminé; sur sa réponse affirmative, le roi s'écria : *Tant mieux*, de l'air d'un homme profondément ennuyé. Quoiqu'il ne pût pas se tromper sur la pensée de Louis XVI, Turgot ne voulut pas offrir sa démission et attendit une révocation expresse, non par attachement au pouvoir, mais pour conserver au monarque incertain un dernier moment de réflexion. Peut-être en l'obligeant à faire un acte de vigueur, le déciderait-il à persévérer dans la voie où il marchait depuis deux ans. Vaine espérance ! L'ancien contrôleur-général Bertin qui lui aussi était autrefois tombé victime de ses bonnes intentions fut chargé de lui porter l'ordre qu'il attendait (1). En quittant le pouvoir dont il avait usé pour accomplir de si grandes choses et qu'il abandonnait à tous les hasards de l'intrigue ignorante, Turgot prononça de tristes paroles qui renfermaient une prophétie trop sûre de la mort du roi. Mais en rappelant la destinée de Charles I*ᵉʳ*, il ne prit ni le ton du dépit, ni celui de la menace; ses paroles furent dites avec l'accent d'une

(1) Je n'ai pas jugé à propos de raconter les intrigues du comte de Maurepas avec l'aventurier Féray. Tout en les croyant vraies, je n'y attache que peu d'importance parce que, si les intrigues jouent un grand rôle dans les petits événements, elles n'ont que peu d'action sur les grands. Dupont de Nemours les raconte avec les plus grands détails dans ses *Mémoires*, p. 383 et suiv., voir aussi la biographie de E. Daire, t. I, p. CX et suiv. des *OEuvres* de Turgot.

affliction sincère. Avant de rentrer dans la retraite, il écrivit au roi une lettre où l'on aperçoit, sans doute, en plusieurs passages, la légitime susceptibilité d'un ministre destitué sans les ménagements auxquels il avait droit, mais où il faut remarquer principalement l'expression de son dévouement au roi. « Tout mon désir, Sire, lui disait-il, est que vous puissiez toujours croire que j'avais mal vu et que je vous montrais des dangers chimériques. Je souhaite que votre règne soit aussi heureux, aussi tranquille et pour vous et pour vos peuples qu'ils se le sont promis d'après vos principes de justice et de bienfaisance. »

La chute du ministre excita une joie bruyante à Versailles. Financiers, magistrats, prêtres, gentilshommes tous applaudirent à l'envi et partout ; dans les appartements du palais comme sur les promenades, ils manifestèrent hautement leur approbation. La multitude resta silencieuse comme si elle n'avait pas compris qu'elle venait de perdre son défenseur le plus dévoué. Quelques années après, elle s'agitait au renvoi de Necker et accueillait par des acclamations frénétiques le retour de ce ministre qui avait porté au pouvoir les qualités précieuses sans doute d'un banquier exact et économe, mais dont l'administration prouva suffisamment qu'il n'avait ni une idée tant soit peu élevée, ni attachement sincère à la cause du roi, ni dévouement à celle du peuple. Les esprits éclairés furent les seuls qui déplorèrent le renvoi de Turgot. Voltaire exprime les regrets de cette minorité intelligente, dans son *Épître à un homme* (1) ; Condorcet raconte même qu'un jour on vit le vieillard de Ferney se précipiter au-devant de Turgot, saisir ses mains malgré lui, les baiser et les arroser de larmes en criant, d'une voix étouffée : « Laissez-moi baiser cette main qui a signé le salut du peuple (2). »

Voltaire n'était cependant pas un partisan systématique des opinions de Turgot. Il s'était moqué de

---

(1) L'épître commençait par ces deux vers :

Philosophe indulgent, ministre citoyen
Qui ne cherches le vrai que pour faire le bien.

Plus bas il faisait le tableau suivant de la multitude à Paris :

Je crois voir à la fois Athène et Sybaris
Transportés dans les lieux embellis par la Seine ;
Un peuple aimable et vain que son plaisir entraîne.
Impétueux, léger et surtout inconstant,
Qui vole au moindre bruit et qui tourne à tout vent,
Y juge les guerriers, les ministres, les princes,
Rit des calamités dont pleurent les provinces ;
Clabaude le matin contre un édit du roi,
Le soir s'en va siffler quelque moderne ou moi,
Et regrette, à souper, dans les turlupinades,
Les divertissements du jour des barricades.

Œuvres de Voltaire, Édit. Didot, t. II, p. 666.

(2) Œuvres de Condorcet, t. V, p. 158 (*Edit. Arago*). Le fait que raconte Cordorcet se passa lors du voyage triomphal que fit Voltaire à la fin de sa carrière. (Lanfrey, *les Philosophes du dix-huitième siècle,* p. 340, 2ᵉ édit.)

l'impôt unique dans *L'homme aux quarante écus*; sa tiédeur en matière de liberté commerciale était telle qu'il avait donné des éloges au verbeux travail de Necker sur Colbert (1). Mais l'alliance de ces deux hommes avait une large base dans l'esprit de tolérance que l'un avait cherché à faire triompher au pouvoir et que l'autre avait par ses écrits répandu dans l'opinion publique. Ils étaient unis aussi par des idées communes sur les priviléges et par le même attachement aux intérêts du peuple.

Faut-il ajouter à ces grandes idées un motif bien petit de reconnaissance ? C'est sous l'administration de Turgot que le pays de Gex, où Voltaire vivait dans la retraite, avait été mis au nombre des provinces *réputées étrangères*: les bureaux des douanes ou des cinq grosses fermes avaient cessé de regarder la Suisse et la Savoie, pour se retourner du côté de la France. Depuis lors, les États de Gex étaient libres de commercer avec Genève, sans éprouver d'entraves fiscales. La vente du sel et du tabac, au profit du roi, avait été en outre supprimée dans ce pays, le tout moyennant une contribution annuelle de 30,000 livres que

(1) Épître à madame Necker, 1779. — Œuvres de Voltaire t. II, p. 667.

    Je l'aime lorsque, dans Paris,
    De Colbert il prit la défense,
    Et qu'au Louvre il obtint le prix.
    A Monsieur Turgot j'applaudis,
    Quoiqu'il parût d'un autre avis
    Sur le commerce et la finance.

les États étaient autorisés à lever sur tous les propriétaires, sans exception (1). Voltaire s'était beaucoup occupé de cette affaire et nous trouvons, dans sa correspondance, des lettres où il demande l'homologation du vote des États avec d'autres où il exprime sa reconnaissance. La manière dont il parle à ce sujet prouve combien il fut heureux d'une solution aussi favorable aux intérêts de sa petite province ; mais ce serait rabaisser ce grand esprit à de bien petites proportions que d'expliquer par une circonstance aussi mesquine, son admiration pour Turgot.

Tels furent les actes principaux du ministère de Turgot ; la difficulté de trouver un lien entre des mesures si nombreuses et si diverses nous a conduit à en négliger quelques-unes qui ne le cèdent pas en importance à celles dont nous avons parlé. Nous n'avons rien dit, en effet, ni de l'abolition des *contraintes solidaires*, dure institution qui forçait les plus imposés à payer les cotes en retard, sauf recours par réimposition (2) ; ni de la liberté accordée à l'importation d'huile d'œillette ou de pavot (3) ; ni de la suppression des règlements qui astreignaient les verriers de Normandie à vendre, dans la ville de Rouen, une quantité déterminée de verres (4) ; ni de plu-

---

(1) Lettres patentes du 22 décembre 1775.
(2) Janvier 1775. — *Œuvres de Turgot*, t. II, p. 379.
(3) Novembre 1774.
(4) Janvier 1776. — *Œuvres*, t. II, p. 233.

sieurs arrêts rendus, comme les précédents, dans l'intérêt de la liberté commerciale.

Nous réparerons ces lacunes dans la partie spéciale qui sera consacrée à l'étude de cette féconde administration. C'est là que nous parlerons aussi de l'organisation des ateliers de charité (1) soit dans le Limousin pendant les années 1770-1771, soit à Paris pendant la disette de 1774-1775. Enfin nous renvoyons à la partie spéciale l'exposé des mesures qu'il prit pour combattre l'épizootie qui ravagea le midi de la France (2).

Les années qui s'écoulèrent entre la retraite de Turgot et sa mort furent consacrées à la science (3). Les travaux scientifiques l'eurent bientôt consolé de sa disgrâce : « Je vais être à présent, écrivait-il à un de ses amis dès le 22 juin 1776, en pleine liberté pour m'occuper des livres que vous m'avez envoyés et de tout le reste de ma bibliothèque. Le loisir et l'entière liberté formeront le *produit net* des deux années que j'ai passées au ministère. Je tâcherai de les employer utilement et agréablement. » La philosophie, la physique, l'astronomie, la chimie, la géologie et la littérature occupèrent, tour à tour, la fin de cette trop courte vie. Dans les derniers moments, il fut

---

(1) Instruction du mois de mai 1775. — *OEuvres*, t. II, p. 454.
(2) *OEuvres*, t. II, p. 477.
(3) Du 12 mai 1776 au 20 mars 1781.

privé de cette consolation par la maladie qui, après avoir souvent tourmenté sa vie, le condamna à un long abandon de ses travaux avant de l'emporter au milieu des douleurs les plus cruelles.

Turgot appartient à cette catégorie d'hommes qui devancent leur époque et ne peuvent, par conséquent, attendre que des générations à venir la justice à laquelle ils ont droit. La postérité a été plus prompte à le louer qu'elle ne l'est ordinairement; cela tient aux événements qui ne tardèrent pas à prouver que la politique de Turgot était la seule qui pût sauver la monarchie. Le jugement de ses contemporains n'a cependant pas été entièrement réformé, et il en est resté quelque chose (c'est le caractère de la calomnie) même dans l'esprit de ses plus sincères admirateurs. « Quant au reproche d'avoir peu connu les hommes, dit son plus récent panégyriste (1), on a vu que Turgot ne se trompa point sur leur compte; mais peut-être se montra-t-il moins habile à traiter avec eux. Peut-être n'eut-il pas assez de cette souplesse qui est un des moyens de la force. Il ignora l'art de faire servir au bien de l'humanité même les faiblesses humaines. » C'est, sous une forme grave, le reproche qui était renfermé dans le célèbre jeu de mots du temps : « M. Terray fait bien le mal, et M. Turgot le bien, mal. »

(1) M. H. Baudrillart.

Il est vrai que Turgot manquait de la flexibilité qui est indispensable à un ministre sans idée pour se maintenir contre les intrigues de cour; avec un esprit frivole, comme celui de Maurepas, il n'aurait pas duré un mois, si à cette nullité intellectuelle il avait joint la fermeté de son caractère droit et fier. Mais l'entreprise de Turgot était telle que l'art de caresser les passions ne pouvait rien pour son succès. Les intérêts froissés sont irréconciliables, et il faut renoncer à les calmer, quand on est décidé à les sacrifier. La seule conduite que puisse tenir un homme d'État consiste à les dominer par la résolution et la force; la flexibilité, en pareille conjoncture, passerait pour de la faiblesse et ne ferait qu'encourager la résistance. Oublie-t-on d'ailleurs que Turgot traînait à sa suite l'autorité d'un roi incertain et qu'il ne fallait pas qu'il parût hésiter un seul instant? Que l'on compare les ministres qui apportèrent aux affaires les qualités brillantes dont Turgot était dépourvu; certes M. de Calonne voulait aussi la réforme des abus, et il connaissait l'art de flatter les faiblesses humaines; il n'obtint cependant pas par la persuasion ce que Turgot avait exigé et qu'il aurait su maintenir. Turgot s'est lui-même expliqué dans le même sens au début de sa lettre au docteur Price qui lui avait fait le reproche de s'être montré maladroit (1).

(1) Le docteur Price l'avait accusé de maladresse, dans ses

« J'aurais pu le mériter, disait-il, si vous n'avez eu en vue d'autre maladresse que celle de n'avoir pas su démêler des ressorts d'intrigue que faisaient jouer contre moi des gens beaucoup plus adroits en ce genre que je ne le suis, que je ne le serai jamais, que je ne veux l'être (1). »

Observations additionnelles sur la liberté civile. — Il se rétracta plus tard.

(1) Lettre au docteur Price, du 22 mars 1778. — *Œuvres de Turgot*, t. II, p. 805.

PREMIÈRE PARTIE

DOCTRINES PHILOSOPHIQUES DE TURGOT.

I

MÉTAPHYSIQUE ET PSYCOLOGIE.

Ce n'est pas seulement dans l'histoire politique que l'on peut assister au spectacle de la mobilité humaine; on trouve aussi des réactions violentes dans l'histoire de la philosophie. La prépondérance, au dix-huitième siècle, du sensualisme de Locke ne fut, par exemple, qu'un mouvement produit par les exagérations où était tombé, avec Mallebranche et quelques autres, le spiritualisme Cartésien. On crut qu'en adoptant la métaphysique de l'*Essai sur l'entendement*, on rentrait dans le sens commun, dont la *vision en Dieu* était si éloignée et on suivit la théorie du docteur anglais, sans songer aux conséquences morales qu'elle renfermait. Locke d'ailleurs n'était-il pas, en politique, le défenseur de la révolution libérale de son pays et pouvait-on se défier de sa métaphysique, lorsqu'il dévouait sa vie à une cause aussi pure et, pour elle, se condamnait à l'exil? L'engouement fut tel que lorsque Helvétius, d'Holbach et Lamettrie exposèrent leur grossier matérialisme on refusa de voir en eux les fils légitimes de la philosophie dominante. Plusieurs esprits distingués, croyant qu'on pouvait s'arrêter sur la pente où glissait le sensualisme, conspuèrent le livre de l'*Esprit*, tout en restant les admirateurs de l'*Essai*; illusion singulière! la philosophie est une et, avec un fragment, il est facile de reconstruire un système tout entier. Le sensualisme en métaphysique ne produira logiquement que le matérialisme en morale.

On pourrait croire au premier abord, que Turgot doit être mis au nombre de ces inconséquents; car, si dans une lettre à Condorcet, il s'éleva hautement contre le livre d'Helvétius (1), nous lisons dans l'article *Existence* le passage suivant sur Locke : « Locke en nous prouvant le premier que toutes nos idées viennent des sens et qu'il n'est aucune notion dans l'esprit humain à laquelle on ne soit arrivé, en partant uniquement de nos sensations, nous a montré le véritable point d'où les hommes sont partis et où nous

---

(1) Lettre à M. de C... (Condorcet), t. II des *OEuvres*, p. 794 : « Comme je ne crois pas, Monsieur, que vous fassiez jamais un livre de philosophie sans logique, de littérature sans goût, et de morale sans honnêteté, je ne vois pas que la sévérité de mon jugement sur le livre de l'*Esprit* puisse vous effrayer. »

devons nous replacer, pour suivre la génération de toutes nos idées (1). »

Il n'en est rien cependant, et nous allons voir que, dans sa démonstration de l'existence des corps, Turgot s'écarta profondément de ces prémisses.

Qu'est-ce que la substance pour le philosophe anglais? Est-ce une réalité, quelque chose de plus que les modes et les qualités? Pouvons-nous, dépassant les sensations, affirmer l'existence d'un *substratum* qui soutienne les phénomènes? « J'avoue, disait-il, qu'il y a une autre idée qu'il serait *avantageux* aux hommes d'avoir, parce que c'est le sujet général de leurs discours où ils font entrer cette idée, comme s'ils la connaissaient effectivement; je veux parler de l'idée de substance, *que nous n'avons ni ne pouvons avoir par voie de sensation ou de réflexion* (2). » Plus loin il ajoutait (3) : « Nous n'avons aucune idée claire de la substance en général. » Aussi toutes les idées que nous avons des substances n'étaient-elles, d'après lui, que des notions composées avec une foule de notions simples et de collections d'idées auxquelles vient s'ajouter « la *supposition* d'un sujet auquel elles appartiennent. » Ainsi pour n'avoir admis que la sensation comme source de nos connaissances, Locke était conduit à

---

(1) Article *Existence*, *Œuvres*, t. II, p. 757.
(2) *Essai sur l'entendement*, liv. I, ch. III, s. 18.
(3) Liv. II, ch. XXIII, s. 4.

douter de ce qui n'était pas perceptible par les sens, et son sensualisme aboutissait aux mêmes conclusions que l'idéalisme de Berkeley, c'est-à-dire au nihilisme absolu. Chose remarquable! Le mouvement idéaliste qui partit de Kœnigsberg, vers la fin du dix-huitième siècle(1), n'eut pas d'autre résultat. Kant, parvenu à la fin de sa *Critique de la raison pure*, désespéra de jeter un pont logique entre le *moi* et le *non-moi*. Pour aborder la morale et le droit, il fut obligé de recourir à une hypothèse. La *critique de la raison pratique*, en effet, implique l'existence du monde extérieur que, de son propre aveu, Kant n'était pas parvenu à démontrer.

Faut-il, lorsque le sensualisme et le spiritualisme reconnaissent leur impuissance, tenir la question pour insoluble? Descartes, dans son *Discours sur la méthode*, avait trouvé plus facile de commencer par démontrer l'existence de Dieu et puis, descendant sur la terre, d'ajouter : « Un Dieu bon et parfait n'a pu vouloir nous tromper en nous faisant vivre au milieu de fantômes. » Quand on suit cette marche, il faut absolument renoncer aux arguments qui se tirent de la nature, pour démontrer l'existence de l'être suprême. D'ailleurs est-il plus aisé de passer de l'âme à Dieu que de l'âme aux corps?

Cette question révoltait le bon sens de Voltaire, et

(1) Vers 1780.

comme elle fournissait une excellente occasion de plaisanterie, il ne négligea pas de la saisir : « Accordons pour un instant à ces messieurs, disait-il, plus qu'ils ne demandent ; ils prétendent qu'on ne peut leur prouver qu'il y a des corps ; passons-leur qu'ils prouvent eux-mêmes qu'il n'y a pas de corps. Que s'ensuivra-t-il de là? nous conduirons-nous autrement dans la vie? aurons-nous des idées différentes sur rien? Il faudra seulement changer un mot dans ses discours. Lorsque, par exemple, on aura gagné quelque bataille, il faudra dire que dix mille hommes ont paru être tués, qu'un tel officier semble avoir la jambe cassée et qu'un tel chirurgien paraîtra la lui couper. De même, quand nous aurons faim, nous demanderons l'apparence d'un morceau de pain, pour avoir l'air de le digérer (1). »

De telles railleries doivent naturellement obtenir beaucoup de succès auprès de ceux qui sont décidés à ne pas réfléchir sur la nature humaine et à s'abandonner à leur instinct, sans se rendre compte de nos impulsions automatiques. Mais un philosophe qui croit à la science ne peut avoir que peu d'estime pour la métaphysique de Voltaire. N'est-il pas évident que la concession qu'il fait dans le passage précité est de la plus grande importance? S'il

---

(1) *Traité de métaphysique*, ch. IV.— *Œuvres de Voltaire*, t. VI, p. 11.

était vrai que nous vivons au milieu de purs phénomènes, le devoir n'existerait pas ; nous ne serions tenus à rien envers des fantômes, et il n'appartiendrait pas à des ombres d'exiger de l'intérêt individuel un sacrifice quelconque.

Turgot avait bien compris la liaison que méconnaissait Voltaire, entre la morale et la métaphysique, et quoique disciple de Locke, il se sépara de son maître sur ce point important. « Ne pourrions-nous donc, dit-il à la fin de son article *Existence*, sortir de cette espèce de prison où la nature nous retient enfermés et isolés, au milieu de tous les êtres? Faudra-t-il nous réduire avec les *idéalistes* (pourquoi n'ajoutait-il pas : *et les sensualistes*) à n'admettre d'autre réalité que notre propre sensation? Nous connaissons un genre de preuve auquel nous sommes accoutumés à nous fier ; nous n'en avons même pas d'autres pour nous assurer de l'existence des objets, qui ne sont pas actuellement présents à nos sens et sur lesquels cependant nous n'avons aucune espèce de doutes : *c'est l'induction qui se tire des effets, pour remonter à la cause* (1). »

Turgot admettait donc le principe de causalité, principe absolu, nécessaire *à priori*, et cette addition à la philosophie de Locke est immense; ce n'était rien moins que la négation d'un système dont tous

(1) *Existence* (*Œuvres de Turgot*, t. II, p. 769).

les éléments sont réduits à la contingence pure et l'admission d'un jugement *à priori* qui implique le spiritualisme. Il se rendait du reste parfaitement compte de la différence qui séparait sa doctrine de celle de Locke; car, dans une lettre sur le système de Berkeley, il disait : « Berkeley s'épuise à prouver que l'étendue n'est point une substance. Je ne répondrai point à ces raisonnements. Je dirai seulement que *Locke ni lui n'ont connu la véritable génération de l'idée de substance*, qu'ils confondent ces deux termes *la substance* et *une substance* et les deux questions : *l'étendue est-elle une substance* et *l'étendue est-elle la substance?* Je pourrais m'expliquer mieux et avec plus de développements, si j'avais sous les yeux ce que j'ai écrit sur les langues contre Maupertuis. Mais faut-il donc tant de peine pour prouver l'existence des corps et pour répondre au raisonnement de Berkeley? »

C'était par un syllogisme d'induction que Turgot arrivait à démontrer l'existence des corps. Mais en posant dans la majeure que tout phénomène suppose une substance, il était forcé de reconnaître que la notion de substance nous vient de la conscience et qu'elle était complétement formée dans notre esprit, avant que nous ne l'ayons transportée dans le monde extérieur; car, le principe des substances implique la notion de substance, et, selon Turgot, c'est avec ce principe seulement que peut être comblé l'abîme qui sépare notre esprit de la réalité extérieure. — C'est à peu près la doctrine que professa Maine de Biran. L'homme commence par la conscience de sa pensée, et ce phénomène psycologique est suffisant pour provoquer dans son intelligence, le dégagement du jugement absolu des substances. Armé de ce principe, il peut sortir du moi, et toutes les fois qu'en dehors de lui il rencontrera un mode, sa croyance ne sera pas un instant incertaine; il a le droit d'affirmer l'existence, sous cet attribut, d'une substance réelle. Ainsi tandis que Descartes, avant d'arriver aux corps, jugeait qu'il était nécessaire de démontrer l'existence du moi et de Dieu, Turgot et Maine de Biran rapprochaient un peu plus la démonstration; la preuve d'une substance placée sous le phénomène psycologique était, à leurs yeux, une préparation suffisante à l'affirmation de la nature extérieure.

Je suis persuadé qu'il faut aller plus loin que Descartes, que Turgot, que Maine de Biran. Leurs procédés logiques, quelque ingénieux ou profonds qu'ils soient, sont artificiels, et la nature ne suit pas cette voie, pour arriver à la certitude sur l'existence des objets extérieurs. Ce n'est pas par un syllogisme que nous affirmons l'existence du moi, et c'est avec raison qu'on a refusé de trouver dans le *cogito, ergo sum* une induction; c'est plutôt une affirmation qu'un raisonnement et un acte de foi en l'évidence qu'un argument (1). Il en est de même de la perception extérieure; c'est par une intuition directe, immédiate qu'elle nous révèle les corps, et entre la vue du phénomène et la croyance au *substratum*, il n'y a même pas un instant de raison. Qu'on cesse donc d'établir un ordre successif entre des opérations simultanées; toutes ces combinaisons ne sont pas philosophiques; car, la véritable science se propose de connaître ce qui est, et non d'imaginer ce qui n'est pas. Or, il ne faut pas avoir longtemps réfléchi sur la nature humaine pour voir que l'homme, à une époque de son âge qu'on ne peut pas saisir, pose immédiatement, comme choses incontestables, son existence et celle du monde extérieur, et qu'il le fait sans raisonner, sans même être arrivé à l'époque où commence l'exercice de cette faculté. Dira-t-on que peut-être nous sommes le jouet d'une illusion, et qu'avec une pareille doctrine le scepticisme doit triompher dans toutes ses conséquences? Ce danger me touche peu; car il n'y a rien à répondre au pyrrhonien, et c'est même tomber dans une contradiction manifeste que de chercher à le convaincre. Comment parvien-

(1) Fichte y voyait une pure tautologie, ainsi que cela résulte de la décomposition suivante :

Je pense. = Je *suis* pensant.

Donc je *suis* (déjà contenu dans la première proposition).

drait-on à s'entendre avec un homme qui met en doute l'autorité de la raison, c'est-à-dire la seule qui puisse être employée contre lui? Quant à ceux qui croient à nos moyens de connaître, qui se confient au témoignage de la conscience et à celui des sens, pourquoi donneraient-ils une confiance plus grande à l'induction syllogistique qu'à la perception immédiate? pourquoi penseraient-ils avoir fait preuve de philosophie, en établissant un ordre logique mais successif entre des opérations intellectuelles qui sont immédiates et simultanées? La psycologie est avant tout une science expérimentale, et elle consiste à observer comment les choses se passent.

Où commence le *non-moi*? Les spiritualistes répondent que notre corps lui-même en fait partie. Mais il est lié d'une manière si intime avec notre âme qu'il est difficile de saisir la ligne de démarcation. C'est un problème insoluble que celui de l'union du corps étendu avec l'âme immatérielle et depuis l'*harmonie préétablie* de Leibnitz jusqu'à la conception ridicule du *médiateur plastique* imaginé par le docteur Cudworth, tout a été insuffisant pour sortir de cette question. Mais sans prétendre à expliquer ce qui est au-dessus de nos facultés, on peut étudier avec fruit les rapports du physique et du moral; c'est une science utile qui sert à la psycologie de puissant auxiliaire.

Turgot avait beaucoup réfléchi sur cette matière, et il la considérait à un autre point de vue que Cabanis ou Helvétius; tout pour lui ne se réduisait pas à la diversité des tempéraments, et il admettait que les âmes étaient différentes comme les corps. C'est même aux distinctions morales que tenaient principalement les différences des caractères. « Un arrangement heureux des fibres du cerveau ; plus ou moins de force et de délicatesse dans les organes des sens et de la mémoire ; un certain degré de vitesse dans le sang, voilà probablement les seules différences que *la nature (physique)* mette entre les hommes.— *Leurs âmes* ou la puissance et le caractère de leurs âmes ont *une inégalité réelle* dont les causes nous seront toujours inconnues (1). »

La querelle entre les partisans des idées innées et ceux de la table rase, encore mal éteinte aujourd'hui, était fort vive au dix-huitième siècle. Turgot la tranchait par une observation très-sensée. A ses yeux il n'y avait pas d'idées innées, c'est-à-dire des conceptions toutes formées avant aucun acte de perception intérieure ou extérieure ; mais il y avait des principes naturels, inhérents à la nature de notre esprit et tellement inévitables que nul ne pouvait se soustraire à leur application (2).

(1) *Plan du second discours sur l'histoire universelle* (*Œuvres*, t. II, p. 645).
(2) *Existence* (*passim*).

On voit, d'après ce qui précède, que Turgot, par une anticipation sur la philosophie contemporaine, avait fait sa part à l'absolu et illuminé nôtre esprit d'un rayon divin; les ténèbres du sensualisme commencèrent à recevoir la lumière qui allait les chasser. Mais le philosophe eut la même destinée que le ministre; ses idées ne purent pas fixer la science, et tandis que ses projets de réforme se perdaient dans le cratère de la révolution, son impulsion philosophique faisait place au bouleversement scientifique qui partit de Kœnigsberg vers 1780 et dure encore, après avoir passé par plusieurs phases. Ressemblance remarquable entre la destinée des faits et celle des idées! La révolution politique de la France, comme la révolution philosophique de l'Allemagne, ne sont pas closes après soixante ans de luttes et d'épreuves.

Condillac avait développé, à l'appui du sensualisme, un argument tiré de l'origine du langage. La pensée, disait-il, implique le mot qui l'exprime et n'a pu se former que moyennant la précession du signe. Or, comme le langage n'est composé que d'images provenant de la sensation, il en concluait que l'homme ne recevait aucune notion que par les sens. Ainsi se confirmait, d'après lui, l'analyse ingénieuse qu'il avait faite de l'*homme-statue*, d'abord inanimé et puis se développant peu à peu, à mesure que ses sens s'ouvraient, jusqu'à un complet épanouissement. C'est le raisonnement que plus tard l'auteur de la *Législation primitive* (1) a invoqué à l'appui de la révélation divine et que, par une inconséquence singulière, Herder a suivi dans un ouvrage où il expliquait humainement tous les faits de l'histoire (2).

L'opinion de Turgot que nous trouvons exposée dans ses observations sur un ouvrage de Maupertuis diffère complétement de celle de Condillac. Il n'en pouvait être autrement; que signifie, en effet, pour un esprit vraiment philosophique, un mot antérieur à l'idée, lorsque le mot, au contraire, n'a de valeur que par la notion qu'il exprime? Bien loin que la pensée présuppose le langage, c'est celui-ci qui implique logiquement l'idée. Il est vrai que les langues servent à fixer les idées et qu'elles sont un instrument de progrès, soit à cause du temps qu'elles épargnent, soit à raison de la facilité qu'elles procurent pour l'analyse des notions complexes; mais ce n'est là qu'une utilité secondaire et dérivée. S'il est vrai que Dieu a révélé la parole, il n'a pu le faire qu'à

---

(1) M. de Bonald.

(2) *Idées sur la philosophie de l'histoire*, par Herder. — Cette inconséquence a été relevée par M. Cousin en ces termes : « L'origine du langage, selon Herder, est d'institution divine : c'est un contre-sens dans un ouvrage où tout est expliqué humainement. Si Dieu intervient spécialement, il faut aussi le faire intervenir ailleurs, et alors c'en est fait de l'idée fondamentale du livre. » (*Cours de 1822 à 1830*, édit. Didier, t. I, p. 249.)

la condition de réveiller préalablement dans l'intelligence de l'homme, l'idée sans laquelle la parole serait inintelligible. Voici comment Turgot pensait que le langage s'était formé humainement, par l'action naturelle de nos facultés.

« Au lieu de remarques, disait-il, je hasarderai quelques idées sur l'origine des langues, sur leur progrès et sur leur influence. J'irai plus vite que la nature ; mais je tâcherai de suivre sa route.

« Les langues ne sont pas l'œuvre d'une raison présente à elle-même.

« Dans une émotion vive, un cri avec un geste qui indique l'objet, voilà la première langue.

« Un spectateur tranquille, pour répéter ce qu'il a vu, imita le son que donnait l'objet. Voilà les premiers mots un peu articulés.

« Quelques mots, pour peindre les choses et quelques gestes qui répondaient à nos verbes, voilà un des premiers pas. Souvent on a donné pour nous aux choses un mot analogue au cri du sentiment que les choses faisaient naître. C'est ainsi que Leibnitz pensait que les noms avaient été imposés aux animaux par Adam (1). » Toutes les observations de Turgot sur les *Réflexions philosophiques* de Maupertuis impliquent la formation naturelle et spon-

---

(1) *Remarques sur l'origine des langues* (*Œuvres de Turgot*, t. II, p. 719).

tanée du langage. « Il est sûr, dit-il sur la troisième proposition, que les langues sauvages nous apprendraient mieux les premiers pas qu'a faits l'esprit humain. Sans elles cependant, ils ne nous sont pas inconnus. Beaucoup d'onomatopées, des noms de choses sensibles, enfin des métaphores, *voilà les premiers pas;* pas une construction régulière, beaucoup d'expressions, de gestes, de signes abstraits, mais de choses corporelles (1). » Il est encore plus explicite sur la quatrième proposition. Maupertuis avait dit que les langues, dès le début, étaient simples comme il était naturel qu'elles fussent, puisqu'elles étaient inventées par des hommes simples et grossiers. Turgot lui répond : « 1° Si par une langue simple, Maupertuis entend celles où il y a peu de mots, il a tort ; et s'il l'entend autrement, il a tort encore de dire que les premières langues furent simples ;

« 2° Des hommes grossiers ne font rien de simple; il faut des hommes perfectionnés pour y arriver ; et une langue ne devient simple que lorsque les mots sont de *purs signes*, ce qui n'est pas dans l'origine où tout est métaphore souvent forcée.

« 3° Les mots sont répétés, *mais jamais inventés sans une idée répondant à une sensation.* »

On peut bien conclure de ce dernier passage que, d'après Turgot, les mots étaient tirés des choses

(1) *Id.* (*Ibid.*, t. II, p. 741).

corporelles; mais une image matérielle peut servir à exprimer une idée abstraite à cause de certaines analogies, et l'esprit n'attache cette signification qu'après avoir formé la conception à exprimer et saisi le rapport à l'aide duquel il peut la rendre sensible. Dire qu'on rend une idée abstraite sensible en lui donnant pour signe l'image matérielle qui s'en rapproche le plus, c'est reconnaître l'antériorité de la pensée.

Les observations de Turgot sur les *Réflexions philosophiques* de Maupertuis sont si judicieuses, qu'elles font regretter qu'il n'ait pas pu réaliser son projet de *Grammaire comparée*. Nous n'en avons que la préface. Il considérait l'étude des langues comme une contre-épreuve de la logique et une seconde analyse de l'esprit. « L'étude des langues bien faite, disait-il, serait peut-être la meilleure des logiques; en analysant, en comparant les mots dont elles sont composées, en les suivant depuis la formation jusqu'aux différentes significations qu'on leur a depuis attribuées, on reconnaîtrait le fil des idées, on verrait par quelles nuances, par quels degrés les hommes ont passé de l'une à l'autre; on saisirait l'analogie et la liaison qui sont entre elles; on pourrait parvenir à découvrir quelles sont celles qui se sont présentées les premières aux hommes et quel ordre ils ont gardé dans la combinaison des premières idées. Cette espèce de *métaphysique expérimentale* serait, en même temps, l'histoire de l'esprit du genre humain et du progrès de ses pensées toujours proportionnées au besoin qui les a fait naître (1). »

Turgot avait réuni de nombreux matériaux pour édifier ce travail, ainsi qu'on en peut juger par l'article *Étymologie* qu'il publia dans l'Encyclopédie. Si la science des étymologies diffère de la grammaire comparée, les deux études sont étroitement unies, et la grammaire générale a besoin des documents amassés par la patience des étymologistes. « La connaissance philosophique des langues est une science très-vaste, une mine riche de vérités nouvelles et intéressantes. Les étymologies ne sont que des faits particuliers sur lesquels elle appuie quelquefois les principes généraux (2). »

L'article *Étymologie* est un véritable traité de cette science; il se divise en deux parties, la première relative à l'invention et la seconde à la critique. Les règles de celle-ci sont l'inverse des règles de celle-là. Autant, lorsqu'on cherche des origines de mots, il faut donner pleine carrière à son esprit, multiplier les conjectures, quelque hardies qu'elles soient, autant la critique doit être réservée, prudente et sévère

---

(1) *Œuvres de Turgot*, t. II, p. 753.
(2) *Œuvres*, t. II, p. 726.

pour les suppositions, avant de les admettre. Les vingt règles que trace Turgot bien observées sont de nature à prévenir tous les écarts où étaient tombés plusieurs étymologistes antérieurs et, en particulier, Ménage, l'auteur de la célèbre étymologie qui fait dériver *equus* d'*alfana*, en passant par les altérations successives de *fanacus, anacus, equus.*

« Si on propose, disait-il, une étymologie dans laquelle le primitif soit tellement éloigné du dérivé, soit pour le sens, soit pour le son, qu'il faille supposer entre l'un et l'autre plusieurs changements intermédiaires, la vérification la plus sûre qu'on en puisse faire sera l'examen de chacun de ces changements. L'étymologie sera bonne, si la chaîne de ces altérations est une suite de faits connus directement ou prouvés par des inductions vraisemblables; elle est mauvaise, si l'intervalle n'est rempli que par un tissu de suppositions gratuites. Ainsi, quoique *jour* soit aussi éloigné du latin *dies* qu'*alfana* l'est d'*equus*, l'une de ces étymologies est ridicule et l'autre est certaine. Quelle en est la différence? Il n'y a entre *jour* et *dies* que l'italien *giorno* qui se prononce *dgiorno* et le latin *diurnus* qui sont des mots connus et usités; au lieu que *fanacus, anacus, equus*, pour dire cheval, n'ont jamais existé que dans l'imagination de Ménage (1). »

(1) *Œuvres*, t. II, p. 735.

En terminant, Turgot se demande quelle peut être l'utilité de cette étude? La scholastique avait imaginé une foule d'entités, sortes d'abstractions réalisées, sur lesquelles on raisonnait comme si elles avaient existé. La science étymologique, en montrant comment ces idées s'étaient formées, pouvait faire disparaître beaucoup d'erreurs. « On sait, disait-il, combien de systèmes ont été fabriqués sur l'origine et la nature de nos connaissances, l'entêtement avec lequel on a soutenu que toutes nos idées étaient innées, et la multitude innombrable de ces êtres imaginaires dont nos scholastiques avaient rempli l'univers, en prêtant une réalité à toutes les abstractions de leurs esprits : *virtualités, formalités, degrés métaphysiques, entités, quiddités,* etc., etc. Rien, je parle d'après Locke, n'est plus propre à en détromper, qu'un examen suivi de la manière dont les hommes sont parvenus à donner des noms à ces sortes d'idées abstraites (1). »

L'étude des étymologies sert encore à rectifier les définitions, en nous empêchant de tomber dans deux défauts très-communs, en cette matière. Tantôt en effet, on ne prend pour définir une notion qu'un seul caractère et on laisse en dehors plusieurs autres qualités essentielles; tantôt, au contraire, on comprendra dans la même définition toutes les acceptions dans lesquelles il peut être pris.

(1) *Œuvres de Turgot,* t. II, p. 745.

Enfin les étymologies peuvent être d'un grand secours pour la critique historique appliquée aux temps anciens. Il ne faudrait pas cependant s'exagérer les services que, sous ce rapport, elle peut rendre, et Turgot cherche à nous mettre en garde sur ce point. « Je n'ai point encore parlé de l'usage le plus ordinaire que les savants aient fait jusqu'ici de l'art étymologique et des grandes lumières qu'ils ont cru en tirer pour l'éclaircissement de l'histoire ancienne. Je ne me laisserai point emporter à leur enthousiasme. J'inviterai même ceux qui pourraient y être plus portés que moi à lire la démonstration évangélique de M. Huet; l'*Examen de la mythologie* par Laveur; les longs *Commentaires* que l'évêque de Cumberland et le célèbre Fourmont ont donnés sur le fragment de Sanchoniaton; l'*Histoire du Ciel* de M. Pluche; l'*Atlantique* de Budbeck, etc., etc. Il sera très-curieux de comparer les différentes explications que tous ces auteurs ont données de la mythologie et de l'histoire des anciens héros. L'un voit tous les patriarches de l'Ancien Testament et leur histoire suivie où l'autre ne voit que des héros suédois ou celtes; un troisième des leçons d'astronomie et de labourage (1). »

(1) V° *Étymologie* (*Œuvres*, t. II, p. 750).

II

MORALE.

Nous connaissons la métaphysique de Turgot ; sa morale concorde pleinement avec son spiritualisme.

Quel est le mobile de nos actions? n'obéissons-nous qu'à l'attrait du plaisir et aux calculs de notre intérêt? nos actes n'ont-ils de mérite que d'après la satisfaction qu'ils procurent à notre égoïsme? Les spiritualistes ont toujours reconnu l'autorité d'une règle plus élevée : *le devoir*. Leurs adversaires ont élevé bien des objections contre cette morale, et nous ne ferons pas ici une réfutation qui se trouve partout. Quelques mots seulement sur une objection spécieuse qu'ils tirent du plaisir moral qui suit l'accomplissement du bien. Cette volupté, quelque noble qu'on la trouve, n'est après tout, disent-ils, qu'une manifestation de la sensibilité, et l'homme austère, fût-il un stoïcien, n'est qu'un égoïste à sa manière. Qu'un homme préfère les jouissances morales aux plaisirs des sens, on ne peut voir en lui qu'une organisation plus délicate; son mérite n'est pas plus grand que s'il avait obéi à d'autres penchants, puisqu'il n'a fait que suivre son attrait.

Th. Jouffroy, dans son cours de *Droit naturel*, a victorieusement répondu à cette objection. De ce que le devoir rempli est accompagné d'un sentiment de plaisir, il ne faut pas conclure que le devoir se confond avec la satisfaction morale, pas plus que l'effet ne se confond avec la cause, parce qu'il existe entre ces deux éléments une liaison intime et un rapport de succession presque immédiate. Le devoir et le plaisir qu'il donne concourent au même but, parce que le Créateur a jugé bon d'aider notre volonté imparfaite par le secours de notre sensibilité, et juste de placer la récompense à côté du mérite; il savait qu'en formant une créature faible, il fallait prévenir ses défaillances, et faire tendre au même but toutes les forces de notre âme. Si le devoir n'était que le plaisir sous un autre nom, comment expliquerait-on le remords? Vainement essayerait-on de l'assimiler au regret du plaisir perdu! L'observation psychologique établira toujours une différence entre les tourments d'une conscience déchirée et la tranquillité de celui qui se reproche d'avoir renvoyé quelque occasion d'assouvir ses passions.

Dans une lettre à Condorcet que nous avons déjà citée, Turgot a énergiquement combattu la morale de l'intérêt. « Si Helvétius, dit-il, parle de l'intérêt réfléchi, calculé, par lequel l'homme se préfère aux autres, il est faux que les hommes même les plus corrompus se conduisent toujours par ce principe. Il est faux que les sentiments moraux n'influent pas sur leurs jugements, sur leurs actions, sur leurs affections. La preuve en est qu'ils ont besoin d'effort pour vaincre leur sentiment, lorsqu'il est en opposition avec leur intérêt. La preuve en est qu'ils ont des remords. La preuve en est que cet intérêt qu'ils poursuivent aux dépens de l'honnêteté est souvent fondé sur un sentiment honnête en lui-même et seulement mal réglé. »

De ce principe il tirait plusieurs conséquences pratiques ; nous ne connaissons qu'un très-petit nombre de ces applications, mais en vertu de la connexité qui relie toutes les parties d'un système philosophique, nous pouvons juger comment il aurait répondu aux questions, s'il en avait embrassé l'ensemble dans un traité complet de morale. Il s'élève, dans sa lettre à Condorcet, contre l'opinion de ceux qui soutiennent avec Helvétius que la force et l'habileté sont la seule mesure des relations de peuple à peuple. « Dans cette fausse marche et ces faux principes, disait-il, Helvétius établit qu'il n'y a pas lieu à la probité entre les nations, d'où il suivrait que le monde doit être éternellement un coupe-gorge ; en quoi il est bien d'accord avec les panégyristes de Colbert (1). »

(1) Turgot considérait le Colbertisme ou système protecteur comme le triomphe de la force sur la justice.

C'est surtout en matière de mariage, qu'il se déclare l'ennemi de la morale de l'intérêt. Madame de Graffigny lui avait fourni l'occasion de dire son opinion en lui demandant son avis sur les *Lettres péruviennes*. C'était un roman dont l'auteur avait adopté la forme des *Lettres persanes*; mais entre l'original et l'imitation, il n'y avait de commun que le titre. Le style bref, pétillant et rapide de Montesquieu ressemblait aussi peu à la phrase sentimentale et mélancolique de madame de Graffigny, que le scepticisme moqueur d'Usbeck était éloigné de la haine de Zilia et d'Aza contre la civilisation et de leur préférence pour la vie sauvage. Turgot s'éleva contre cette tendance qui commençait à se développer depuis que l'Académie de Dijon avait couronné le discours de J. J. Rousseau sur les *Sciences et les arts* (1).

« Que Zilia, dit-il, pèse les avantages réciproques du sauvage et de l'homme policé. Préférer les sauvages est une déclamation ridicule ; qu'elle la réfute, qu'elle montre que les vices que nous regardons comme amenés par la politesse sont l'apanage du cœur humain ; que celui qui n'a point d'or est aussi avare que celui qui en a, parce que partout les hommes ont le goût de la propriété, le droit de la conserver, l'avidité qui porte à en accumuler les pro-

---

(1) La lettre de Turgot à madame de Graffigny est de 1751. Le discours de Rousseau avait été couronné en 1750.

duits. » Mais Turgot voulait aussi que Zilia montrât combien certaines institutions avaient fait oublier aux hommes les lois de la nature. De ce nombre était le mariage, union ineffable dont la cupidité humaine a fait un marché. « Zilia ne pourrait-elle pas se peindre à elle-même le bonheur dont elle jouirait avec Aza, et cela n'amènerait-il pas des réflexions sur le mariage ? — Il y a longtemps que je pense que notre nation a besoin qu'on lui prêche le mariage et le bon mariage. Nous faisons les nôtres avec bassesse par des vues d'ambition et d'intérêt ; et comme par cette raison, il y en a beaucoup de malheureux, nous voyons s'établir, de jour en jour, une façon de penser bien funeste aux États, aux mœurs, à la durée des familles, au bonheur et aux vertus domestiques. » Et plus bas il ajoutait : « Je sais que les mariages d'inclination même ne réussissent pas toujours. Ainsi de ce que, en choisissant, on se trompe, on conclut qu'il ne faut pas choisir. La conséquence est plaisante (1) ! »

Dans la même lettre il a exposé ses idées sur l'éducation. Ne soyons pas surpris d'y retrouver le système que Rousseau a plus tard exposé, parce que l'auteur d'*Émile* n'a lui-même fait que développer les opinions de Locke. Turgot, admirateur du philosophe anglais, s'était approprié les pensées les plus importantes du

(1) *Œuvres de Turgot*, t. II, p. 789 et suiv.

Traité de l'éducation; mais il les exprima avec cette modération ferme qui est le propre de la force, tandis que J. J. Rousseau les rendit trop souvent avec l'emportement qui ressemble à la frénésie. Comparons les deux écrivains sur quelques points.

Turgot s'était borné à exprimer cette idée fort sensée que notre éducation était en proie à la pédanterie et constamment dirigée au rebours de la nature : « Voyez le rudiment, disait-il ; on commence par vouloir fourrer dans la tête des enfants une foule d'idées les plus abstraites. Eux que la nature entière appelle à elle par tous les objets, on les enchaîne à une place, en les occupant de mots qui ne peuvent leur offrir aucun sens puisque *le sens des mots ne peut se présenter qu'avec des idées* (1). » Écoutons maintenant le langage violent de Rousseau : « Toute notre sagesse consiste en préjugés serviles : tous nos usages ne sont qu'assujettissement, gêne et contrainte. L'homme civil naît, vit et meurt dans l'esclavage, on le coud au maillot ; à sa mort, on le cloue dans une bière ; tant qu'il garde la figure humaine, il est enchaîné par nos institutions. On dit que plusieurs sages-femmes prétendent, en pétrissant la tête des enfants nouveau-nés, leur donner une forme plus convenable ; et on les souffre ! Nos

---

(1) Ce passage renferme ce que nous avons dit plus haut, sur l'origine du langage.

têtes seraient mal de la façon de l'auteur de notre être. Il nous les faut façonner au dehors par des sages-femmes et au dedans par les philosophes. Les Caraïbes sont de moitié plus heureux que nous (1).»

Turgot recommande de remplacer les préceptes abstraits par des exemples sensibles. Au lieu de dire aux enfants : *Soyez vertueux*, il veut qu'on leur fournisse l'occasion de se montrer tels. « Je ne suis pas, ajoute-t-il, de ceux qui veulent rejeter les idées abstraites et générales; elles sont nécessaires ; mais je ne pense nullement qu'elles soient à leur place dans notre manière d'enseigner ; je veux qu'elles viennent aux enfants comme elles sont venues aux hommes, par degrés et en s'élevant depuis les idées sensibles jusqu'à elles (2). » Comparez la fougue de Rousseau : « Maîtres, laissez vos simagrées, soyez vertueux et bons; que vos exemples se gravent dans la mémoire de vos élèves, en attendant qu'ils puissent entrer dans leurs cœurs. Au lieu de me hâter d'exiger du mien des actes de charité, j'aime mieux en faire en sa présence et lui ôter même le moyen de m'imiter en cela ; car, il importe qu'il ne s'accoutume pas à regarder les devoirs des hommes comme les devoirs d'enfant; que si, me voyant assister les pauvres, il me questionne là-dessus et qu'il soit temps de lui

---

(1) *Émile*, liv. I, p. 17 (édition Charpentier).
(2) Lettre à madame de Graffigny.

répondre, je lui dirai : « Mon ami, c'est que quand
« les pauvres ont bien voulu qu'il y eût des riches,
« les riches ont promis de nourrir tous ceux qui
« n'auraient de quoi vivre ni par leur bien ni par
« leur travail (1). »

Dans le *Mémoire sur les municipalités*, Turgot
aborde la grande question de l'*enseignement primaire*,
et quoiqu'il ne se prononce pas en termes formels
pour le système de l'obligation, on peut conclure
d'un passage rapporté plus bas que son opinion s'en
rapprochait beaucoup.

C'est par un malentendu, à mon sens, qu'on a vu
dans l'enseignement primaire obligatoire une intervention de l'État. S'il s'agissait de forcer, comme on
l'a fait dans quelques pays, les pères de famille à
conduire leurs enfants aux écoles publiques, il y
aurait lieu en effet de crier à l'oppression et à la
violation de la liberté de conscience. Mais tant d'intolérance n'est point nécessaire ; toute la difficulté
se réduit à sanctionner par une peine l'obligation
naturelle qui incombe à tout père de faire élever son
enfant. Dira-t-on que le père ne doit l'éducation que
proportionnellement à son état de fortune, et que s'il
a besoin du travail de son fils, il ne doit pas être forcé
de sacrifier des ressources qui lui sont indispensa-

---

(1) *Émile*, liv. II, p. 117 (édition Charpentier).

bles. Au moins doit-il répondre à l'offre que la société fait aux indigents d'élever gratuitement leurs enfants. Lorsque l'accomplissement d'un devoir naturel est à ce point facilité, l'inobservation ne peut être imputée qu'à une coupable négligence. Est-il d'ailleurs admissible que les parents soient punis, s'ils négligent ou maltraitent le corps de l'enfant et qu'ils puissent impunément le laisser vivre dans un abrutissement bestial, au lieu d'ouvrir cette intelligence d'où s'échapperont peut-être les plus riches facultés (1)?

Parmi les adversaires de l'enseignement obligatoire, il y a une catégorie qui se laisse guider par des considérations politiques. De ce nombre est M. Guizot qui vient, dans un passage de ses *Mémoires*, de la trancher par l'exemple de l'Angleterre et des États-Unis, c'est-à-dire par l'expérience des pays libres. Je prie de remarquer qu'il ne s'agit pas ici d'une question de liberté politique, mais d'une amé-

(1) On a tiré beaucoup d'objections des difficultés d'exécution. Mais ces arguments extrêmes qui consistent à exagérer des inconvénients faciles à pallier, sinon à détruire, prouvent que les adversaires mettent beaucoup de mauvaise volonté dans la solution de la question. Si on n'admettait que les institutions dépourvues de tout inconvénient, il faudrait rester dans une complète inaction en toutes choses. La vérité est, quoiqu'on le dissimule, que les adversaires de l'instruction primaire obligatoire ne sont que de fort tièdes partisans de l'enseignement primaire, même volontaire et libre.

lioration dans l'état social, et cette observation enlève beaucoup de sa valeur à l'argument de M. Guizot. Ce n'est ni l'esprit d'entreprise, ni l'initiative qui fait défaut en Angleterre, et cependant c'est dans ce pays que l'instruction primaire a fait le moins de progrès. Un semblable exemple est propre à faire comprendre s'il est vrai de dire avec quelques économistes que l'initiative individuelle est suffisante pour répandre l'instruction primaire. Ah! je crains plutôt la cupide négligence du père que l'intervention oppressive de l'État.

Des adversaires moins éclairés que M. Guizot et surtout moins préoccupés de liberté politique, attaquent l'enseignement primaire obligatoire comme dangereux pour la paix publique, capable de développer le nombre des brouillons de village et de fournir au socialisme des chefs et des soldats. La dernière conséquence de cette objection; c'est la suppression de l'instruction, à tous les degrés et par qui qu'elle soit donnée.

Rien n'est chimérique comme la peur qu'on veut nous faire. Ce qui rend l'instruction primaire dangereuse, dans les campagnes, c'est qu'elle n'est pas assez générale et que l'ignorance de la masse la place sous la domination de quelques brouillons moins ignorants que la majorité. Il est facile d'égarer les hommes dépourvus d'instruction, et les savants de village n'acquièrent d'influence que par la faiblesse des autres :

Notre crédulité fait toute leur science.

Si tous étaient instruits, le bon sens individuel reprendrait son autorité, et les influences illégitimes s'évanouiraient devant l'égalité des lumières.

Quoique nous combattions en faveur de l'enseignement obligatoire, nous pensons que l'enseignement *gratuit* pour tout le monde, pour les indigents comme pour les non-indigents, doit être sévèrement traité. Une pareille proposition prend sa source dans les théories générales de l'égalité absolue, et quand on ne veut pas admettre celles-ci, on doit combattre la gratuité. Il ne faut pas, dit-on, que l'enfant à l'école s'aperçoive de l'inégalité. Pourquoi donc ne la trouverait-il pas au début de la vie lorsqu'elle doit l'accompagner jusqu'à la mort?

Le passage où Turgot aborde cette question se trouve dans le *Mémoire sur les municipalités* dont il a déjà été question. Quoique la rédaction en soit due à la plume facile de Dupont de Nemours, nous sentons sous la phrase du disciple la chaleur et la vigueur du maître : « Je crois, Sire, ne pouvoir rien vous proposer de plus avantageux pour votre peuple, et de plus propre à maintenir la paix et le bon ordre, à donner de l'activité à tous les travaux utiles, à faire chérir votre autorité, et à vous attacher de plus en plus le cœur de vos sujets, que de *leur faire donner à tous une instruction qui manifeste bien les obligations qu'ils ont à la société et à votre pouvoir qui les protége, les devoirs que ces obligations leur imposent, l'intérêt qu'ils ont à remplir leurs devoirs pour le bien public et pour le leur propre*..... Si Votre Majesté agrée ce plan, je mettrai sous ses yeux les détails qui pourraient y être relatifs dans un mémoire spécial, mais j'ose lui répondre qu'en dix ans sa nation ne serait pas reconnaissable, et que par les lumières et par les bonnes mœurs, par le zèle éclairé pour votre service et pour celui de la patrie, elle serait infiniment au-dessus de tous les autres peuples qui existent et qui ont existé. Les enfants qui ont actuellement dix ans, se trouveront alors des hommes de vingt ans, préparés pour l'État, affectionnés à la patrie, soumis non par crainte, mais par raison, à l'autorité; secourables envers leurs concitoyens, accoutumés à reconnaître et à respecter la justice, qui est le premier fondement des sociétés. »

Turgot que nous avons vu se rapprochant de J. J. Rousseau, en matière d'éducation, s'en écartait complétement sur les autres questions de morale sociale. Ce n'est pas dans un esprit aussi juste que serait née la célèbre hypothèse des «*pauvres permettant qu'il y eût des riches.* »

Est-il possible de rien imaginer de plus inadmissible que la permission niaisement accordée par les pauvres aux riches ? Si la richesse n'était pas fondée sur les lois sociales et sur le droit qui en découle, la permission n'aurait sans doute pas été donnée et, en tout cas, elle ne serait pas continuée. Turgot admettait, au contraire, que l'inégalité des conditions était une nécessité et que, sans elle, nous ne pourrions pas vivre dans cet état social qui profite aux moins favorisés. « L'inégalité, disait-il à madame Graffigny, n'est point un mal ; elle est un bonheur pour les hommes, un bienfait de celui qui a pesé avec autant de bonté que de sagesse tous les éléments qui entrent dans la composition du cœur humain. Où en serait la société, si la chose n'était pas ainsi et si chacun labourait son petit champ ? Il faudrait que lui-même aussi bâtît sa maison, fît ses habits. Chacun serait réduit à lui seul et aux seules productions du petit terrain qui l'environnerait. De quoi vivrait l'habitant des terres qui ne produisent point de blé ? Qui est-ce qui transporterait les productions d'un pays à l'autre.

« .... La distribution des professions amène nécessairement l'inégalité des conditions. Sans elle, qui perfectionnera les arts utiles ? qui secourra les infirmes ? qui étendra les lumières de l'esprit ? qui pourra donner aux nations cette éducation tant particulière que générale qui forme les mœurs ? qui donnera un frein à la férocité des uns et un appui à la faiblesse des autres ? Liberté, je le dis en soupirant, les hommes ne sont peut-être pas dignes de toi ! Égalité, ils te désireraient, mais ils ne peuvent t'atteindre. »

C'est sur la même base que Turgot établissait le droit de propriété ; c'était d'après lui la même question. Le meilleur argument qu'on puisse faire valoir est, en effet, celui qui se tire de la *nécessité sociale*. Eh ! quoi, dira-t-on, la question de droit ne peut-elle donc pas se poser dans un état extrasocial, et si, dans un désert inhabité, un solitaire cultive une portion de friche, est-ce qu'il pourra, sans injustice, être dépouillé de la moitié par le premier survenant ? L'absence d'un pouvoir social qui le protége entraînera-t-elle l'inexistence de son droit ? depuis quand le droit éternel est-il subordonné à la loi positive ? — Je réponds que, dans ces conditions, il n'y a vraiment pas de doute, parce que la terre n'est pas occupée, qu'à côté des champs cultivés, il y a de la friche pour ceux qui voudront travailler et que le partage avec le premier habitant serait une spoliation pure et simple. Il n'y a donc de difficulté que lorsque la population est pressée, que toutes les places sont prises et qu'il ne reste rien à ceux qui naissent dépouillés d'avance. La discussion sur le droit de propriété implique une société organisée ; mais il ne faut pas conclure de là que cette institution est de création humaine et qu'elle est entièrement à la disposition du législateur. Ce serait dire que la société n'est pas naturelle à l'homme et que la loi est assez puissante pour défaire ce qui en est la condition première. Or, quand on a démontré que sans l'appropriation individuelle, sans le stimulant de l'intérêt privé, toutes les forces sociales tomberaient dans un état de langueur déplorable, quand en un mot on a démontré la nécessité de la propriété, n'a-t-on pas donné la plus forte raison qui puisse être invoquée? Que sont, à côté de cette démonstration, les arguments inventés par les jurisconsultes, les philosophes et les économistes eux-mêmes, les plus vaillants et les plus intelligents défenseurs de la propriété?

Quand on se borne avec les premiers à dire : *Possideo quia possideo*, on déserte la discussion pour affirmer sans preuve. La possession est un fait, une conséquence du droit; ce n'est pas le droit lui-même. La *prescription* n'est pas un fondement plus solide, quoiqu'on l'appelle *la patronne du genre humain*, par la raison décisive que cette institution n'est pas reconnue en morale et que toute conscience honnête la réprouve.

Quand les philosophes ont remplacé ces raisons de légistes par l'idée de justice due au travail, ils se sont rapprochés de la vérité sans l'atteindre complétement. La préparation que le travailleur donne à la terre, suppose en effet une appréhension préalable, c'est-à-dire un fait contre lequel s'élève toujours la question: « De quel droit avez-vous pris une part plus forte que celle du voisin? que parlez-vous de justice quand vous avez commencé par une usurpation? »

MM. Frédéric Bastiat et Carey ont employé un argument qui ne vaut pas mieux. A les entendre, la terre ne produit pas de rente par elle-même, et ce qu'elle donne ne représente pas l'intérêt des capitaux qui ont été dépensés pour la mettre en culture. Le sol avant le travail n'était donc qu'une chose simplement *utile* et dépourvue *de valeur;* ce qui lui communique ce dernier caractère, c'est l'homme tirant tout de son propre fonds. Serait-on bien venu à l'accuser de spoliation lorsqu'il crée une valeur qui n'existait pas avant lui (1)?

Je suis convaincu que ce raisonnement pèche par la base, parce que je crois à la théorie de Ricardo telle que l'a modifiée M. John Stuart Mill, sur la rente de la terre; mais sans aborder ici l'examen d'une question qui reviendra plus tard, il sera aisé de prouver que la démonstration de Bastiat est la même que

---

(1) *Harmonies économiques*, par Fr. Bastiat, p. 67.

celle des philosophes que nous venons de réfuter. Si l'homme crée une *valeur*, ce n'est qu'en appliquant son travail à une chose *utile*; la terre n'est donc pas sans vertu propre, puisqu'elle est la matière première du travail qui, à son défaut, s'agiterait dans le vide. En d'autres termes, il a fallu commencer par l'appréhension d'une chose *utile* pour arriver à créer la *valeur*: sans doute le marbre n'avait, avant l'action du sculpteur, aucun caractère artistique; mais s'il n'était pas la statue, il était la condition *sine quâ non* du chef-d'œuvre.

Locke raisonnait à peu près de la même manière que Bastiat et Carey, mais il ajoutait à sa démonstration un détail qui en démontre toute l'inanité. « En s'appropriant, disait-il, une terre par son travail et par son adresse, on ne fait tort à personne, *puisqu'il en reste toujours assez et d'aussi bonnes et même plus qu'il n'en faut pour un homme qui ne se trouve pas pourvu.* » Il comparait ensuite l'occupation de la terre à celle de l'eau et de l'air, après quoi il concluait ainsi : « Le cas est ici le même, et ce qui est vrai à l'égard de l'eau, l'est aussi à l'égard de la terre. » Or, le caractère illimité de l'eau et de l'air étant aussi évident que la quantité bornée de la terre, la propriété n'était plus protégée que par une cuirasse dont le champion semblait prendre soin de faire voir le défaut.

Tous ces arguments étant vulnérables, il faut les écarter comme compromettants pour la cause de la propriété et s'en tenir au seul argument qui puisse résister, celui que Turgot tirait des nécessités sociales et de notre nature.

Mais n'est-ce pas, dit-on, appuyer le droit sur l'imperfection humaine, et, puisque nous marchons au progrès, ne peut-on pas concevoir un état social meilleur où le travail sera un plaisir et le devoir un stimulant suffisant pour l'ouvrier? Ne se peut-il pas que le développement des machines, en restreignant tous les jours davantage la main-d'œuvre, nous conduise à un degré de perfectionnement où l'homme, n'ayant plus qu'à diriger les forces aveugles, trouvera une véritable satisfaction à les manier? — Si les ennemis de la propriété nous promettaient de suspendre leurs convoitises jusqu'au moment où ces espérances seront réalisées, nous pourrions tranquillement attendre l'exécution de leurs projets; nos vœux mêmes les suivraient; car il faudrait être bien ennemi du mieux pour craindre l'avénement du bonheur parfait. Mais s'il est impossible d'enchaîner l'avenir ou de lui assigner des limites, nous pouvons par les faits connus prévoir la lenteur des transformations dont il s'agit. Les machines ont restreint la main-d'œuvre sans que jusqu'à présent le travail ait été rendu plus attrayant, et l'on peut même dire que c'est le contraire qui arrive. L'ouvrier est devenu un engrenage de la machine à laquelle on l'attache, et sa journée se passe dans l'accomplissement monotone d'un acte uniforme.

Jusqu'à présent l'intérêt privé, non pas l'égoïsme avide et odieux, mais l'égoïsme légitime qui consiste dans le désir naturel d'agrandir sa position et d'élargir la sphère du bien qu'on peut faire, a été le seul mobile assez puissant pour retenir l'homme au travail; il en sera longtemps de même, sinon toujours. Que l'on compare à ce vigoureux moteur les inventions des socialistes modernes et qu'on dise s'il n'y a pas lieu de crier : *Risum teneatis*. Celui-ci propose de le remplacer par la crainte d'un poteau portant l'inscription : *voleur*, auquel on attachera le paresseux! souvenir ridicule du collège! Comment! cette qualification déshonorante qu'un juge inflige aujourd'hui, serait dans l'avenir appliquée comme un pensum d'écolier? le tribunal correctionnel et la garantie de la défense seraient remplacés par l'autocratie d'un contre-maître, imitation grotesque du maître d'études?

Ceux-ci croient que *l'amour* et la *fraternité* peuvent remplacer l'intérêt privé. Je sais ce que peut l'amour limité à un petit nombre d'êtres chers ; mais qu'est-ce que l'amour de l'humanité, sinon une lumière diffuse sans vivacité ou un ressort dépourvu d'élasticité, quand il n'est pas la sublime et rare vertu d'un saint?

Le seul côté vrai du socialisme (car l'erreur absolue est presque impossible), c'est que l'association des intérêts prendra un développement chaque jour plus étendu; mais, entre la réunion volontaire d'intérêts inégaux concourant au même but et la disparition de ces mêmes intérêts dans l'égalité des conditions, il y a toute la distance qui sépare l'erreur de la vérité. Cette observation a été faite par plus d'un écrivain étranger à toutes ces sectes (1); il faut cependant rendre cette justice aux socialistes que nulle part la puissance de l'association et la grandeur de son avenir n'ont été mises en lumière, aussi bien que dans leurs écrits. S'ils s'étaient bornés à décrire le fait qui se passe sous nos yeux, ils auraient développé avec succès un aspect de la science sociale; leur erreur principale a consisté à vouloir imposer par la loi une transformation qui ne peut s'opérer que naturellement et à croire qu'on pouvait faire violence au mouvement normal des volontés et des intérêts.

Mais c'est trop longtemps s'éloigner de notre sujet; revenons-y en concluant avec Turgot que la question du droit de propriété ne peut être posée que

---

(1) MM. Delangle et Troplong, dans les préfaces de leurs traités des *Sociétés*.

dans une société organisée et que ce droit se justifie parce qu'il est non-seulement utile, mais *nécessaire* (1).

III

DOCTRINE POLITIQUE.

Si les philosophes tirent ordinairement de leur métaphysique les déductions morales qui en découlent logiquement, il n'est pas rare de les trouver inconséquents dans leur politique. Hobbes et Bossuet, partis de points différents, aboutissent à l'absolutisme; Locke, au contraire, tire la politique libérale du sensualisme qui en a conduit d'autres à défendre la cause des despotes. Le grand panthéiste hollandais a poussé l'inconséquence plus loin encore : après avoir posé en principe que les droits de l'État sur l'individu sont absolus, il con-

---

(1) M. H. Baudrillart, répondant à ceux qui défendent la propriété en tirant argument de son utilité sociale, s'exprime ainsi : « Pourquoi accepter la défaite sur un point aussi essentiel que le droit, et se contenter d'une victoire incomplète, qu'on risque de compromettre en ne sachant pas la pousser jusqu'au bout? » (*Études de philosophie morale et d'économie politique*, t. II, p. 53.) L'argument, tel que nous l'avons développé, ne s'appuie pas sur *l'utilité sociale*, mais sur la *nécessité*; or, la nécessité est la raison la plus puissante qui puisse être invoquée en faveur du droit. Nous démontrons plus bas, en examinant la théorie de la rente foncière, que la justice découle de la nécessité.

clut à la liberté, par un retour étrange; car, « si le prince, dit-il, a une puissance sans limites, il n'en est investi que pour assurer la liberté des citoyens; s'il usait de la souveraineté contre le but de son institution, il dissoudrait l'État, ce qui compromettrait son autorité, en lui enlevant sa raison d'être (1). »

Ces antinomies s'expliquent par les circonstances politiques dont les écrivains ne peuvent pas s'abstraire; les bruits du dehors troublent leurs spéculations et mêlent les impressions de la place publique aux conceptions les plus calmes. Hobbes, le défenseur des Stuarts, l'ennemi d'une révolution entreprise contre la violation par l'impôt du droit de propriété, mit au nombre des maximes séditieuses celle qui *reconnaît à chacun la propriété de ses biens à l'exclusion du souverain* (2). Locke, au contraire, se déclara l'admirateur ardent de la révolution, et, parti d'une métaphysique analogue à celle de son adversaire, il s'en écarta brusquement, au moment d'aborder les questions de politique. Bossuet, le soutien de l'Église gallicane, qui voulait, en matière ecclésiastique, une monarchie représentative, se laissa éblouir par la grandeur de Louis XIV; et le même évêque, après avoir revendiqué contre le Saint-

(1) *Théologie politique*, chap. XVII.
(2) *Léviathan* (De civit., chap. XXX).

Siége les droits des conciles, proclama, dans sa *Politique tirée de l'Évangile*, l'excellence et la légitimité du pouvoir absolu. Comment douter que Spinosa, dont la métaphysique conduisait à la négation de l'individu, à l'absorption de toutes les volontés dans la substance unique, ne fût amené aux conclusions libérales qui terminent sa *Théologie politique*, par le spectacle de la prospérité du pays républicain où il vécut?

Turgot, même dans sa politique, est resté fidèle à sa métaphysique. Son spiritualisme l'a conduit à soutenir la cause de la liberté réglée, c'est-à-dire à la conséquence naturelle d'une psychologie qui ne réduit pas tout à la sensation, d'une morale basée sur la notion du devoir et d'une théorie sociale dont la propriété et les droits individuels sont le fondement.

La mission du pouvoir, d'après les économistes, se borne au maintien de l'ordre et à la protection des individus contre les desseins pervers. Quant aux actes licites, ils doivent échapper à son intervention, et, sous ce rapport, le meilleur parti qu'on puisse prendre, consiste à tout abandonner à l'initiative individuelle. C'est violer le droit que de mettre obstacle au développement naturel des facultés de l'homme, soit en le retenant par des prohibitions, soit en rompant l'égalité des conditions où doit se faire la concurrence, par des subventions qui donnent l'avantage à l'un sur l'autre.

Le plus respectable de tous les droits est assurément la croyance religieuse, et le premier devoir de ceux qui gouvernent est de se montrer tolérants. La liberté religieuse n'admet qu'une seule restriction ; c'est la prohibition de tout enseignement contraire à l'ordre ou à la morale générale ; car, le gouvernement qui peut et doit se montrer impartial envers les religions, ne doit jamais abdiquer sa qualité de protecteur des bonnes mœurs.

Turgot, dès 1754, avait défendu dans le *Conciliateur* la cause de la tolérance ; il la soutint, d'une façon plus éclatante, dans le mémoire qu'il remit au roi avant le sacre. Pour que les rois eussent le droit de s'arroger la direction des consciences, ils devraient, disait-il, posséder des lumières *supérieures et infaillibles* qu'ils n'ont pas. « J'ose vous demander, Sire, si parmi les princes des différents temps et des différents pays dont vous avez lu l'histoire, il y en a beaucoup que vous eussiez voulu prendre pour conseil dans le choix d'une religion ; et cependant presque tous ces princes se sont crus en droit d'ordonner de la religion de leurs sujets, de rendre des lois, de prononcer des peines et de faire subir des supplices à des hommes qui n'avaient d'autre crime que d'avoir des opinions religieuses différentes des leurs (1). » Il citait ensuite l'exemple de Louis XIV dont « l'éducation, de son propre aveu, avait été fort négligée, » et que son ignorance de ces matières mit sous la domination des conseillers intolérants qui préparèrent la révocation de l'édit de Nantes. — Dans la seconde partie du mémoire, malheureusement perdue, il supposait une succession de princes professant des religions différentes. Le souverain usera-t-il de son droit, contre sa propre conviction, pour contraindre les citoyens à professer la religion d'État, ou le culte changera-t-il avec le règne ? comment se décider entre l'oppression du souverain et celle des sujets ?

Vainement dira-t-on que le prince trouve les lumières supérieures et infaillibles qui lui manquent, dans l'Église dont il est le bras séculier. L'Église étant un pouvoir spirituel n'a pas, par elle-même, le droit de contrainte, et, ne l'ayant pas, comment le communiquerait-elle au pouvoir temporel ? Le souverain ne doit donc être compté dans la religion, qu'à titre de fidèle isolé. Qu'il mette toute sa force individuelle au service de sa foi ; rien de mieux. Mais il ne lui appartient pas d'employer la puissance collective dont il est armé pour le triomphe d'une opinion individuelle. « Un prince qui devient chrétien, avait-il dit dans le *Conciliateur*, est donc un fidèle de plus qui se sou-

---

(1) *Œuvres de Turgot*, t. II, p. 499.

met à la vérité ; mais dans l'ordre de la religion, ce n'est qu'un simple fidèle ; ce n'est qu'un enfant qu'elle reçoit....... Un prince chrétien ne peut donc pas plus qu'un simple fidèle dire anathème à ses frères. A la vérité, placé dans un rang où les exhortations sont plus puissantes, les conseils plus efficaces, les exemples plus imposants, il doit chercher à ramener par tous ses conseils ceux qui se sont écartés de la vérité ; mais loin de lui les voies de contrainte et d'autorité (1). »

Turgot voulait sincèrement la liberté religieuse parce qu'il était, en général, partisan de la liberté ; il ne ressemblait pas aux sectaires qui demandent la liberté de conscience et repoussent la liberté de penser. Le droit pour tous, limité par le respect de la morale, tel était son système franchement libéral. D'où qu'elle vînt, l'intolérance était pour lui chose odieuse, et son esprit aussi ouvert que ferme la condamnait sans regarder à l'origine. Tous les principes, tous les droits qui depuis ont triomphé sous le nom d'idées de 89, Turgot les professa bien avant leur victoire. Chose digne de remarque ! Dans les ouvrages de cet homme, qui naquit parmi les privilégiés, qui passa dix ans de sa vie au parlement, c'est-à-dire au milieu de magistrats livrés à la plus aveugle routine, on ne trouve pas la trace d'un préjugé, rien qui

(1) *Œuvres*, t. II, p. 691.

porte la physionomie de l'ancien régime ; on dirait qu'ils furent écrits après la chute des institutions féodales ; tant il est vrai de dire que Turgot avait deviné les besoins de son époque et qu'il était capable de faire pacifiquement la révolution.

Il voulait aussi cette liberté pour laquelle nous avons encore à combattre (car toutes les restrictions n'ont pas disparu de nos lois) : la liberté du commerce et de l'industrie. « Tout cet édifice, écrivait-il au docteur Price, est appuyé jusqu'à présent sur les idées fausses de la très-ancienne et vulgaire politique, sur le préjugé que les nations, les provinces peuvent avoir des intérêts, en corps de provinces et de nations, autres que ceux qu'ont les individus d'être libres et de défendre leurs propriétés contre les brigands et les conquérants ; intérêt prétendu de faire plus de commerce que les autres, de ne point acheter les marchandises de l'étranger, de forcer l'étranger à consommer leurs productions et les ouvrages de leurs manufactures. »

Mais à quoi sert-il de proclamer des principes, de faire des déclarations, d'établir les meilleurs professions de foi, si on ne les met pas sous la protection d'institutions politiques propres à les faire observer et respecter? — Ce fut l'écueil où échouèrent les deux grands publicistes de l'antiquité. Aristote et Platon tracèrent d'admirables règles de gouvernement ;

mais l'un et l'autre se bornèrent à indiquer le but sans dire quels étaient les meilleurs moyens de l'atteindre. Jusqu'au dix-huitième siècle la science politique ne fit que peu de progrès ; au dix-septième, les réformateurs les plus hardis imaginaient comme type de gouvernement de petites monarchies bien absolues, à l'instar de celle de Salente, sans autre garantie que l'honnêteté du roi et avec l'enfer pour sanction. Inviolable dans ce monde, le monarque devenait responsable dans l'autre.

La lenteur de ces progrès ne doit point surprendre, si on considère combien est variable et mobile l'objet de la science politique. Cette mobilité est telle qu'on doit regarder comme impossible de déterminer scientifiquement un type absolu de gouvernement applicable à tous les pays et à tous les temps, qui convienne aux peuples civilisés comme aux peuples barbares, aux époques de calme comme à celles de trouble, aux nations qui n'ont qu'à jouir de la prospérité dans la paix comme à celles qui ont de vigoureux efforts à faire pour fonder leur indépendance nationale. Les philosophes peuvent, sans doute, se plaçant au point de vue du temps et du pays où ils écrivent, dire quelles sont les institutions qui conviennent le mieux ; mais créer un type de gouvernement général et d'une bonté absolue, c'est là un résultat que la nature des choses ne permet pas d'atteindre.

Turgot, qui connaissait les limites naturelles de la *science politique*, ne rechercha pas l'absolu en matière de gouvernement; il se borna à examiner et exposer ce qui convenait le mieux, d'après lui, à la situation de son pays et de son temps. Sa doctrine politique est exposée dans ses lettres au docteur Price et dans le *Mémoire sur les municipalités* rédigé par Dupont de Nemours d'après les idées de son maître et ami. Le soin que prit Turgot d'exposer ses idées sur le gouvernement le distingue de la plupart des autres économistes. Le Trosne, Beaudeau, Mercier de la Rivière s'étaient bornés à soutenir la liberté commerciale et industrielle; leur idéal de gouvernement s'appelait le *despotisme éclairé*, ce qui implique l'absence d'une théorie ou d'un principe ; car le despotisme éclairé suppose des qualités individuelles dans le monarque, et la science politique a précisément pour but de rendre inutiles les vertus du souverain, sinon absolument, au moins dans la mesure du possible. Dire qu'on est, en politique, partisan du despotisme éclairé, cela équivaut à dire qu'on aimerait à être gouverné par des anges ou bien à convenir qu'on n'a aucune idée sur la question. Ne soyons donc pas surpris que Mercier de la Rivière, appelé comme législateur à la cour de Russie, ait été congédié dédaigneusement par la souveraine; le vague des idées que professait l'économiste parut, non sans motifs, ridicule et nauséabond à une princesse qui connaissait les difficultés du pouvoir.

Turgot n'était pas un esprit chimérique, et, en politique, comme en toutes matières, il avait des idées nettes et arrêtées. La propriété, qui était, à ses yeux, le fondement de la société, devait être aussi la base du gouvernement ; le revenu foncier, le seul qu'on pût saisir, était placé à la racine du suffrage. 600 livres de rente immobilière donnaient droit à une voix ; ceux qui en avaient moins pouvaient se réunir à d'autres propriétaires et entre eux former un vote. Ces électeurs nommaient la municipalité communale ; les municipalités communales envoyaient, chacune, un député au district, et la réunion de ces délégués formait la municipalité de district ; à leur tour, les municipalités de district nommaient des délégués dont la réunion formait la municipalité provinciale ; enfin les municipalités provinciales députaient des membres qui composaient la grande municipalité. Turgot voulait le suffrage à plusieurs degrés ; mais tout en lui donnant beaucoup d'étendue, il avait pris soin de mettre à la base la propriété et le revenu foncier, comme condition d'ordre. Remarquons-le bien, Turgot n'appartenait pas à l'école de ceux qui veulent le monopole de la représentation pour la grande propriété et excluent ceux qui n'ont qu'un intérêt minime. Si petits qu'ils fussent, les intérêts participaient à la formation de la puissance publique. La part dans le vote était plus ou moins grande, suivant la fortune; mais nul n'était exclu, quelque faible que fût son revenu foncier; le vote pour Turgot devait être, comme l'impôt, *proportionnel au revenu*. On pouvait reprocher à cette organisation de laisser en dehors le travail et l'industrie; il n'en est pas moins vrai que par sa théorie Turgot ouvrait une large porte au suffrage et que peu de pays, en Europe, ont dépassé la mesure suivant laquelle il appelait les Français à voter. S'il négligeait d'organiser la représentation de l'industrie et du travail, cette omission tenait à son erreur physiocratique. Comme, à ses yeux, il n'y avait d'autre revenu que le revenu foncier et que tous les impôts retombaient, en définitive, sur la terre, il avait trouvé juste de n'accorder le droit de suffrage qu'aux propriétaires d'immeubles; ceux qui payaient exclusivement l'impôt, devaient être seuls appelés à le voter. C'était la conséquence politique de sa théorie économique.

Remarquons que dans cette constitution il n'y avait qu'une seule chambre et que la pondération des pouvoirs tant célébrée au dix-huitième siècle, depuis l'apparition de l'*Esprit des lois*, en était absente. Ce n'est pas que Turgot niât la bonté des institutions anglaises pour le pays où, en se formant peu à peu, elles avaient acquis la force de résistance inhérente à la tradition;

mais en homme qui procédait philosophiquement, il avait taillé une constitution régulière et logique, sans penser à transplanter celle qui n'avait pour lui qu'une valeur locale. Dans une lettre au docteur Price, il désapprouva formellement l'imitation que les peuples nouveaux de l'Amérique avaient faite de la métropole. « Je vois, disait-il, dans le plus grand nombre, l'imitation sans objet des usages de l'Angleterre. Au lieu de ramener toutes les autorités à une seule, *celle de la nation*, l'on établit des corps différents, un corps de représentants, un conseil, un gouvernement, parce que l'Angleterre a une chambre haute, une chambre des communes et un roi. On s'occupe à balancer les différents pouvoirs, comme si cet équilibre de force qu'on a pu croire nécessaire pour balancer l'énorme prépondérance de la royauté, pouvait être de quelque usage dans les républiques fondées sur l'égalité des citoyens, et comme si tout ce qui établit différents corps n'est pas une source de divisions (1). »

Sur ce point l'expérience a prouvé contre Turgot. Quoique cet esprit vigoureux se soumît, en général, très-peu aux événements extérieurs, il est permis de croire que s'il avait vécu assez longtemps pour voir le despotisme sanglant de la Convention, il aurait compris que les freins ne sont pas moins nécessaires pour prémunir le peuple contre ses propres entraî-

(1) Lettre du 22 mars 1778 (*Œuvres*, t. II, p. 807).

nements que pour le défendre contre la prépondérance de la royauté. Aussi toutes les nations qui ont tenté d'établir la liberté (je parle d'une liberté durable) ont-elles constamment adopté le système des deux chambres.

Malgré le témoignage de faits nombreux, beaucoup de publicistes combattent la théorie de l'équilibre des pouvoirs.

Il est certain qu'en temps de révolution, c'est un instrument lourd et d'un maniement difficile. Pour agir avec vigueur et célérité dans des périodes de crise et d'enfantement, l'unité est préférable ; pour gouverner une société rassise demandant à jouir, dans le calme et sous des institutions régulières, de sa prospérité et de ses richesses, la pondération des deux chambres vaut mieux. Mais, dit-on, la pondération de pouvoirs qui s'arrêtent réciproquement conduit ou à l'immobilité dans l'équilibre ou à la prédominance d'un élément sur les autres. L'immobilité est la pire des situations ; la plus grande faute qu'un gouvernement puisse commettre, c'est de ne rien faire. Que si, au contraire, nous échappons à ce péril, si la lutte des trois éléments aboutit à l'absorption de tous en un seul, de quoi aura servi cette ingénieuse et artificielle combinaison ? pourquoi tant d'efforts, lorsqu'ils se heurtent contre un insoluble dilemme ? — Voyez d'ailleurs, ajoute-t-on : en Angleterre où cette théorie a été prise par Montesquieu, la pondération est purement illusoire. La royauté est constitutionnelle, c'est-à-dire qu'elle confère le rang et la dignité plutôt que le pouvoir. Elle règne et ne gouverne pas. Qui donc gouverne ? L'aristocratie ; c'est elle qui domine à la chambre des communes, comme elle occupe tous les bancs de la chambre des lords. Ici la famille est représentée par l'aîné ; là, par les cadets ; aussi l'équilibre est-il rompu au profit de l'aristocratie. En France, nous avons été moins constants, mais la pondération ne s'est jamais conservée et elle a oscillé entre l'aristocratie, la bourgeoisie et le monarque. Sous la Restauration, la pairie et la fraction nobiliaire de la chambre des députés dirigèrent les affaires. En 1830, la bourgeoisie triomphante plaça la puissance dans la chambre des députés. Aujourd'hui, c'est le pouvoir exécutif qui gouverne. Ainsi, dit-on en concluant, le gouvernement tant vanté est une perpétuelle oscillation qui penche tantôt vers le pouvoir législatif, tantôt vers l'exécutif, tantôt vers l'aristocratie, tantôt vers le tiers état.

Rien n'est faux, surtout en matière de science politique, comme ces arguments extrêmes qui consistent à montrer un inconvénient possible quoique peu à craindre pour condamner les meilleures institutions. Certainement on a raison de dire que l'immobilité dans l'équilibre serait la pire des situations. Mais comment pourrait-on craindre que des pouvoirs confiés à des hommes vivants et, par conséquent, portés à l'action, ne s'arrêtent comme des forces mécaniques ? de pareilles appréhensions sont si peu raisonnables qu'il est puéril de s'y arrêter. Autant vaudrait dire qu'une chambre unique est un péril parce que, si les députés se partageaient exactement en deux camps égaux, il n'y aurait aucun moyen de marcher. Ces hypothèses peuvent récréer l'esprit de quelque théoricien libre de donner beaucoup à ses loisirs; elles n'arrêteront pas l'homme d'État.

Si l'immobilité n'est point à craindre, j'en dis autant de l'absorption des trois éléments par l'un d'entre eux. Il n'y a pas d'inconvénient à ce que l'un des pouvoirs soit prépondérant ; cela est inévitable pour sortir de l'immobilité. Ce qui importe, c'est qu'aucun des pouvoirs ne soit tout-puissant, et que le jour où il voudra sortir des voies de la modération et de la raison, il rencontre un obstacle qui le maintienne ou le ramène. Si l'aristocratie gouverne, comme en Angleterre, il est bon qu'à un moment donné l'élément populaire devienne assez puissant pour obtenir la suppression de lois trop favorables à la propriété foncière. Certes, la bourgeoisie a été toute-puissante sous le gouvernement de juillet; son pouvoir n'a cependant pas pu triompher de la résistance des Pairs sur la question du divorce, et trois votes successifs émis par la chambre des députés n'ont pas pu ramener la législation abrogée en 1816. Aujourd'hui, le chef de l'État a un pouvoir prépondérant, mais il a éprouvé lui-même le besoin d'entendre la voix du pays, soit pour diminuer sa responsabilité, soit pour chercher une règle de conduite.

Le système de Montesquieu n'a jamais été plus vivement combattu que par Stahl, le publiciste du parti féodal en Prusse. Rien, dit-il, n'est plus misérable et digne de pitié, que la position d'un roi constitutionnel ; s'il a des prérogatives, c'est pour ne pas s'en servir ; car, il est obligé de faire ce que son parlement lui impose ; s'il a le droit de dissoudre les chambres, c'est pour constater la volonté du peuple ; il est roi, mais ce n'est que pour savoir de qui il doit être le sujet ; les ministres qu'il choisit dépendent du parlement et non de lui ; car, ils sont responsables et on peut leur refuser le budget : « Le supplice de Tantale devait être moins intolérable. » Cette théorie fait de l'État un *mécanisme*, et l'État doit être un *organisme* doué d'une vitalité propre avec une force centrale et spontanée qui donne le mouvement et l'impulsion aux membres dont il se compose. Cette force ne peut et ne doit être (sauf les nations chez lesquelles la tradition a créé et développé d'autres institutions) que le roi armé du pouvoir de décision. *L'autorité, point de majorité* (1), voilà la devise qui résume tout le système de Stahl. Est-ce à dire qu'il soit partisan du despotisme? Stahl admet la représentation nationale, mais seulement avec *voix consultative*. Au roi l'autorité, aux chambres l'influence; il ne veut pas d'autre tempérament et refuse aux députés même le droit de voter le budget (2).

Je conviens avec Stahl que les monarques doivent être portés à désirer une situation meilleure que celle de roi constitutionnel; mais est-il vrai que les peuples soient faits pour le souverain? Cette idée d'origine féodale n'est plus de notre temps, et les principes du nouveau droit public, en plaçant la souveraineté dans l'opinion publique, font du prince le premier serviteur de ses sujets. La condition du monarque n'est d'ailleurs misérable et digne de pitié que lorsqu'il marche contre le courant de l'opinion nationale. Quand il s'y conforme, un parlement n'est pas un obstacle sérieux, et il serait facile de prouver par des exemples que les délibérations des chambres n'ont jamais empêché un résultat réellement voulu par le pays. D'un autre côté, le système consultatif préconisé par le publiciste de la

---

(1) Auctorität, nicht Majorität.
(2) Telles sont, en quelques mots, les conclusions de son *Droit public général* (*Allgemeines Staats-Recht*).

droite féodale est tout ce qu'on peut imaginer de plus chimérique.

La puissance absolue d'un côté et l'influence de l'autre, sans aucun pouvoir de décision, c'est une combinaison contradictoire. Jamais une influence ne sera sérieuse en politique si elle est destituée de toute autorité effective. Chez tous les peuples modernes de l'Europe (je ne parle pas des races décrépites de l'Orient), il est vrai de dire comme Tacite le disait du peuple romain : « *Apud nos solum vis imperii valet.* » Une représentation simplement consultative n'aura d'action que sur un monarque modéré ou faible; elle n'en exercera aucune sur un souverain passionné ou énergique ou capricieux. Les parlements dont la résistance pouvait être brisée par un lit de justice, ont-ils été, sous notre ancienne monarchie, un obstacle sérieux à la volonté royale, que le monarque s'appelât Louis XIV, Louis XV ou Louis XVI? — Sous le régime consultatif, le gouvernement sera ce que le feront les qualités personnelles du prince; le bien dépendra de l'homme non des institutions; on pourra louer Trajan ou Marc-Aurèle, mais le mérite d'un souverain n'entraîne pas la bonté des institutions. Qu'on loue un despote éclairé; soit. Quant au *despotisme éclairé*, c'est peut-être un accident heureux, mais on ne pourrait pas, sans faire violence à la nature des choses, préconiser comme un système ce qui n'est, pour un peuple, qu'une faveur de la fortune.

Turgot voulait un monarque fort dans la sphère du pouvoir exécutif, mais soumis au contrôle des États généraux ; il ne disputait pas au roi sa prérogative et ne le destituait pas du gouvernement au profit de la représentation nationale ; mais il donnait une influence sérieuse à la grande municipalité sortie des entrailles de la nation par une élection à quatre degrés. Il n'en faisait pas une assemblée simplement consultative, mais un corps délibérant ayant pour principale attribution le vote de l'impôt.

Dans ce système la grande municipalité s'appuyait sur les assemblées provinciales d'où elle sortait, et par la permanence de ces dernières; l'assemblée centrale était en communication incessante avec les électeurs qui l'avaient nommée. Un grand défaut des systèmes électoraux suivis jusqu'à présent consiste dans l'isolement où les mandataires et les mandants sont obligés de vivre. A un moment donné, les électeurs sont convoqués, et l'élection terminée, ils reviennent à leurs habitudes ; ils vivent de la vie publique à de rares intervalles et pendant des périodes très-courtes. Si les députés veulent consulter l'opinion publique, à qui s'adresseront-ils pour en connaître l'expression ? — peuvent-ils interroger des électeurs nombreux et disséminés dans le ressort d'une vaste circonscription? — La nature des choses y met un obstacle matériel. Au contraire dans l'organisation de Turgot, les députés aux États généraux correspondaient avec les membres de l'assemblée provinciale qui les nommaient, et, comme le nombre en était restreint, ils pouvaient facilement en connaître les vœux. A leur tour, les députés de province interrogeaient, sans difficulté, les électeurs de district, ceux-ci les électeurs des communes, et ainsi la vie publique aurait circulé dans le corps politique à l'abri des secousses violentes que lui occasionneront inévitablement les manifestations d'une opinion publique tantôt somnolente, tantôt réveillée en sursaut. Turgot avait raison de vouloir une circulation continue et régulière de la vie publique; nous avons préféré les violentes et soudaines commotions d'un appareil électrique. Ce que Turgot voulait, c'était la vie saine et égale; ce que tous ou presque tous les États ont organisé ressemble aux tempéraments apoplectiques.

Les assemblées provinciales servant de frein à la grande municipalité, on s'explique que Turgot ne se soit pas montré partisan des deux assemblées. Pourquoi établir un contre-poids à la puissance d'une assemblée unique lorsque la représentation provinciale servait de frein; lorsqu'à chaque instant, l'opinion manifestée par les députés provinciaux soit officiellement, soit officieusement, pouvait contenir ou ramener le vote de l'assemblée centrale?

Ces assemblées résolvaient aussi le grand problème de la centralisation. Ainsi que M. de Tocqueville l'a démontré (1), il y avait, sous l'ancien régime, une tendance prononcée vers la centralisation administrative. C'était la continuation de la centralisation politique et de la lutte soutenue par le pouvoir royal contre la féodalité. La puissance politique du système féodal était brisée depuis Richelieu et Mazarin. Le roi n'avait plus rien à craindre du pouvoir seigneurial; mais il restait à extirper les abus et à combattre l'oppression féodale au profit du peuple, ce vieil allié des rois contre les seigneurs. On avait abaissé les têtes ducales et soumis les chefs; mais les hobereaux n'avaient rien oublié et ils se conduisaient en véritables fils des conquérants envers les fils des vaincus. Les vilains anoblis par usurpation ou par la finance de quelque charge n'étaient pas les moins âpres et les moins injustes. Les intendants furent les instruments de la centralisation, et c'est par eux qu'a été préparé ce fait considérable; mais une chose doit nous avertir que la cause du bien public était représentée par les délégués du pouvoir royal, c'est que ces fonctionnaires étaient détestés par la noblesse, qui faisait le vide autour d'eux. Était-

(1) *L'Ancien Régime et la Révolution.*

ce mépris pour la naissance souvent peu illustre de l'intendant? Cela était vrai en partie; les questions d'amour-propre ou de vanité ont toujours joué un rôle important dans les faits et gestes de notre frivole aristocratie. Mais l'éloignement qui séparait les gentilshommes de l'intendance avait une cause plus profonde; c'est que cet envoyé n'apportait aucune bonne nouvelle; il venait pour combattre les abus et faire passer dans les relations de seigneur à vassal la révolution politique qui avait mis à terre la féodalité. On peut disserter aujourd'hui sur la bonté de la centralisation et concevoir que la décentralisation soit devenue une thèse libérale; mais avant 1789 il est incontestable que les efforts vers la centralisation tendaient à la liberté, puisque leur but était d'extirper à la base les derniers restes de la féodalité abattue au sommet. C'est pour cela que la centralisation a été adoptée par la révolution et que tous les partis, au moins pendant la période de leur triomphe, ont consommé l'œuvre du pouvoir royal. C'est aussi ce qui a donné lieu sur ce point à des reproches injustes contre la révolution de la part des écrivains libéraux. Qu'on n'oublie pas, en effet, qu'avant tout la révolution de 89 a été sociale, et qu'elle est tout entière dans la nuit du 4 août. Que sont le 10 août 1792, le 31 mai, le 9 thermidor? des scènes sanglantes, des fautes, des crimes; mais la nuit du

4 août, c'est-à-dire la chute de la féodalité, voilà le fond, le résultat dernier, incontestable de ce grand mouvement. Si la féodalité est tombée au premier vent de révolution qui a soufflé sur elle, c'est que ses racines avaient été profondément ébranlées par l'action de la centralisation politique et administrative. Ne soyons donc pas surpris de trouver la centralisation parmi les idées que la révolution a pratiquées; toutes deux avaient poursuivi le même but. A la vérité, le problème se pose aujourd'hui dans des conditions nouvelles; mais est-ce une raison pour juger au point de vue moderne une question d'histoire, et condamner nos prédécesseurs parce qu'ils acceptèrent les secours d'une alliée qui les avait devancés? — Il est vrai que la centralisation ne sert plus aujourd'hui la même cause; mais si elle doit être combattue dans le présent, faut-il nier les services qu'elle a rendus dans le passé?

Turgot comme intendant avait été un serviteur de la centralisation; il la pratiqua heureusement dans le Limousin et se servit souvent de l'autorité royale pour combattre les abus du régime féodal. Mais en cette matière, comme en toutes autres, cet esprit était tellement libre de préjugés que dans son *Organisation des municipalités* il demandait la création d'institutions provinciales fortes, vigoureuses, résistantes. Il les voulait non-seulement douées d'attributions administratives, mais intimement liées à la politique, par l'élection des députés aux États généraux. A ce trait on peut reconnaître la puissance de cet esprit. Les administrateurs vulgaires se laissent pénétrer par leurs habitudes ; après quelque temps d'exercice, ils en viennent à détester toute résistance, et leur intelligence bientôt d'accord avec leur pratique blâme comme déraisonnable toute entrave, toute gêne, toute discussion. Turgot était assez fort pour souffrir la controverse et sûr de pouvoir lutter contre une opposition mal fondée, il admettait, comme une source de lumières, le libre et public examen des intérêts généraux de l'État, de la province et de la communauté.

En lisant avec soin le *Mémoire sur les municipalités*, je n'ai pas rencontré un seul passage où Turgot proposât de donner aux autorités locales des attributions de police, comme l'ont fait les lois de la révolution pour la police municipale. On ne saurait dire si c'est à dessein que Turgot n'en a pas parlé ; mais si cette omission était calculée, nous pensons qu'il faudrait l'approuver.

Suivant nous, en effet, il y a lieu de distinguer deux choses que l'on confond trop souvent sous le nom de *décentralisation*. Que les assemblées locales obtiennent une plus grande liberté d'action pour la gestion des intérêts municipaux et départementaux, cette proposition mérite d'être approuvée. En accordant au chef de l'État le droit de veto pour empêcher les dépenses excessives, en déclarant certaines dépenses obligatoires, pour vaincre la résistance des conseils trop parcimonieux, on peut accorder aux communes et aux départements le droit de se conduire par eux-mêmes. Le gouvernement ne doit intervenir que pour redresser et maintenir les autorités dans les limites des lois et règlements ; c'est là ce qui importe au bien public. Mais pourquoi exiger une autorisation formelle pour un projet quelconque ? Pourquoi faire de l'intervention de l'État, la règle tandis qu'on pourrait, sans inconvénient, la réduire à n'être qu'une exception (1) ?

Nos lois ont donné à l'autorité communale une attribution qui ne lui appartient pas naturellement, la police municipale. Certainement, si les maires l'exerçaient comme délégués du pouvoir central et sous l'autorité de l'administration supérieure, cette organisation ne donnerait pas lieu à la moindre observation critique. Mais tel n'est pas le système que nous avons adopté. Nos maires ont une police qu'ils exercent *jure proprio* et pour laquelle ils ne dépendent pas de l'administration supérieure ; sous ce rap-

(1) Nous ne pouvons ici qu'indiquer des idées générales. Dans une autre publication, dont le premier volume vient de paraître, nous indiquerons les détails de l'organisation. (*Traité de droit public et administratif.* Cotillon, 1861.)

port, ils ne sont soumis qu'à la *surveillance* du gouvernement, non à son *autorité*. C'est cette autonomie en matière de police, combinée avec une extrême dépendance en matière d'administration, que je trouve contradictoire et au rebours de ce qui devrait être. La police est avant tout un attribut de la puissance publique; car, la puissance publique est principalement chargée d'assurer l'ordre et la sécurité; or, la sécurité est l'objet de la police. S'il est un service où l'unité soit nécessaire, c'est assurément celui qui a pour mission de faire régner la tranquillité. Partout où existent encore les polices locales, elles tendent à décroître, et on voit peu à peu le gouvernement étendant sa main pour substituer l'action de l'autorité centrale à celle des pouvoirs locaux. A mes yeux, la question de la centralisation doit être tranchée par ces deux propositions : 1° indépendance des communes et des départements (1) pour ce qui concerne la gestion économique de leur patrimoine; 2° suppression des polices locales (2).

(1) Sauf le droit d'annulation pour les dépenses excédant une limite établie par la loi, et le droit d'inscrire d'office les dépenses obligatoires.
(2) Sauf le droit de déléguer au maire la police, pour l'exercer sous l'autorité de l'administration supérieure.

IV

PHILOSOPHIE DE L'HISTOIRE.

La liberté de l'homme n'est pas inconciliable avec l'existence de certaines lois qui président à sa conduite. Leur influence quoique puissante n'est pas insurmontable, et, sauf les exceptions qui viennent de la libre détermination, on peut les considérer comme la règle de nos actions.

La part de la liberté, fort grande dans les actes de l'individu, est beaucoup moindre dans la vie des nations. Le développement naturel du peuple n'est certainement pas hors de la sphère d'action des associations d'individus. Les partis qui se forment, s'unissent, se coalisent pour agir sur les masses populaires, impriment aux sociétés des mouvements, des directions, des déviations, qui ressemblent aux libres déterminations de l'individu. Mais quelque puissants que soient les moyens des partis, ils agissent sur un tout difficile à remuer; les impulsions applicables à un ensemble considérable de volontés sont avec les moyens de réalisation dans une proportion bien différente de celle qui existe entre la puissance de la volonté et une modification de la conduite individuelle. A un certain point de vue, il est donc plus aisé de découvrir les lois qui président au développement des nations ; car, les lois étant moins soumises aux caprices de la liberté humaine, on peut les déterminer avec une exactitude qui les rapproche des lois physiques.

L'expérience des peuples qui se sont succédé ne peut manquer de donner une tendance commune à tous ; ce caractère commun, cette identité de marche, au milieu des variétés des temps et des lieux, ne peut être que la direction même de l'humanité. Ainsi, après avoir fixé les lois suivant lesquelles les peuples se développent, on est conduit à déterminer historiquement quel est le point vers lequel se dirige l'éternel voyage de l'humanité. Tel est le problème qu'agite la philosophie de l'histoire.

On a beaucoup accusé cette science de mener droit au fatalisme, de réduire tous les événements historiques à des mouvements réglés d'avance, inévitables comme le destin et de professer la plus complète indifférence pour les actes des personnages politiques. Il est vrai que plus d'un philosophe s'est montré fataliste dans cette partie de la philosophie. En Allemagne et en France, la légitimité du succès a plus d'une fois été érigée en théorie, et il s'est rencontré des philosophes pour paraphraser en périodes métaphysiques la parole du barbare : *Væ victis*.

S'il s'est rencontré des philosophes fatalistes, la

philosophie de l'histoire n'a pas nécessairement le même caractère ; ne lui imputons pas ce qui est le fait de quelques hommes, Est-ce que l'existence des lois pénales est inconciliable avec la liberté qui s'y conforme ou les enfreint? Indiquer le but vers lequel tend une nation et s'élever jusqu'au point où se dirige l'humanité, ce n'est pas absoudre d'avance tout ce qui sera fait; c'est plutôt fixer la règle suivant laquelle les mauvaises et les bonnes actions pourront être discernées. Toutes les entreprises honnêtement conduites qui rapprocheront la société de sa destinée seront bonnes, celles qui l'en éloigneront seront mauvaises. Si elles sont faites intentionnellement, il y aura mérite dans le premier cas, et crime politique, dans le second. A défaut d'intention, les résultats viendront de la bonne fortune, du hasard ou de l'incapacité. Telles sont les idées qu'il ne faut pas perdre de vue en matière de philosophie de l'histoire; nous avons rappelé ces notions évidentes parce que plus d'une fois on les a perdues de vue.

Si les lois du développement historique ont sur celles de la vie individuelle l'avantage d'être moins soumises aux caprices de la liberté humaine, elles ont l'inconvénient de ne pouvoir être observées que sur un nombre assez restreint de cas ou périodes. C'est pour cela que cette partie de la science philosophique fut à peu près inconnue des anciens. Placés près de l'origine des choses, ne connaissant qu'un petit nombre de faits, comment auraient-ils pu s'élever aux lois de l'histoire par une observation aussi restreinte? Leur philosophie n'aurait guère pu être construite qu'*à priori*, et pas un philosophe n'en fit la tentative.

Dans la *Politique* d'Aristote, on trouve, à la vérité, la succession des diverses formes de gouvernement confirmée par l'histoire des républiques de la Grèce. Pour arriver à cette généralisation, les faits que connaissait le Stagirite étaient assez nombreux. Ce qui manque à la Politique, c'est la notion de l'humanité. Nous y voyons les constitutions tombant les unes sur les autres, avec assez de régularité, et, en quelque sorte, par des mouvements prévus. Mais où tendent ces bouleversements? Le philosophe de l'antiquité est resté, comme le citoyen, enfermé dans la cité; nous ne le voyons pas dépassant l'horizon restreint de la république, jeter un regard sur la grande famille humaine; avant tout, il est Spartiate, Athénien ou Romain, et ne cherche pas dans la science le problème de la destinée humaine, question grandiose qu'ont examinée avec inquiétude tous les penseurs issus du mouvement chrétien.

Parmi ceux qui voulurent montrer la trame de l'histoire, nous trouvons l'un des plus grands esprits que la religion puisse célébrer. Bossuet exposa le tableau de tous les événements convergeant vers le triomphe du christianisme.

C'est assurément un majestueux spectacle que celui où Bossuet nous fait voir tous les peuples passant tour à tour pour préparer l'avénement du christianisme, l'empire romain s'élevant sur les débris des nations vaincues, afin de préparer son triomphe, et les événements qui suivirent concourant à répandre la religion nouvelle. La grandeur et la simplicité de ce plan, font du *Discours sur l'histoire universelle* une œuvre immortelle. Que lui manque-t-il ? d'être une œuvre scientifique. C'est un admirable ouvrage d'histoire religieuse, théologique et catholique ; ce n'est pas de la philosophie, puisque le *Discours* implique la croyance à une religion révélée. Je concède à ceux qui pourraient s'offenser de mon appréciation, que c'est mieux que de la philosophie ; mais à coup sûr, c'est chose différente.

Le but de l'humanité que Bossuet demandait à la foi, Turgot le chercha rationnellement. Il n'était âgé que de vingt-trois ans, lorsqu'il proclama dans ses discours de Sorbonne, la *théorie du progrès* que Condorcet développa plus tard et que la majorité des philosophes ont enseignée depuis.

L'année même où le jeune prieur portait la parole, nous le trouvons occupé à tracer le *Plan de deux discours sur l'histoire universelle*, dont le premier avait pour objet la *formation des sociétés et la révolution des empires ;* le second traitait *des progrès de l'esprit humain.* Mais quoiqu'il voulût séparer l'histoire politique et l'histoire scientifique, la même pensée dominait les deux discours et les révolutions des empires, comme les progrès de l'esprit humain se rattachaient au développement progressif de l'humanité.

Qu'était-ce donc que cette perfectibilité dont on s'est servi contre la religion et que Turgot faisait, au contraire, tourner à la gloire du christianisme ? car, dans un des discours prononcés à la Sorbonne, il rapportait à la religion chrétienne l'honneur de presque tous nos progrès. Il existe une école de philosophes qui non-seulement croit à l'extension toujours plus grande des lumières, mais encore à la perfectibilité interne de nos facultés. Nous sommes, d'après cette doctrine, plus instruits que les anciens et même plus intelligents. La force de nos facultés est plus grande, et il n'est pas impossible que plus tard quelque virtualité nouvelle ne se dégage, après avoir été longtemps latente. Les plus radicaux ont annoncé la naissance de nouveaux organes physiques, et il faut avouer que, malgré son extravagance, cette conséquence a le mérite d'être logique ; car, on ne voit pas pourquoi l'âme aurait le monopole de ces nouveautés.

Turgot n'a jamais entendu le progrès en ce sens, et sa pensée n'a pas dépassé la comparaison de Pascal : « L'humanité ressemble à un homme qui ne mourrait jamais et apprendrait toujours. » Il ne croyait pas que les modernes fussent supérieurs aux anciens par la nature de leurs facultés, et toute la différence entre eux consistait à ses yeux dans la puissance des moyens. La preuve en est que, dans certaines questions, particulièrement en métaphysique, l'intelligence humaine a rencontré, tout de suite, les bornes qu'elle ne pourrait pas franchir et que, depuis Aristote et Platon, la solution de ces difficultés n'a pas avancé d'un pas. Dans les arts où tout procède de l'inspiration, où l'intelligence, emportée par un élan spontané, n'est pas assujettie à l'emploi des procédés successifs, nous n'avons pas dépassé l'antiquité et on peut contester que nous ayons égalé nos modèles. Tout notre progrès a donc consisté dans une élaboration plus complète que les travaux antérieurs avaient facilitée; nous ne sommes ni plus intelligents, ni plus sensibles, ni plus braves. Il est certain d'ailleurs que les anciens avaient le même nombre de facultés que les modernes et, quant aux nouvelles propriétés physiques, il ne paraît pas que dans quatre mille ans la physiologie ait eu à constater une seule naissance.

Voici un passage où Turgot montre la différence des arts et des sciences. « Il est, disait-il, des parties dans les arts de goût qui ont pu se perfectionner avec le temps, témoin la *perspective qui dépend de l'optique.* Mais la couleur locale, l'imitation de la nature, l'expression même des passions sont de tous les temps. Ainsi ceux des grands hommes qui, dans tous les temps, ont poussé l'art à un certain point acquièrent, par rapport aux siècles postérieurs, une certaine égalité, et par là ils sont plus heureux, en quelque manière, que les philosophes qui deviennent nécessairement surannés et inutiles par les progrès de leurs successeurs (1). »

Le discours sur la *formation des sociétés et les révolutions des empires* rappelle la *Politique* d'Aristote. Dans certains passages, on croit lire le célèbre livre où le Stagirite nous montre la monarchie, l'aristocratie et la démocratie se succédant et puis faisant place aux trois formes du gouvernement corrompues, le despotisme, l'oligarchie et la démagogie. « Ici, dit Turgot, les peuples fatigués de l'anarchie se sont jetés dans le despotisme; ailleurs la tyrannie a produit la liberté. » Mais on trouve dans le *Discours* ce qui manquait à la *Politique*, c'est-à-dire la main de la Providence mettant l'unité au milieu de tous ces changements, et *menant l'homme qui s'agite.* «Aucune mutation, ajoute Turgot, ne s'est faite, qui n'ait produit son avantage, car aucune

(1) Turgot, *Œuvres*, t. II, p. 659.

ne s'est faite sans produire de l'expérience et sans *étendre* ou *améliorer* ou *préparer l'instruction*. Ce n'est qu'après des siècles et par des révolutions sanglantes que le despotisme a appris à se modérer lui-même et *la liberté à se régler*, que la fortune des États est devenue moins chancelante et plus durable. Et c'est ainsi que, par des alternatives d'agitation et de calme, de biens et de maux, *la masse totale du genre humain a marché sans cesse vers sa perfection*. (1) »

Au moment où Turgot écrivait, l'*Esprit des lois* était en possession de l'admiration publique ; Montesquieu y avait expliqué les institutions des divers pays par l'action des climats, cause principale et quelquefois unique, d'après lui, de la variété des mœurs et coutumes. Ce point de vue matérialiste que plus tard Herder a coloré de sa brillante imagination, est solidement combattu dans le passage suivant du *Second Discours sur l'histoire universelle*. « On a cherché dans la différence des climats la raison de cette différence qui se trouve entre les nations. Cette opinion, un peu mitigée et restreinte avec raison aux seules influences du climat, a été récemment embrassée par un des plus beaux génies de notre siècle. Mais les inductions qu'on en tire sont au moins

(1) *Plan du premier discours sur l'histoire universelle* (*Œuvres*, t. II, p. 633).

précipitées ; elles sont démenties par l'expérience, puisque, sous les mêmes climats, les peuples sont différents et puisque, sous des climats très-peu semblables, on retrouve si souvent le même caractère et le même tour d'esprit; puisque l'enthousiasme et le despotisme des Orientaux peuvent naître de la seule barbarie combinée avec certaines circonstances ; puisque ce langage métaphorique qu'on nous donne comme un effet de la proximité du soleil est celui des anciens Gaulois et des Germains, au rapport de Tacite et de Diodore de Sicile ; et qu'il est encore celui des Iroquois, au milieu des glaces du Canada. Il est celui de tous les peuples dont la langue est très-bornée et qui, manquant de mots propres, multiplient les métaphores, les comparaisons, les allusions pour se faire entendre. » « Nous n'avons le droit, disait-il plus haut, d'évaluer l'influence des causes physiques, qu'*après avoir épuisé celle des causes morales*, et nous être assurés, que les faits sont absolument inexplicables par celles-ci, dont nous sentons le principe, dont nous pouvons suivre la marche au fond de notre cœur. » (1)

S'il avait pu mener à fin sa vaste entreprise, le philosophe qui avait vu, sous la variété des événements historiques, l'unité de la marche vers le pro-

---

(1) *Plan du second discours sur l'histoire universelle* (Œuvres, t. II, p. 646 et 647).

grès, aurait sans doute rattaché les physionomies diverses des peuples à quelques types généraux ; car si l'humanité est une, le développement des nations a aussi une sorte d'uniformité qui s'explique par l'identité et la permanence de l'organisation humaine ; il serait arrivé, comme plus tard l'auteur de la *Sienza nuova*, aux corsi et ricorsi toujours semblables, par les caractères principaux, ramenant périodiquement l'âge divin, l'âge héroïque et l'âge humain ou du moins à des lois analogues. Cette régularité n'excluait pas la théorie du progrès ; car rien n'empêche que l'humanité avance en suivant des mouvements soumis à des lois à peu près constantes. La succession régulière et disciplinée des faits ne semble-t-elle même pas plus favorable au développement que les soubresauts affranchis de toute loi ?

Malheureusement Turgot n'a laissé que des ébauches. Dans un fragment qui nous reste, nous trouvons l'histoire jusqu'à Charlemagne divisée en dix-neuf périodes ; il n'a donc pas dépassé la date où l'œuvre de Bossuet s'était arrêtée. Mais sans doute ce n'est pas par la même raison qu'il n'avait pas poussé son plan au delà. On dit que le grand évêque avait replié son vol hardi, en apercevant, à l'horizon, les nuages orageux du seizième siècle ; comment aurait-il fait rentrer Luther et Calvin dans le plan catholique de

Dieu ? Le triomphe de Luther et de Calvin ne pouvait pas être assimilé à une de ces hérésies que Dieu envoyait à son Église pour l'éprouver et auxquelles il ne permettait pas de vaincre; cette fois l'instrument aurait été par trop meurtrier et le remède employé par la Providence aurait singulièrement aggravé le mal. Une composition rapide comme celle du *Discours sur l'histoire universelle* ne suffisait pas pour expliquer une si profonde perturbation du plan providentiel; une histoire détaillée n'était pas de trop, et Bossuet écrivit l'*Histoire des variations*.

De telles préoccupations n'arrêtaient pas Turgot; car, un philosophe peut assister tranquillement au spectacle des plus grands déchirements, sans douter ni de l'humanité, ni de la providence. La raison et l'histoire lui démontrent que les bouleversements les plus profonds, la chute des institutions, la ruine des vieilles croyances ressemblent à ces orages dont l'admirable mécanisme de la nature fait sortir une atmosphère plus pure et plus salubre. Ce n'est pas là une raison qui doive nous rendre indifférents aux agitations et surtout nous les faire considérer comme un bien; car l'humanité arriverait au but tout aussi vite par le développement naturel et insensible des institutions. Ces troubles sont même quelquefois une cause de retard, sous l'apparence d'une accélération. Il ne faudrait pas non plus en conclure qu'il n'y a pas, en matière politique, d'acte bon ou mauvais; le bien consiste à seconder la loi de Dieu et le mal à la contrarier. Si la Providence répare ensuite nos fautes et ne permet pas que leur effet dure, c'est un motif pour s'incliner devant la sagesse éternelle, non pour absoudre les crimes des hommes puissants.

Parmi les précieux fragments qui nous restent, nous n'en citerons qu'un pour terminer cet exposé des doctrines philosophiques de Turgot. Il est relatif à l'esclavage qu'il considérait, non-seulement comme un outrage à l'humanité, mais aussi comme une des causes qui retardèrent les progrès de l'industrie. « Ce fut, dit-il, un des inconvénients de l'esclavage des anciens d'avoir rendu l'industrie stationnaire, d'avoir diminué le commerce ou de l'avoir empêché de s'étendre. Les familles s'isolèrent en faisant fabriquer par leurs esclaves, les meubles, les étoffes même à leur usage. Plusieurs arts ne furent pas exercés; les esclaves n'avaient pas intérêt à devenir inventifs. Ceux qui furent exercés l'étaient mal : les esclaves n'avaient aucun motif de perfectionner leur travail. » Ici nous trouvons entre Bossuet et Turgot, l'abîme profond qui sépare les théories impitoyables de l'absolutisme et la douceur des doctrines libérales. L'auteur de la *Politique tirée de l'Évangile*, oubliant l'esprit du livre dont il suivait les inspirations, avait légitimé l'esclavage par le droit de vie et de mort que la victoire donne au vainqueur. Le mot servitude rappelle même par son étymologie la clémence dont le vaincu profite (*servus à servare*); c'est Bossuet qui le rappelle dans son *Cinquième Avertissement aux protestants*. Ainsi le ministre d'une religion qui était venue pour relever la condition de l'esclave, aimait mieux adopter les dispositions violentes de la loi romaine que de suivre la douce fraternité du Christ. Pourquoi ne remontait-il pas jusqu'à la démonstration d'Aristote? « Il y a dans l'espèce humaine, disait ouvertement le Stagirite, des individus aussi inférieurs aux autres que le corps l'est à l'âme ou que la bête l'est à l'homme ; ce sont ces êtres propres aux seuls travaux du corps, et qui sont incapables de rien faire de plus parfait. En partant des principes que nous venons de poser, ces individus sont destinés par la nature à l'esclavage, parce qu'il n'y a rien de meilleur pour eux que d'obéir (1). »

La doctrine de l'infériorité naturelle était sans doute plus outrageante pour l'humanité; elle était au moins logique, et, le principe accordé, l'esclavage en découlait nécessairement. C'était une erreur: mais comment qualifier la démonstration tirée de l'exagération du droit de guerre par un ministre d'une religion de paix et de concorde? Il est donc

(1) *Politique*, liv. I, chap. III.

vrai que, sur certains points au moins, la religion a été ramenée par les philosophes à son véritable esprit? Turgot fut conduit, par une double voie, à condamner l'esclavage, parce qu'il sut allier dans un heureux mélange l'esprit philosophique et les sentiments religieux.

Résumons les théories philosophiques de Turgot, avant d'aborder un autre ordre d'idées. Nous l'avons vu partir du *moi* comme d'un point inébranlable, et après avoir posé cette base, affirmer le *non-moi* par l'application du principe de causalité, principe absolu qui, à lui tout seul, est la négation du sensualisme. Le spiritualisme l'a conduit à une morale fondée sur le *devoir*, à une politique sagement libérale et à une philosophie de l'histoire où il rendait compte des faits par la prédominance des causes morales.

DEUXIÈME PARTIE

DOCTRINE ÉCONOMIQUE DE TURGOT.

Aussi loin que l'on remonte dans l'histoire, on retrouve l'action des lois économiques ; mais la science, en cette matière comme en toutes autres, n'est venue que longtemps après le développement spontané et, en quelque sorte, automatique des sociétés. Quoiqu'elle ait la richesse pour objet, quoiqu'elle touche aux intérêts matériels et, par conséquent, aux choses les plus propres à fixer l'attention de l'homme, l'économie politique est une science tout à fait moderne. N'est-il pas à remarquer que l'esprit humain, qui, d'après certains philosophes, serait l'esclave de la sensation et n'aurait rien dans l'intelligence qui ne lui vînt des sens, commence cependant par s'inquiéter des problèmes religieux et philosophiques ? Les sciences physiques et celles de la richesse viennent les dernières dans la suite des développements intellectuels. L'homme commence par le beau et le vrai et finit par le bien-être.

L'économie politique n'a pas de place dans les écrits des philosophes anciens ; car, les *Économiques* d'Aristote et de Xénophon n'ont que le nom de commun avec cette science. Des deux livres qui composent le traité d'Aristote, le premier est entièrement consacré à l'administration domestique et le second s'occupe des revenus de l'État. A la vérité, cette dernière partie se rattache à l'économie politique ; mais Aristote s'est borné à rapporter les expédients financiers qui avaient été employés dans les républiques, sans établir les principes généraux qui dominent la matière. « Nous avons, dit-il, rassemblé les faits particuliers les plus remarquables qui ont servi à l'acquisition naturelle ou artificielle de la richesse. » Ce n'étaient que des matériaux et le Stagirite ne leur reconnaissait pas d'autre valeur. Il avouait modestement que les faits qu'il avait recueillis « pourraient venir à l'appui des questions générales, si quelqu'un voulait entreprendre de les traiter à fond (1). » Nous pouvons conclure de cet aveu qu'alors même que l'ouvrage sur la *richesse* (2) nous serait parvenu, la science économique n'en serait pas moins une création moderne.

Cette science ne fut fondée qu'au dix-huitième

---

(1) *Économiques d'Aristote,* liv. II, chap. 1.
(2) Diogène Laërte met au nombre des œuvres d'Aristote un traité, Περὶ πλούτου, que nous n'avons pas.

siècle, et, à plusieurs reprises déjà, nous avons revendiqué cet honneur pour Quesnay, qui en posa les premiers principes, et pour Turgot, qui fit le premier traité. Le titre de *Réflexions sur la formation et la distribution des richesses* rappelle les divisions qui ont été adoptées depuis dans presque tous les ouvrages et la définition par laquelle il n'en est pas un qui ne commence : « L'économie politique est la science des lois suivant lesquelles la richesse se *produit*, se *distribue* et se *consomme* : » c'est donc avec raison, sinon avec une grande délicatesse de goût, qu'Adam Smith a été nommé l'Améric Vespuce de la nouvelle science.

Les doctrines exposées dans les *Réflexions* trouvent leur complément dans plusieurs articles détachés ; mais avant d'aborder les détails, commençons par donner une idée du bel ensemble de déductions dont l'ouvrage principal se compose.

Turgot pose pour point de départ cette proposition que si le sol était également distribué entre les hommes et si chacun avait une parcelle produisant de quoi le nourrir, personne ne voudrait travailler pour autrui. L'individu isolé sur son coin de terre y végéterait occupé à disperser son activité en mille travaux divers pour satisfaire ses besoins multiples. L'inégalité tant combattue est précisément la source de tous les progrès sociaux ; car, c'est grâce à elle que le travail et l'industrie se sont formés et développés ; le commerce est venu à la suite.

Rien n'est chimérique comme l'idée d'un partage égal des terres à l'origine. Les choses se sont, au contraire, passées inversement. Quand le sol était vacant, les possesseurs en ont occupé des quantités variables suivant leur caractère ou leur activité. Les uns, paresseux et insouciants, n'en ont pris qu'une petite quantité ; les autres, actifs et toujours inquiets sur l'avenir, ont étendu au loin leur occupation. Peu à peu, tout le sol cultivable a été accaparé, et à la fin il n'y avait plus de place pour les nouveaux venus.

Le possesseur foncier, ne pouvant pas suffire à tous les travaux de l'exploitation, s'est adressé aux habitants non possesseurs ; ceux-ci, obligés de chercher des moyens de subsistance ont fabriqué et fourni à l'agriculteur des instruments propres à l'exploitation. Mais le travail personnel étant rude et fatigant, le possesseur s'est déchargé d'une partie de ce dur labeur sur des personnes employées à sa place et n'a gardé que la direction. Cette substitution a commencé par les grands domaines ; sur les petits, le travail personnel du propriétaire n'a jamais cessé complétement.

A l'aide de quelles combinaisons la culture est-elle passée du propriétaire à des mains étrangères ? Turgot en distingue cinq dont il expose la succession dans un ordre à la fois logique et chronologique.

Le propriétaire emploie d'abord les esclaves pris à la guerre ; en retour de la vie qui leur a été laissée, il exige d'eux des services gratuits. L'intérêt bien entendu leur assure la subsistance ; car, le propriétaire qui ne les nourrirait pas rendrait tout travail nul et ferait une économie qui causerait la perte de son capital. Tant que la guerre sévit, la source de l'esclavage est abondante ; et comme l'esclave est chose commune, le propriétaire n'est pas tenu à beaucoup de ménagements. Mais, peu à peu, les mœurs s'adoucissent, les guerres deviennent moins fréquentes, la principale source de l'esclavage tarit, et les esclaves devenant plus rares, le maître les traite avec plus d'égards. Le servage de la glèbe succède à l'esclavage, « la glèbe devient leur patrie ; ils n'ont d'autre langue que celle de leurs maîtres ; ils deviennent partie de la nation ; la familiarité s'établit et, à sa suite, la confiance et l'humanité de la part des maîtres. »

Quoique dans l'esclavage et le servage toutes les tâches matérielles soient accomplies par des bras serviles, le maître n'est pas affranchi de tout soin, puisqu'il supporte toujours le fardeau de la surveillance. Pourquoi un possesseur puissant conserverait-il un pareil souci ? n'y aurait-il pas quelque moyen de l'en délivrer? Il suffira pour cela d'abandonner au serf ou à tout autre la libre possession de la terre moyennant une rente régulièrement payée au propriétaire. Celui-ci garde le domaine éminent et confère au possesseur le domaine utile ; la rente est le signe de la propriété éminente. Cette troisième période consiste dans la substitution des relations de vasselage au servage et à l'esclavage.

Les vassaux, ne payant qu'une rente assez faible relativement au revenu réel, ont, à leur tour, la pensée d'abandonner la culture à des mains tierces moyennant une redevance en fruits ou en argent. Entre ce qu'ils reçoivent du colon et ce qu'ils doivent eux-mêmes payer au seigneur, il y a une différence et c'est avec cette différence qu'ils vivront sans travailler la terre. Dans les pays pauvres où l'argent est rare, la redevance du bailleur sera payable en nature et au moyen d'une part dans les fruits ; c'est le métayage ou colonage partiaire du centre et du midi. Au contraire, dans les contrées riches où l'argent circule avec abondance et rapidité, la redevance est payée en argent par des entrepreneurs de culture ; c'est le fermage tel qu'il est pratiqué dans le nord et l'est de la France. Esclavage, servage, vasselage, colonat, fermage, voilà les cinq périodes par lesquelles passe successivement l'exploitation de la terre.

La terre et le travail ne pourraient rien produire

sans un troisième élément qu'on appelle le *capital*. Pour déchirer le sol et lui confier la semence, il faut au moins une charrue et il est difficile de se passer d'animaux qui la traînent. Or la charrue, pour si élémentaire qu'on la suppose, même quand on la réduit à la charrue de bois des Japonais, est un capital. Qu'est-ce que le capital ? c'est une certaine quantité de produits accumulés par l'économie. Pour avoir une charrue, le propriétaire a sacrifié sans doute une certaine quantité de fruits qu'il a donnés en nature ou en argent à l'ouvrier dont l'industrie a façonné l'instrument. Comme le capital est un des éléments indispensables à la production, il y a une manière de vivre sans rien faire autre que la possession d'une terre, c'est d'accumuler des produits pour en faire des capitaux et d'en louer l'usage moyennant une rente ou *intérêt*.

En quoi peut consister un capital ? est-ce seulement en numéraire ou bien peut-il se composer d'objets en nature ? Sans aucun doute, et on peut dire même que les capitaux en numéraire tendent tous à l'acquisition d'instruments ou autres objets ; au lieu de prêter le moyen d'acquérir les instruments, le capitaliste pourrait les fournir directement. Qu'il fournisse les objets en nature ou du numéraire, il devrait être libre de stipuler la redevance qu'il lui plaira de demander ; car, en somme, étant propriétaire de ses capitaux, le prêteur devrait être libre de mettre à leur aliénation telle condition qu'il voudra. La liberté du *prêt à intérêt* était pour Turgot la conséquence du droit de propriété.

Quelles sont les principales sortes d'emploi que reçoivent les capitaux ? On peut les faire servir à l'acquisition d'une terre, à l'établissement d'une industrie ou à l'organisation d'un commerce. Industrie agricole, industrie manufacturière, industrie commerciale, tels sont les trois termes de l'activité humaine dans la sphère des intérêts matériels. Pour chacune d'elles, on peut étudier avec des nuances d'application fort intéressantes les trois éléments de toute production, savoir : les agents naturels, le capital et le travail.

De ces trois industries, la première est la seule qui soit réellement productive, car, seule elle donne des produits matériels; les autres rendent des services fort importants, mais, en somme, elles n'ajoutent pas un atome de substance aux matières alimentaires, et les industriels ou commerçants ne peuvent vivre qu'au moyen d'une part du revenu agricole. C'est en louant ses services au cultivateur qu'il obtient en rémunération ou une partie de fruits ou le moyen de se la procurer. — Les hommes pouvaient donc se diviser en deux classes : la classe *stérile* et la classe *productive*. Par *stérile* les physiocrates n'entendaient pas inutile, et dans l'ouvrage même que nous analysons, nous trouvons une protestation contre cette interprétation.

L'industrie et le commerce sont rémunérés par l'agriculture, et on doit les considérer comme des dépenses à la charge du cultivateur. Cette observation conduit Turgot à tracer une autre division dans la population; il distingue entre la *classe disponible* et la *classe stipendiée*. Le propriétaire et le cultivateur qui vivent ou peuvent vivre sans travailler, retiennent ou livrent les produits qui sont disponibles, et c'est grâce à cette classe que les arts libéraux peuvent prospérer. Au contraire les commerçants et les industriels ne vivent que de salaire ou de profits; ils constituent la classe stipendiée.

Chaque produit peut être comparé à tout autre produit, et cette comparaison conduira à déterminer quelle est la quantité de l'un qu'il faudrait sacrifier pour se procurer une certaine quantité de l'autre. On entend par *valeur en échange* d'une marchandise la quantité d'un autre produit qu'on peut se procurer en la donnant. Mais comment se faire une idée nette de la valeur d'un objet par rapport à une foule d'autres? Cette multiplicité de rapports serait inaccessible à l'intelligence la mieux douée. De là est venue la nécessité d'établir une commune mesure à laquelle toutes les autres pussent être immédiatement comparées. Comme il s'agissait d'apprécier le rapport entre deux valeurs, il était impossible de prendre le type autre part que parmi les valeurs. Mais toutes les valeurs n'étaient pas également propres à remplir ce but. Les qualités que la valeur métrique devait réunir sont faciles à déterminer *à priori*. De la solidité pour résister aux frottements quotidiens, une grande divisibilité afin de bien suivre toutes les quantités et fractions de valeurs sous peu de volume, afin de servir commodément aux transports, telles sont les qualités principales qu'on doit demander à une valeur servant de commune mesure; or, les métaux précieux sont les seuls qui remplissent ces conditions, et c'est pour cela qu'ils ont toujours été adoptés. La monnaie, c'est la valeur métrique, frappée à un coin officiel de manière à ce que l'esprit se représente facilement ce que vaut chaque pièce.

Jusqu'à la création de la monnaie, il n'y avait que des échanges de produits contre produits. Avec le numéraire naît la vente; ce qui la distingue, c'est que l'une des parties donne du numéraire, au lieu de donner des marchandises, comme dans l'échange. — La monnaie est soumise à la loi générale de l'offre et de la demande; plus il y en a et moins l'usage se loue cher; moins le taux de l'intérêt est élevé et moins elle peut acheter de produits. Au contraire, dès que la rareté se produit, l'intérêt s'élève et la puissance d'acquisition devient plus considérable.

En ce qui concerne le taux de l'intérêt, Turgot fait remarquer qu'il ne dépend pas précisément de la quantité de numéraire qui se trouve dans le pays, mais de la quantité disponible qui s'offre aux emprunteurs. Que l'on suppose un pays où l'or abonde, mais où les habitudes de dissipation sont tellement répandues que chacun dépense beaucoup et demande à emprunter. Il y a dans ce cas peu d'argent disponible qui s'offre et, au contraire, beaucoup de personnes qui empruntent. Cette double cause produit naturellement l'augmentation du taux de l'intérêt. Au contraire, si on suppose une société rangée où chacun économise, l'argent disponible sera considérable tandis que la quantité demandée sera petite, le taux de l'intérêt baissera forcément; on peut donc affirmer qu'un intérêt faible est l'indice d'une société économe et bien ordonnée, comme l'intérêt élevé est le signe d'une société ou dissipée ou agitée.

Les métaux précieux étaient, avant l'introduction du numéraire, dans une relation de valeur déterminée par l'offre et la demande. Quel a été l'effet sur cette valeur de la création de la monnaie ? — Cette innovation a donné un emploi considérable aux métaux précieux; car, il a fallu en soumettre une quantité considérable au monnayage. Il en est résulté que les métaux précieux ont été plus demandés, ce qui a dû naturellement en élever la valeur.

Telles sont, en substance, les doctrines que Turgot a exposées, dans ses *Réflexions sur la formation et la distribution des richesses*. On voit que toutes les notions fondamentales se trouvent dans ce mémoire vraiment classique. Après avoir exposé la doctrine générale, nous allons nous appesantir sur quelques points spéciaux qu'il a traités dans des mémoires séparés ou dans les préambules des édits préparés par lui, pendant qu'il était contrôleur général. Beaucoup, en effet, de ces mesures n'étaient pas seulement des actes; il les faisait précéder de considérants où la matière était pleinement et sincèrement exposée. C'étaient de véritables déclarations de principes.

Le point central vers lequel convergent toutes les doctrines économiques de Turgot, c'est le droit de propriété. Nous savons quel en était, d'après lui, le fondement philosophique. Nous allons voir quelle portée il lui donnait dans la solution de la question des mines et carrières.

I

PROPRIÉTÉ DES MINES ET CARRIÈRES.

Comme l'ont dit plus tard les rédacteurs du Code, la propriété du dessus emporte celle du dessous. Turgot l'admettait en ce sens que le propriétaire de la surface pouvait faire des fouilles, à l'exclusion de tout autre. Si en remuant le sol, il rencontrait une mine ou une carrière, cette nouvelle richesse lui appartenait, non par une conséquence de la propriété du dessus (*jure soli*), mais comme inventeur (*jure inventionis*). Jusqu'à la découverte, la mine, étant ignorée de tous, n'a pu être qu'une *res nullius*, absolument comme le serait un trésor. Elle l'est même à plus forte raison, puisqu'il est probable que le trésor a été autrefois enfoui par le propriétaire ou ses auteurs, présomption inapplicable aux mines. «Quant à la garantie légale, disait Turgot, que la société accorde en conséquence de l'occupation du terrain par la culture, elle ne s'étend point à des matières souterraines, 1° parce que l'occupation ne s'y est pas étendue elle-même; 2° parce que la raison d'équité ou d'intérêt commun qui a fait garantir aux premiers cultivateurs le fruit de leurs travaux n'a aucune application aux matières souterraines qui ne sont ni l'objet de la culture, ni le fruit du travail ; 3° parce que le propriétaire ne reçoit ni dommage, ni trouble de la recherche de ces matières, lorsque les ouvertures ne sont pas dans son héritage ; 4° parce que dans les temps voisins de l'origine des propriétés foncières, la société manquait elle-même de moyens pour faire exécuter cette garantie légale des matières premières (1). »

De ce que les mines et carrières sont, avant la découverte, des *res nullius*, Turgot tirait la conséquence que l'inventeur avait le droit de pousser des galeries sous la propriété voisine, à la condition seulement de ne pas causer de dommage à la surface et de ne rien faire qui fût dangereux pour la sécurité publique. En cas de rencontre de deux exploitants marchant en sens contraire, chacun restait maître des produits extraits et des ouvrages, et l'exploitation en commun ne pouvait résulter que d'un accord librement formé entre eux. Passant ensuite à l'examen des objections tirées de l'intérêt général, il ajoutait : « 1° Puisque l'entreprise d'une mine est au-dessus des forces de tout propriétaire qui n'a qu'un bien médiocre, la crainte que chaque propriétaire n'ouvre sur son terrain est chimérique. Quel homme serait assez extravagant pour faire les mêmes dépenses qu'un exploitant déjà en activité, avec le désavantage

(1) *Mémoire sur les mines et carrières* (*Œuvres*, t. II, p. 134).

d'avoir été prévenu et de se trouver en concurrence avec une exploitation déjà montée?... 2° La crainte qu'un propriétaire de mauvaise humeur n'arrête, par un refus capricieux, l'exploitation d'une mine, est une crainte chimérique, et l'intérêt réciproque des deux parties est un garant sûr qu'elles s'accorderont. »

Le système de Turgot fut sévèrement jugé par Mirabeau, à la tribune de l'Assemblée constituante : « Si l'on admet, disait-il, que le concessionnaire soit regardé comme le premier occupant, il est facile de s'entendre. Mais si l'on soutient que le premier occupant, pour avoir touché une mine, en traversant un mur mitoyen, n'aura pas besoin de concession, *on n'aura bientôt d'autres mines que des mines de procès.* Si un premier occupant creuse sous mon fonds, sans m'avertir, je puis aussi fouiller le sien sans lui rien dire. Eh bien, il y aura toujours à parier mille contre un que l'un des deux sera noyé ou écrasé par l'autre. »

L'expérience n'a pas permis de vérifier si les inconvénients que prévoyait Mirabeau étaient réels; car, l'opinion de Turgot n'a jamais prévalu dans la législation ni en France, ni chez les peuples voisins. En Angleterre, le droit régalien est consacré par les lois pour les mines d'or et d'argent et pour celles où ces deux métaux prédominent. Les mines de plomb, de cuivre et d'étain appartiennent aux particuliers, même quand elles sont mélangées d'or et d'argent :

le droit de la couronne, en ce qui concerne les gisements attribués à l'industrie privée, se réduit à de simples redevances. En fait même, on peut dire que les prérogatives de l'État ne sont que de vains priviléges consacrés par des dispositions inappliquées, et que la richesse minière du Royaume-Uni est à la disposition de l'industrie privée. Mais dans ce pays, ce n'est pas le droit de l'inventeur que la loi et l'usage ont consacré; les matières souterraines y sont considérées comme la dépendance de la propriété du tréfonds. La Belgique et l'Espagne ont imité notre législation et n'ont apporté que peu de modifications au décret du 21 avril 1810. Le droit régalien est consacré par la loi de Prusse, qui a servi de modèle à presque toute l'Allemagne. Enfin, l'État, en Russie, pèse sur les exploitations par un droit exorbitant de 40 p. 100 des produits; il peut du reste exiger que les exploitants lui cèdent, par préférence, les produits de leurs mines à un prix qui est fixé par l'administration.

La législation est donc partagée entre le droit régalien et celui du propriétaire de la surface; nulle part nous ne trouvons le droit du premier occupant reconnu. Il en est de même de la doctrine, et, depuis Turgot, les économistes se sont partagés entre le propriétaire de la surface et l'État. Dans son bel ouvrage sur *la liberté du travail*, M. Dunoyer a vigoureusement réclamé pour le droit individuel. « C'est avec un parfait bon sens, dit-il, que la loi commune a dit que la propriété du dessus emporte celle du dessous. Où voudrait-on faire cesser la propriété de la surface, à un mètre de profondeur, à deux, à dix, à cent? où est la ligne de séparation, je vous le demande. » Charles Comte chez nous, et en Allemagne, M. Rau se sont au contraire prononcés pour le droit de l'État, par des raisons tirées de l'intérêt général et de l'impossibilité, pour les propriétaires, de réunir des moyens assez puissants pour une bonne exploitation (1); Robert de Mohl et Rotteck ont soutenu le même système (2).

La loi de 1810 n'a pas complétement méconnu le droit du propriétaire, puisque le décret de concession doit fixer l'indemnité qui lui est due. D'après l'art. 18 du décret, la valeur de ce dédommagement est réunie à la propriété de la surface et reste « affectée avec elle aux hypothèques prises par le créancier du propriétaire. » L'art. 6 dit formellement que : « l'acte de concession règle les droits des propriétaires de la surface *sur le produit* des mines concédées. » Il est vrai que cette indemnité est la plupart du temps illusoire et qu'on peut seulement la considérer comme *un hommage rendu à la propriété;* mais elle suffit pour établir le principe du législateur.

(1) Charles Comte, dans son *Traité de la propriété*, et M. Rau, dans ses *Principes fondamentaux de l'économie politique.*
(2) Le premier dans son *Traité de la science de la police*, et le second dans le *Staats-Lexicon.*

Le droit de concession n'est donc qu'une forme particulière du droit d'expropriation pour cause d'utilité publique. Mais je demande pour quelle raison on a méconnu les règles protectrices de la loi commune ; pourquoi, si la surface donne droit aux richesses souterraines, ne peut-on être dépouillé de la propriété du dessus que moyennant juste et préalable indemnité réglée par un jury, tandis que celle du dessous est livrée au pouvoir discrétionnaire de l'administration ? L'intérêt général, dit-on, réclame que les mines ne soient pas gaspillées ; soit, mais il y a un moyen pour faire cesser les résistances de la propriété privée et ce moyen a été sagement organisé par les lois de 1810, 1833 et 1841 ; que ne l'emploie-t-on ? Il n'est pas indifférent pour le propriétaire d'être placé sous l'un ou l'autre de ces régimes. Il est sûr, en effet, que le gouvernement n'aura recours à l'expropriation que si l'utilité publique la réclame. Au contraire, rien ne s'oppose à ce que le pouvoir discrétionnaire de concession ne soit exercé par d'autres considérations. Le favoritisme est impossible avec l'expropriation ; avec la concession, le propriétaire n'a d'autre garantie que les qualités personnelles de celui qui est chargé de la donner.

Les rédacteurs de la loi de 1810 voulaient aller plus loin et, après avoir sacrifié le propriétaire de la surface, soumettre le droit du concessionnaire au bon plaisir de l'administration. Mais le droit de révocation souleva, de la part de l'empereur, la plus vive et la plus remarquable opposition. « Il y a un grand intérêt, dit-il, à imprimer aux mines le cachet de la propriété. Si l'on n'en jouissait que par concession, en donnant à ce mot son acception ordinaire, il ne faudrait que rapporter le décret qui concède, pour dépouiller les exploitants; au lieu que si ce sont des propriétés, elles sont inviolables. Moi-même avec les nombreuses armées qui sont à ma disposition, je ne pourrais néanmoins m'emparer d'un champ; car violer le droit de propriété dans un seul, c'est le violer dans tous. Le secret ici est donc de faire des mines de véritables propriétés et de les rendre par là sacrées dans le droit et dans le fait. »

C'est sur la demande de l'empereur que les concessions de mines furent déclarées perpétuelles; mais cela n'était pas suffisant. Puisqu'on laissait au propriétaire de la surface une part dans *le produit de la mine*, on disposait donc arbitrairement de ce qu'on reconnaissait lui appartenir. Il fallait ou le soumettre à l'expropriation c'est-à-dire au droit commun de la propriété, ou proclamer le droit absolu de l'État.

Quant au droit de l'inventeur que défendait Turgot, on a, je crois, avec raison refusé de le consacrer. Si on attribue la moitié du trésor à celui qui le découvre, c'est parce qu'il se peut que le dépôt ait été fait par un étranger et que la chose trouvée n'ait jamais appartenu ni au propriétaire ni à ses auteurs. L'autre moitié revient au propriétaire de la surface parce que, le contraire pouvant avoir eu lieu, il fallait, pour être équitable, prendre le milieu entre ces deux présomptions. Mais le doute n'est pas possible, en matière de mines; cette richesse a été créée par la nature, et s'il faut appliquer un principe, je préfère à l'occupation la règle posée dans l'article 552 du Code Napoléon. Les gisements métalliques ne sont pas les seules richesses que le sol renferme. Il arrive parfois que le propriétaire, en perçant une croûte de tuf imperméable, découvre une terre excellente dont l'argile ramenée à la surface donnerait une consistance féconde à la couche sablonneuse qu'il avait cultivée jusqu'alors. Cette ressource inconnue, il ne l'aurait donc que *jure inventionis?* Si son voisin s'en était aperçu le premier, il aurait donc pu soutirer la bonne terre sous la surface du champ contigu? sinon, pourquoi ce raisonnement s'appliquerait-il aux mines? Si oui, que devient le principe que *la propriété du dessus emporte celle du dessous?* je demande, avec M. Dunoyer : « Où voudra-t-on faire cesser la propriété de la surface? .... on ne peut évidemment pas le déterminer par la considération d'une certaine couche d'épaisseur de terrain : se décidera-t-on par celle de la nature des matériaux dont est formée la terre? Et sur quoi s'appuiera cette distinction? Comment nous fera-t-on admettre que la propriété du sol implique celle de certains minéraux et non pas celle de certains autres? qu'elle comporte la propriété des pierres et non pas celle des métaux? » Tous ces arguments sont aussi valables contre l'inventeur qu'à l'égard de l'État.

Turgot, comme on le voit, n'était pas porté à étendre les droits de l'État. Le droit de police même, nécessaire et incontestable, devait, d'après lui, être restreint autant que possible; il voulait que la propriété fût consacrée dans toutes ses conséquences et qu'on n'exigeât d'elle que les sacrifices absolument indispensables. Nous allons examiner les applications principales de son principe.

II

COMMERCE DES GRAINS.

Pendant que Turgot administrait le Limousin, la question du commerce des grains fut mise fort en vogue par les *Dialogues* de l'abbé Galiani, chef-d'œuvre littéraire dont le succès fut d'autant plus grand que l'opinion soutenue par le pétillant Italien flattait les préjugés de la majorité. Turgot, malgré son attachement à l'opinion contraire, eut l'impartialité de rendre justice au mérite de la forme. « Vous êtes bien sévère, écrivait-il à l'abbé Morellet, ce n'est pas là un livre qu'on puisse appeler mauvais, quoiqu'il soutienne une mauvaise cause; mais on ne peut la soutenir avec plus d'esprit, plus de grâce, plus d'adresse, de bonne plaisanterie, de finesse même et de bonne discussion dans les détails..... Je voudrais avoir du temps pour y répondre; mais je n'en ai point; vous n'en avez pas non plus. Dupont est absorbé dans son journal: l'abbé Baudeau répondra trop en économiste. » Morellet trouva du temps pour faire une réponse et il la fit aussi lourde qu'aurait pu la faire Baudeau. L'abbé Terray, par un acte d'inutile intolérance, en défendit la publication qui n'eut lieu qu'en 1774, au commencement du ministère de Turgot. La véritable réfutation se trouvait dans les lettres que l'intendant de Limoges avait écrites à l'abbé Terray lui-même. Nulle part ailleurs, on n'a démontré aussi péremptoirement que le moyen le plus efficace d'approvisionner les marchés consiste à laisser faire le commerce et à renoncer aux mesures administratives qui sont impuissantes à prévenir le mal et capables de l'aggraver en effrayant les négociants honnêtes.

Parvenu au contrôle, Turgot se hâta de rétablir

les ordonnances qui, sous l'administration de M. de Machault, avaient proclamé la liberté du commerce intérieur. Dominé par la pression des préjugés populaires, il n'osa pas affranchir le commerce extérieur; mais nous allons voir, par les raisonnements qu'il employa, que l'économiste allait plus loin que l'administrateur.

Les entraves au commerce, disait-il, sont une violation du droit de propriété, parce qu'elles retiennent les denrées dans les lieux où les prix sont bas, les empêchent d'aller sur les marchés où ils sont élevés et favorisent une contrée au détriment d'une autre. La fermeture des débouchés arrête la production, et, au renouvellement des baux, le fermage diminue. Rendez la liberté, le fermage s'élève et, avec lui, la rente du propriétaire. Quant au cultivateur, il serait mal venu à s'en plaindre. S'il paie plus cher le loyer des terres, il trouve aussi dans la liberté de plus grandes ressources pour écouler ses produits et les vendre mieux. De ce que le propriétaire et le fermier trouvent, dans la liberté commerciale, l'un une augmentation de la *rente*, l'autre un accroissement des *profits de culture*, il ne faut pas conclure que ces avantages retomberont en pertes sur le consommateur; lui aussi gagnerait à la suppression des entraves et voici par quelle raison.

Le plus grand mal que le consommateur et le producteur aient à redouter vient de la variation des prix. Un prix très-élevé mais constant serait préférable aux fluctuations du marché. Cette vérité est tellement reconnue qu'il se rencontra, au dix-huitième siècle, un publiciste assez extravagant pour demander qu'une ordonnance fixât un taux invariable. La raison en est qu'à la longue les salaires se conforment au prix des subsistances et que les ouvriers (c'est-à-dire la majorité des consommateurs) trouvent dans la hausse des salaires la compensation de la cherté du pain. Au contraire, avec des prix variables, cette corrélation est souvent rompue, et elle ne se rétablit pas facilement parce que le prix de la journée de travail se modifie lentement, tandis que les variations du marché sont fréquentes. Comment l'élément qui marche lentement, se tiendrait-il à l'unisson de l'élément plus mobile?

S'il est impossible d'arriver à l'établissement d'un chiffre fixe, au moins faut-il adopter les mesures qui se rapprocheront le plus de ce but. Or la liberté est le meilleur moyen de proportionner l'offre à la demande. Par elle, le trop-plein quitte les lieux où la demande est insuffisante pour se porter dans les régions où elle dépasse l'offre, et ainsi s'efface la différence des prix entre les contrées. Le commerce rassuré prépare d'avance les ressources qu'une mauvaise récolte prévue doit rendre nécessaires sur quelques points, empêche l'encombrement dans certains autres et amène une fixité de prix d'autant plus complète que son indépendance a été plus grande.

Ces raisonnements, ajoutait Turgot, sont confirmés par l'expérience et particulièrement par l'exemple de l'Angleterre comparée à la France. Quoique la première n'eût fait qu'une application partielle de la liberté, les prix y avaient presque toujours été soutenus et, en tous cas, moins variables que chez nous. A l'aide de documents statistiques, il démontrait que, sur une période de soixante années, il n'y avait eu que sept années où les prix eussent été hauts, douze où ils eussent été bas et que pendant quarante-une les prix courants ne s'étaient pas éloignés de la moyenne. « A cette expérience, disait-il, opposerez-vous, Monsieur, la cherté qu'on a éprouvée depuis quatre ans dans plusieurs provinces du royaume? Vous opposeriez donc une expérience de quatre ans à une de quatre-vingts et même de cent vingt ans? »

Qu'on juge après tout des deux systèmes par leurs résultats. Les règlements n'ont jamais empêché la cherté. Que se passa-t-il dans les années de disette 1693 et 1694? « Alors l'Angleterre jouissait de la liberté, et nous, nous étions livrés à toute l'inquiétude et l'agitation du régime réglementaire. L'Angleterre fut tranquille, les prix y furent chers, mais non exorbitants (25 livres, 6 sous 7 deniers le setier).

« Les nôtres, à la même époque, montèrent à 77 livres 9 sous, — 57 livres 14 sous, — 61 livres 9 sous, — 85 livres 13 sous de notre monnaie actuelle; cela est bien grandement au-dessus de ce dont on se plaint aujourd'hui comme d'une cherté alarmante et dont on accuse si mal à propos la liberté ; tandis qu'on a troublé de tous côtés cette liberté, qui aurait vraisemblablement suffi pour préserver le royaume de toute calamité, si on eût laissé le commerce s'affermir et se montrer. (1) »

Turgot combattait aussi l'usage suivi dans les petits États, d'établir des greniers d'abondance appartenant au gouvernement ou de conférer à une compagnie privilégiée le monopole du commerce. Cette législation, en rendant la concurrence impossible par l'inégalité qu'elle établit dans les conditions de la lutte, tarit la source la plus abondante des approvisionnements ; car la compagnie la plus puissante n'aura jamais une action égale à celle des efforts individuels qu'elle paralyse. Aussi ces greniers ne suffisent-ils à nourrir le peuple qu'en temps normal, et lorsque vient la disette, on peut se convaincre de la vanité des règlements. « Cette administration, disait Turgot, se soutient dans les années ordinaires, et le

---

(1) *Cinquième Lettre à l'abbé Terray, sur le commerce des grains* (Œuvres de Turgot, t. I, p. 194).

peuple est tranquille; mais vient-il quelque disette assez forte pour que la perte qu'il faudrait supporter devienne au-dessus des fonds que le gouvernement peut perdre, on se trouve tout à coup livré à toutes les horreurs de la famine, et le gouvernement qui s'est imprudemment chargé de ce qu'il lui était impossible de faire, en devient responsable au peuple, lequel a raison de s'en prendre à lui. On a vu les suites de cette administration à Rome, en 1764. Qu'on juge par ses effets dans les États du pape, de ce qu'elle aurait produit dans le royaume de France (1). »

Au moment où Turgot écrivait ces remarquables lettres qui vivront par la rectitude des déductions plus longtemps que les dialogues de Galiani ne dureront par la grâce de la forme, la question se présentait à un double point de vue, car il s'agissait de savoir si la liberté était bonne, non-seulement de nation à nation, mais dans le même pays de province à province. Aujourd'hui, le triomphe de la libre concurrence en matière de commerce intérieur est définitif et la controverse a suivi les lignes de douanes à la frontière.

D'un autre côté, la question du commerce des grains a pris un caractère qu'elle n'avait pas sous l'ancienne monarchie. Avant 1789, on ne l'examina jamais qu'au point de vue de l'ordre pu-

(1) *Septième Lettre* (Œuvres de Turgot, t. I, p. 225).

blic, jamais au point de vue des intérêts de la production. Ce qu'on voulait empêcher, c'est que le blé ne sortît du royaume, lorsque la récolte avait été insuffisante. On arrêtait les céréales à la sortie pour calmer l'agitation populaire; jamais on n'imagina d'empêcher l'importation pour éloigner la concurrence des producteurs étrangers et assurer à l'agriculture nationale des prix suffisamment rémunérateurs. C'est sous la Restauration que la question a pris, pour la première fois, cette nouvelle physionomie.

En 1821, le gouvernement partageant les passions d'une chambre, composée en majorité de propriétaires fonciers, proposa d'imiter l'*échelle mobile*, que les Anglais pratiquaient depuis déjà longtemps. Ce système consistait à fixer un prix moyen au-dessus duquel l'importation était permise, tandis qu'elle était arrêtée, dès que le prix de l'hectolitre descendait au-dessous. On espérait, par ce moyen, maintenir les prix à un chiffre presque fixe, point onéreux pour le consommateur et suffisamment rémunérateur pour les propriétaires. Au-dessous d'un certain prix, notre agriculture était protégée non-seulement par des droits, mais par une complète prohibition.

Comme les prix ne sont pas uniformes dans toutes les parties de notre territoire, la France fut divisée en quatre zones ayant chacune un tarif différent. La loi du 4 juillet 1821 fut modifiée après la révolution de 1830, par la loi du 15 avril 1832, qui supprima toute prohibition à l'entrée et se contenta d'établir des droits protecteurs, croissant d'un franc par chaque franc de baisse à l'intérieur. Si la baisse dépassait trois francs au-dessous du prix rémunérateur, les blés étrangers supportaient une aggravation de 1 fr. 50, par franc, ce qui était non une prohibition, mais un droit prohibitif. L'exportation, que la *chambre véhémente* de 1821 avait défendue au-dessus du prix rémunérateur, fut permise par la loi de 1832, à la charge de supporter un droit de deux francs par chaque franc de hausse au-dessus d'un certain prix. On voit par là que le législateur de 1832 ne fit que substituer des droits prohibitifs aux prohibitions absolues que prononçait, en certains cas, la loi de 1821. Dans l'intérêt de notre marine, l'importation était grevée d'une surtaxe de 1 fr. 50 par hectolitre, quand elle avait lieu par des navires étrangers (1).

La loi de 1832 vient d'être abrogée; pendant les années qui ont précédé, l'exécution en avait été suspendue à plusieurs reprises, et les blés étrangers sont entrés en France, moyennant un droit de balance fixé à 0 fr. 25 par hectolitre.

(1) Le prix rémunérateur était de 19 fr. pour la première classe ou zone. Au-dessus de ce prix, l'importation n'était plus assujettie qu'au droit différentiel de 1 fr. 50 au profit de notre marine. Ce droit même n'était plus exigible, lorsque le prix atteignait 21 fr.

Après quelques alternatives de suspension et de fonctionnement, le gouvernement a proposé et le corps législatif a adopté une loi qui supprime l'échelle mobile et frappe d'une taxe uniforme tous les blés importés, quelle que soit la situation du marché intérieur. D'après la pensée de cette loi, *l'impôt* est maintenu, mais le *droit protecteur* est supprimé. Quoique nous soyons près de la destruction de cette erreur, indiquons les motifs sur lesquels la vérité s'appuie; car, on peut craindre de voir renaître des erreurs qui ont eu un règne si long.

Commençons par faire observer combien il est désirable que notre agriculture ne soit plus placée sous un régime provisoire. Le système des cultures ne se modifie pas d'un jour à l'autre, et il faut que, longtemps à l'avance, l'agriculteur puisse connaître l'étendue des débouchés qui lui seront ouverts. L'incertitude qui naît toujours d'une situation provisoire empêche les modifications faites à temps et livre le cultivateur à tous les hasards d'un marché sans règle parce qu'il est sans égalité.

Pour démontrer que la vérité sur cette question se trouve du côté de la liberté, nous n'avons pas besoin de recourir aux arguments généraux du libre échange et nous aimons mieux chercher nos preuves dans les faits.

Les besoins de la consommation en céréales dans

notre pays atteignent des proportions énormes. La population, à raison de trois hectolitres par tête, demande à la production environ cent millions d'hectolitres; il en faut vingt millions pour les semences et une trentaine pour les volailles ou autres animaux, et pour les distilleries et brasseries. Si à ces cent cinquante millions d'hectolitres on ajoute à peu près, cinquante millions d'avoine, on arrive au total de deux cents millions d'hectolitres en céréales de toutes espèces, dont le prix en moyenne est de trois milliards. Le débouché intérieur est donc immense et il faudrait une importation énorme pour que son effet fût de quelque importance sur le marché national. Or nous savons positivement quel est l'excédant qui peut être fourni par les autres pays producteurs, et la comparaison démontre qu'il est presque insignifiant.

Les ports de la Baltique et de la mer Noire n'envoient que quatre ou cinq millions en temps ordinaire, et le double dans les années d'abondance exceptionnelle; il n'en est pas venu davantage dans les dix dernières années. La Sicile, l'Égypte et le reste de la Méditerranée en peuvent fournir, à peu près, autant. Quant aux États-Unis d'Amérique, leur exportation n'a même pas atteint ce chiffre. Le producteur français n'a donc à craindre que l'importation de douze ou quinze millions d'hectolitres et au plus de vingt-cinq ou trente dans les années les plus fécondes. Encore faudrait-il admettre que ces excédants viendraient uniquement sur notre marché, ce qui est impossible en présence de l'état de la production en Angleterre, où le déficit normal est de vingt-cinq millions d'hectolitres, par an. Si nous importons par le Midi, nous exporterons par le Nord et l'équilibre se rétablira grâce au jeu naturel du commerce laissé à lui-même (1).

La vérité de l'argument que nous tirons des faits a été démontrée de la manière la plus éclatante par la statistique des dernières années de disette. A quel chiffre s'est élevée l'importation ? à neuf millions dans l'année la moins abondante et à environ trois millions dans les autres, c'est-à-dire à une moyenne de cinq à six millions d'hectolitres. Une semblable quantité comparée à celle que demande la consommation en France est-elle sérieusement inquiétante ?

Mais, dit-on, le blé est produit à Odessa à un prix très-faible et notre agriculture ne pourrait pas supporter la concurrence avec les producteurs de la Russie. Cette différence deviendra plus sensible lorsque la révolution sociale qui s'accomplit dans ce pays aura mis le travail des champs en des mains

---

(1) Voir l'excellent article de M. Léonce de Lavergne, *Population et Agriculture*, p. 195, *Liberté commerciale*.

libres. Il faudrait cependant s'entendre. Lorsque la terre était cultivée par des serfs, on tirait argument de ce que le travail était moins coûteux et aujourd'hui on retourne l'objection en disant que la liberté sera une cause de bon marché. La vérité est que la Russie ne peut exporter que dans une proportion assez restreinte et que, fût-elle redoutable par le bon marché, nous devons être rassurés par la petite quantité. La vérité est aussi que le jour où sur la place d'Odessa le blé russe sera demandé avec une activité plus grande, on verra le prix s'élever par l'action naturelle des lois économiques. Les faits ont démontré l'exactitude de notre raisonnement. La différence entre les prix de France et d'Odessa, qui était en 1856 de 8 fr. 17 par hectolitre, n'était en 1857 que de 1 fr. 97, et en 1860 elle n'a pas dépassé 3 fr. 16. Or, le prix du transport et autres frais jusqu'à Marseille s'élèvent à 3 fr. par hectolitre, à quoi il faut ajouter 2 francs pour représenter la différence provenant de la qualité supérieure de nos blés sur ceux d'Odessa (1).

Lorsque tous ces faits seront bien connus et justement appréciés, le législateur ne se laissera plus émouvoir par les réclamations des intéressés qui s'alarment trop facilement et de ces empiriques

---

(1) *Revue des Deux-Mondes*, du 15 avril 1861, p. 989, article de M. de Lavergne.

qui, en présence d'un mal dont ils ne connaissent pas les éléments, appliquent précipitamment le remède sur l'endroit où la douleur sévit, sans s'inquiéter si l'effet de leur spécifique n'activera pas la cause qui la produit.

III

DU TAUX DE L'INTÉRÊT.

La seconde conséquence que Turgot tirait du droit de propriété, c'est que le taux de l'intérêt devait être librement fixé par la convention des parties. Celui qui loue son capital mobilier fait un acte tout aussi légitime que le propriétaire foncier, quand il afferme ses terres. Pourquoi donc celui-ci est-il libre de demander le loyer qu'il veut, tandis que le capitaliste est empêché par la loi de dépasser un certain taux? « On peut louer son argent aussi légitimement qu'on peut le vendre; et le possesseur de l'argent peut faire l'un et l'autre, non-seulement parce que l'argent est l'équivalent d'un revenu et un moyen de se procurer un revenu, non-seulement parce que le prêteur perd, pendant le temps du prêt, le revenu qu'il aurait pu se procurer, non-seulement parce qu'il risque son capital, non-seulement parce que l'emprunteur peut l'employer à des acquisitions avantageuses ou dans des entreprises dont il tirera de gros profits; le propriétaire peut légitimement en tirer l'intérêt par un motif plus général et plus décisif. *Quand tout cela n'aurait pas lieu, il n'en serait pas moins en droit d'exiger l'intérêt du prêt par la seule raison que son argent est à lui* (1). »

La raison fondamentale était donc pour Turgot tirée du droit de propriété; tous les autres arguments étaient inutiles après celui-là, et on peut dire qu'ils en dérivaient. Turgot n'a cependant pas négligé de les faire valoir, et on en trouve un exposé, aussi complet que possible, dans le mémoire qu'il composa pour demander l'évocation par le conseil d'État des poursuites dirigées contre un honnête commerçant d'Angoulême (2).

Persuadé que la meilleure manière de combattre une erreur, c'était d'en montrer l'origine, il expliquait d'où était venu le préjugé général qui a fait une injure du mot *usurier*. Ce nom commença par devenir odieux, moins à cause de l'exagération du taux qu'à cause de la barbarie des voies d'exécution dont le créancier fut investi par les lois. L'antiquité a

---

(1) *Réflexions sur la formation et la distribution des richesses* (Œuvres, t. 1, p. 49, § LXXIV).
(2) T. I, p. 107 et suiv.

toujours retenti des cris des débiteurs, et lorsque le christianisme parut, il se mit du côté des pauvres. Le zèle des prédicateurs les jeta dans l'exagération et leur fit transformer en précepte de morale un simple conseil de charité que Jésus-Christ avait donné à ses disciples : *mutuum date nihil inde sperantes*. L'autorité des théologiens fit prévaloir cette idée, et l'usure devint odieuse non-seulement aux yeux du pauvre qu'elle opprimait, mais aussi pour les riches croyants ; ceux qui méconnaissaient cette loi commençaient par se mettre au-dessus de la religion, et la haine des usuriers était rendue plus profonde par la passion religieuse.

Mais Turgot constatait que ces causes de prévention s'étaient fort affaiblies et que le nom d'usurier n'était plus appliqué que dans quelques cas. « Le nom d'usurier, disait-il, ne se donne plus, dans la société, qu'à ceux qui prêtent sur gage aux petits bourgeois et aux artisans dans la détresse, enfin à ces hommes infâmes qui font métier de fournir à des intérêts énormes, aux enfants de famille dérangés, de quoi subvenir à leur libertinage et à leurs folles dépenses... »

« De ces sortes d'usuriers, ajoutait-il, il n'y a cependant que les derniers qui fassent dans la société un mal réel (1). »

Combattant ensuite l'argument de certains juris-

(1) T. I, p. 138.

consultes, de Pothier notamment, qui trouvaient injuste que, dans un contrat à titre onéreux, il fût permis au créancier de réclamer plus qu'il n'avait donné, Turgot démontrait jusqu'à l'évidence que ce raisonnement dépassait tout ce que l'esprit légiste avait imaginé de plus étroit. Il ne fallait, en effet, qu'un peu de bonne volonté pour voir que la valeur prêtée et la valeur restituée étaient équivalentes et que les prestations des deux parties étaient parfaitement commutatives. Le prêteur donnait une somme immédiatement, et, par conséquent, conférait à l'emprunteur, non-seulement la propriété de l'argent, mais encore l'avantage qui pouvait résulter de son usage pendant le temps qui séparerait le contrat du remboursement. A son tour, le débiteur s'engageait à rendre à l'échéance, non-seulement le sort principal, mais encore le prix du service que l'usage lui a procuré, et dont le créancier s'est privé. Mais, objecte-t-on, l'emprunteur a été rendu propriétaire des deniers, et, par conséquent, il est injuste de lui faire payer le loyer d'une chose qui lui appartient. « Misérable équivoque encore ! disait Turgot. Il est vrai que l'emprunteur devient propriétaire de l'argent, considéré physiquement comme une certaine quantité de métal ; mais est-il vraiment propriétaire de la valeur de cet argent? Non, sans doute, puisque cette valeur ne lui est confiée que pour un temps, et pour la rendre à l'échéance.

D'ailleurs, sans entrer dans cette discussion, *qui se réduit à une vraie question de mots*, que peut-on conclure de la propriété que j'ai de cet argent? Cette propriété, ne la tiens-je pas de celui qui m'a prêté l'argent? N'est-ce pas par son consentement que je l'ai obtenue, et ce consentement, les conditions n'en ont-elles pas été réglées entre lui et moi (1)? »

Bien des faits récents ont confirmé la doctrine de Turgot. Pendant qu'en temps de crise l'État empruntait au taux de rentes négociées à 50 fr., c'est-à-dire 10 p. 100, la loi menaçait toujours le particulier qui s'aviserait d'imiter le gouvernement. En 1848, un décret fixa au chiffre de 10 francs l'intérêt de l'argent pour l'Algérie, où le prêt avait été complétement libre jusqu'alors; mais, malgré l'élévation du taux, cette mesure a été jugée inapplicable, et le décret a été bientôt rapporté. Si on reconnaît qu'en Afrique le capitaliste a le droit de se faire payer par un intérêt le risque qu'il court dans un pays où la force publique est encore mal affermie, pourquoi ne pourrait-il pas s'assurer de la même manière contre les autres dangers auxquels il est exposé dans une société plus régulière? Dernièrement, enfin, la Banque a été autorisée à élever son escompte au-dessus du taux de l'intérêt légal, et nous avons assisté pendant quelque temps au spectacle singulier d'un établissement public re-

---

(1) *Mémoire sur les prêts d'argent* (Œuvres, t. I, p. 129).

tenant 10 p. 100 d'escompte aux banquiers intermédiaires qui présentaient, en les garantissant, les effets des petits commerçants, tandis que les banquiers ne pouvaient pas légalement exiger plus de 6 p. 100, à cause des dispositions de la loi de 1807. Cependant l'intervention de ces agents de crédit était indispensable ; car tous les marchands n'ont pas cette notoriété qui est indispensable pour s'adresser directement à la Banque.

Cette contradiction, dont les banquiers ne pouvaient sortir qu'en violant la loi ou en cessant leurs opérations, fut signalée par les plaintes du commerce à l'attention du gouvernement qui renvoya l'examen de la question au conseil d'État sans se prononcer ; car le rapport adressé au conseil par les ministres de la justice et de l'agriculture se bornait à résumer avec impartialité les raisons de décider dans les deux sens. Le conseil d'État adopta un moyen terme, et proposa, en accordant la liberté du prêt en matière commerciale, de maintenir le taux légal en matière civile. Cette résolution fut elle-même abandonnée dès que la fin de la crise eut ramené l'escompte à 6 p. 100 et dissipé les embarras du commerce.

Ainsi l'opinion de Turgot n'a pas triomphé sur ce point. Malgré l'unanimité des économistes (1), les

---

(1) Cette unanimité était reconnue dans le rapport adressé au conseil d'État, par les ministres de la justice et de l'agriculture. « Hors quelques écrivains de l'école prétendue socialiste, y était-

praticiens l'ont emporté toutes les fois que la question a été posée devant les assemblées délibérantes. Est-ce à tort ou à raison que la doctrine a été sacrifiée, et les faits exigeaient-ils réellement qu'on s'écartât des principes?

Il faut d'abord repousser la distinction que proposait le conseil d'État comme complétement inapplicable et contraire à l'intérêt qu'elle avait pour but de protéger. Les capitaux sont très-portés à s'éloigner de l'agriculture pour plusieurs raisons : d'abord, parce que l'intérêt commercial est un peu plus fort que l'intérêt civil, ensuite, parce que le service des intérêts est plus régulièrement rempli par le négociant que par l'agriculteur ; enfin, le capital prêté contre effets de commerce est moins engagé et plus facile à réaliser au premier besoin. Rendez l'intérêt libre en matière commerciale, et vous augmentez l'appât qui soutire les capitaux à la propriété foncière. La désertion sera donc inévitablement plus grande qu'elle n'était, et le sol, qui ne trouvait que difficilement à emprunter, ne trouvera plus du tout. Il ne serait même pas impossible que le désir du lucre ne finît par tourmenter les prêteurs timides, qui jusqu'ici ont préféré les garanties hypothécaires à un léger accroissement d'intérêt. S'ils ont résisté à la séduction

il dit, qui réclament au nom de l'égalité le prêt gratuit, tous les économistes sont d'accord. »

tant que la différence a été peu considérable, est-il sûr qu'ils ne céderont pas lorsque l'écart entre les deux intérêts sera illimité? — Tout moyen terme est donc impossible; il faut choisir entre les deux partis extrêmes.

Il est incontestable que si le législateur déclarait brusquement qu'à l'avenir l'intérêt sera réglé par la convention des parties, la position du plus grand nombre des débiteurs serait déplorable. La plupart en effet peuvent être, au gré du créancier, actionnés en remboursement parce que les échéances sont arrivées et qu'ils ne gardent les capitaux que grâce à la tolérance des prêteurs. Combien de créanciers s'armeraient de leur droit pour dégager des fonds dont on leur offrirait un meilleur emploi ou, pour arracher à leur débiteur des conditions onéreuses. Nul ne considérera comme librement consenties des conventions faites dans une telle situation? Sans doute dans le contrat primitif il était arrivé souvent que le débiteur avait signé sous la pression du besoin; mais le débiteur a pu prévoir ce qui arriverait, et, la plupart du temps, cette détresse qui le mettait à la merci du capitaliste est le résultat de ses désordres. Dans ce cas, au contraire, il tomberait subitement sous le coup d'une loi imprévue dont l'inopportunité serait ressentie par les plus prévoyants. Les transitions sont donc nécessaires et Turgot le reconnaissait : « Je ne dis pas qu'il faille rendre cette loi à présent. J'ai insinué tous les ménagements qui peuvent être dus au préjugé, surtout à un préjugé que tant de personnes croient lié à des principes respectables. Mais j'ose dire que cette liberté entière doit être le but plus ou moins éloigné du gouvernement (1). »

L'inconvénient de la liberté de l'intérêt, en matière civile, tient à ce que la rente de la terre est faible et qu'une propriété grevée, jusqu'à concurrence de la moitié de sa valeur, ne donne que juste de quoi servir l'intérêt de la dette. Si la récolte manque, le propriétaire est encore obligé de prendre sur son capital et d'emprunter pour payer l'intérêt (2). L'élévation de l'intérêt augmenterait encore la disproportion entre le revenu du sol et le produit de l'argent; le paiement régulier des annuités qui était déjà fort difficile deviendrait impossible.

Ce mal est aussi incontestable qu'il est profond, et on ne pourrait pas le nier sans mauvaise foi. Mais il tient aux habitudes de l'agriculteur qui aime la

(1) *Mémoire sur les prêts d'argent* (Œuvres, t. I, p. 144).
(2) Cette considération était développée en ces termes, dans le rapport adressé au conseil d'État, par les ministres de la justice et de l'agriculture : « La propriété ne peut supporter qu'un taux d'intérêt très-limité. Les améliorations agricoles les plus heureuses donnent un revenu restreint, qui se fait attendre quelquefois pendant plusieurs années, et qui n'est jamais comparable au bénéfice élevé et rapide des bonnes opérations commerciales. Aussi, hors d'une mesure très-restreinte, l'emprunt est-il la ruine de la propriété... Elle n'a que faire du droit d'emprunter à plus de 5 p. 100. »

terre jusqu'à se gêner pour s'arrondir ou pour ne pas vendre un bien dont la conservation est une tâche au-dessus de ses forces. C'est cette passion aveugle qui a produit la plus grande portion de la dette hypothécaire. Si le propriétaire était assez éclairé pour comprendre que, dans cette situation, il restera pauvre toute sa vie et que le meilleur parti à prendre serait de vendre une portion de sa terre, pour dégager l'autre, l'aisance succéderait à la gêne et la bonne agriculture remplacerait la routine entretenue par la misère. Pour que l'agriculteur se trouvât dans des conditions normales, il faudrait qu'il fût créancier, au lieu d'être débiteur et qu'il prêtât des capitaux à l'industrie au lieu d'en recevoir ; on en viendra là quand les campagnes seront assez éclairées par le triste enseignement de la pauvreté et par l'extension de l'instruction agricole.

La loi qui fixe le taux de l'intérêt civil est donc le remède à une situation anormale produite par de mauvaises habitudes que la loi semble encourager en adoucissant les douleurs qu'elles causent. Qu'on laisse, au contraire, les conventions libres : le propriétaire, éclairé par les exigences du créancier, prendra le parti de se libérer, en vendant une partie de son bien ; s'il est intelligent, il en vendra une autre partie pour devenir capitaliste à son tour, jeter de l'argent sur la terre qui lui restera et placer l'excédant de manière à combiner les revenus des capitaux mobiliers avec le revenu foncier. Ce qui porte les agriculteurs à languir dans cet état de gêne, ce sont, en grande partie au moins, les ménagements que la loi leur accorde, les délais de grâce, la limitation du taux de l'intérêt, la complication et la lenteur des voies d'exécution ; s'ils étaient traités comme le commerçant, ils s'habitueraient d'abord à remplir leur engagement avec exactitude, et, sachant à quoi une signature les engage, ils ne contracteraient de dettes qu'avec prudence, suivraient moins la passion de la terre et préféreraient se procurer de l'argent par des ventes que par des emprunts.

Le commerce ne demande pas la limitation du taux de l'intérêt, et nous avons vu que c'est par ses plaintes que le gouvernement fut, en 1857, averti de la contradiction que produisait l'application de la loi de 1807. L'agriculture n'en a besoin que parce qu'elle est engagée dans une fausse voie. Ce ménagement est même insuffisant, et c'est inutilement qu'on a sacrifié les principes pour venir en aide à la propriété foncière ; car, même au taux restreint de 5 p. 100, la terre ne peut pas supporter le poids de sa dette. Quand elle sera sortie, par le moyen héroïque dont nous avons parlé, de la situation où elle se débat, la précaution sera inutile puisque le propriétaire ne sera plus débiteur et qu'ordinairement même il sera créancier. Nous disons donc avec Turgot que « la liberté du taux de l'intérêt est l'idéal dont un gouvernement doit toujours tendre à se rapprocher (1). »

Il est impossible, quoi qu'on fasse, de faire violence à la nature des choses; comprimez-la, elle trouvera toujours quelque issue. Qui ne connaît les mille moyens qu'on a imaginés pour éluder les prohibitions de la loi du 3 septembre 1807? Bentham les avait presque tous prévus, et c'est grâce à ces procédés ainsi qu'à la tolérance de la magistrature qu'on est parvenu à traverser les périodes pendant lesquelles l'offre et la demande donnaient un taux supérieur à celui de la loi (2).

Ce que surtout on ne parviendra jamais à justifier, c'est que l'habitude de l'usure soit punissable, tan-

(1) Bentham, dans sa *Défense de l'usure*, a dit : « L'homme parvenu *à l'âge de raison, jouissant d'un esprit sain, agissant librement en connaissance de cause*, ne doit être empêché, même par les raisons tirées de son avantage, de faire comme il l'entend tel marché que ce soit, dans le but de se procurer de l'argent, et, par conséquent, personne ne doit être empêché de lui donner ce qu'il demande aux conditions qu'il veut bien accepter. » (Lettre XII.)

(2) « Dans le pays où j'écris, disait Bentham (il écrivait de Krichoff, sur la mer Blanche), le système entier de la législation sur cette matière est tout à fait inefficace. Le taux fixé par la loi est de 5 p. 100. Beaucoup de gens prêtent de l'argent, mais personne n'en prête à ce taux. L'intérêt le plus bas sur les sûretés les plus solides est de 8 p. 100, et il est même assez commun de voir prendre 9 et 10. Sur de pareilles sûretés... pour 1,000 roubles, l'emprunteur s'oblige, dans le contrat écrit, à en payer 1,050 au bout de l'année. En présence de témoins, il reçoit 1,000 roubles; mais à l'instant même, et sans témoins, il rend au porteur 30 et 40 roubles ou toute autre somme nécessaire pour compléter l'intérêt, qui est toujours celui qui a été verbalement convenu. »

dis que le fait isolé est licite. On comprendrait un système où l'usure serait punie dans tous les cas ; mais comment un acte, non punissable en lui-même, le devient-il quand il se reproduit habituellement ? — C'est trop insister sur une question qui est depuis longtemps déjà jugée en principe et dont la solution conforme à la théorie ne demande que le ménagement de quelques transitions. Que le législateur avertisse les débiteurs avant de rendre la liberté aux conventions ; cette précaution prise, la loi dépouillée de ses inconvénients aura l'avantage de forcer les propriétaires à sortir à tout prix de la position qui les écrase (1).

IV

DE L'IMPOT

L'impôt n'est pas, comme la restriction, en matière de commerce de grains ou de prêt à intérêt, une violation de la propriété ; mais Turgot se plaignait d'un système financier qui multipliait, outre

(1) Dans sa Lettre IX, Bentham réfute très-spirituellement l'opinion de Blackstone. Le jurisconsulte avait parlé du commerce de chevaux et montré que le prix dépendait de la quantité qui se trouvait dans le royaume. Bentham, en substituant les mots *maquignonnage* à *usure*, et *commerce de chevaux* à *intérêt*, démontre que le raisonnement de Blackstone sur le *commerce de chevaux* s'applique complétement au prêt d'argent. (*Mélanges de la Collection des économistes*, p. 546 et suiv.)

mesure, les formes de la contribution, entravait à chaque instant la circulation des denrées et aggravait les frais de perception, en confiant le recouvrement à plusieurs administrations. Par suite de ces complications, la demande que le gouvernement faisait légitimement aux contribuables d'une part de revenu, pour supporter les charges publiques, devenait une véritable atteinte à la propriété. Turgot considérait l'organisation de nos impôts comme vicieuse à un triple point de vue : 1° elle était injuste ; 2° contraire aux intérêts du trésor ; 3° en désaccord avec les principes économiques.

1° L'injustice tenait à ce que la taille frappait le revenu foncier d'une manière inégale ; car dans les pays où elle était réelle, elle épargnait les biens nobles et ne portait que sur les fonds tenus en roture. Dans les contrées où elle était personnelle, les gentilshommes ne la payaient pas pour eux-mêmes et pouvaient, libres de cette charge, faire aller quatre charrues (1). Lorsqu'ils affermaient leurs terres, c'était indirectement par la diminution du fermage qu'ils ressentaient le poids de l'impôt, et il y avait certes une grande différence entre une taxe exigible par voie de contrainte et une *rétention sur le loyer des terres;* car en cas de concurrence entre fermiers désirant la même ferme, le propriétaire pouvait rejeter l'im-

(1) On l'avait plus tard réduite à deux.

pôt sur le cultivateur et se préserver de l'*incidence*.

Mais ce qui aggravait cette injustice, c'est la manière dont la taille était répartie. Si la division entre les généralités se faisait sans arbitraire, elle n'était pas à l'abri de toute erreur. Le conseil d'État était assez haut placé pour n'écouter que la justice; mais comment pouvait-il apprécier exactement la force relative des provinces? Quels étaient ses éléments de décision? Les renseignements émanant d'intendants qui ne suivaient pas les mêmes principes, il n'y avait pas de proportion entre les chiffres; comment comparer des quantités qui n'avaient aucune commune mesure?

L'inégalité qui, au premier degré, provenait de l'erreur, prenait un tout autre caractère, lorsque l'intendant répartissait le contingent entre les paroisses. Toutes les influences locales et seigneuriales s'agitaient autour du *commissaire départi*, et souvent la faveur remplaçait la justice. A leur tour, les seigneurs qui revenaient du chef-lieu, après avoir obtenu cette iniquité pour la paroisse, en étaient récompensés par la modération de la taille de leurs fermiers.

L'injustice qui viciait l'*assiette* et la *répartition* se retrouvait dans le *recouvrement*. La charge de collecteur, la plus dure qui ait jamais pesé sur des citoyens, depuis les curiales romains, n'atteignait pas tout le monde, et il y avait des personnes que leur rang ou leur profession en dispensait. D'une autre part les cotes non payées étaient exigées par contrainte solidaire contre les plus fort imposés, sauf recouvrement, l'année suivante, par voie de réimposition sur la paroisse; n'était-ce pas une obligation bien onéreuse que d'être tenu à faire cette avance ? — Ces raisons expliquent la réprobation générale qui s'était élevée contre cet impôt. La cause des privilégiés n'avait d'autre défenseur que les parties intéressées; encore vit-on de nobles exemples de privilégiés qui refusèrent de profiter de la loi (1). Turgot, avec tous les hommes éclairés de son temps, proposait de soumettre à l'impôt foncier les propriétés et les propriétaires, sans exception, et de préparer les bases d'une répartition exacte, en faisant dresser un cadastre général pour toute la France. Quant au recouvrement, il voulait avec raison, comme il l'avait fait dans le Limousin pour le vingtième, remplacer les collecteurs par des fonctionnaires salariés et abolir les *contraintes solidaires*, ce qu'il fit dès qu'il fut parvenu au contrôle général (2).

2° Le système de nos impôts lui paraissait, en outre, contraire aux intérêts du trésor, parce que la multiplicité des taxes rendait nécessaire l'institution d'un grand nombre d'administrations, ce qui multipliait

---

(1) Forbonnais donna ce généreux exemple.
(2) Édit de janvier 1775.

les frais et diminuait d'autant les revenus publics.

Les contributions, en effet, se divisaient en quatre groupes principaux, au point de vue du mode de recouvrement. Les uns, c'étaient la taille, les vingtièmes (1), la capitation et la contribution du clergé, rentraient par la *recette générale*. Les gabelles (2), les traites (3) et les tabacs étaient compris dans la *ferme*

(1) Les vingtièmes étaient des impôts sur le *revenu*, qui atteignaient tout le monde ; seulement ceux qui avaient payé la taille pouvaient le faire compter en déduction des vingtièmes que les privilégiés payaient intégralement. Cet impôt avait d'abord été fixé au dixième ; mais on leva plus tard jusqu'à trois vingtièmes, c'est-à-dire un dixième et demi. C'est en 1749, au mois de mai, que le vingtième remplaça le dixième, dont l'origine remontait à 1725. Les deux autres vingtièmes furent établis par les édits du 7 juillet 1756, et du mois de février 1760. En 1789, les deux premiers furent portés en recette, à *l'état de finances*.

La capitation, proposée par les États de Languedoc, fut consacrée par une déclaration de 1695. Toutes les classes de la société étaient imposées à la capitation, d'après un tarif en 22 articles. La première catégorie, qui comprenait l'héritier de la couronne, était taxée à 2,000 livres ; la dernière ne payait que 20 sols.

(2) Impôt du sel. — Le pays était divisé en *pays de grandes* et *pays de petites gabelles*. Ce qui en faisait la différence essentielle, c'est que, dans les premières, la consommation du sel était forcée ; ainsi disparaissait le mérite qu'ont les taxes indirectes d'être facultatives.

(3) Douanes. — Le pays était divisé en trois espèces de provinces : 1° les pays des cinq grosses fermes, qui avaient adopté le tarif de 1664 ; 2° les pays *réputés étrangers* à l'égard des provinces de la première catégorie : on percevait aux frontières de ces pays certains droits sur les marchandises venues de l'étranger ; 3° les provinces à l'instar de *l'étranger effectif*. Celles-là, au point de vue des traites, étaient comme le prolongement du territoire étranger.

générale. Les Aides détachés de la ferme depuis 1726 étaient perçus directement par les agents de la *régie générale*, administration placée sous les ordres immédiats du gouvernement. Enfin, il y avait une *régie spéciale* pour les domaines et les droits domaniaux (1). Cette inutile complication était pour le trésor la cause de pertes considérables qu'il supportait sans profit pour les contribuables.

3° Turgot, en effet, trouvait que cette organisation reposait sur les idées économiques les plus fausses. Nous touchons à la *doctrine physiocratique*. Comme Turgot en fit la base de ses opinions financières, il est indispensable de dire en quoi elle consistait et ce qu'elle valait.

Quand on réfléchit, disaient les physiocrates, à la production des richesses, il est impossible de ne pas reconnaître qu'elles ont pour source unique, l'agriculture. L'industrie manufacturière et le commerce sont assurément utiles, et, sans eux, la consommation serait presque nulle; mais il n'en est pas moins certain que leur seule puissance est de transformer les matières premières et qu'ils ne peuvent rien ajouter à la somme des produits. C'est à ce point de vue que les disciples de Quesnay disaient que les travaux autres

---

(1) Les droits domaniaux étaient l'enregistrement connu alors sous les noms de *centième denier* et de *contrôle*, et le timbre qu'on appelait le droit de *formule*.

que les travaux agricoles étaient *stériles*, mot malheureux qui a été reproché aux physiocrates, comme s'ils l'avaient employé, dans le sens absolu, tandis qu'ils l'entendirent toujours *stricto sensu*. Quesnay avait exprimé la même pensée, en disant que l'industrie et le commerce étaient des *dépenses indispensables* que l'agriculture était obligée de faire pour l'écoulement de ses produits. Dans ses *Réflexions sur la formation et la distribution des richesses*, Turgot divisait les travailleurs en deux classes : *la classe productrice*, comprenant tous ceux qui se livraient aux travaux de l'agriculture, et la *classe stipendiée*, qui embrassait les commerçants et les manufacturiers. « Voilà donc, disait-il, la société partagée, *par une nécessité fondée sur la nature des choses*, en deux classes, toutes deux laborieuses, mais dont l'une par son travail produit ou plutôt *tire* (1) de la terre des richesses continuellement renaissantes qui fournissent à la société la subsistance et la matière de tous les besoins ; l'autre, occupée à donner aux matières produites les préparations et les formes qui les rendent propres à l'usage des hommes, vend à la première son travail et en reçoit, en échange, la subsistance. La première peut s'appeler *classe productrice*,

---

(1) Ce mot rappelle la dénomination d'*industrie extractive*, employée par certains économistes modernes. Voir notamment l'ouvrage de M. Dunoyer, sur la *liberté du travail*.

et la seconde classe *stipendiée* » (1). L'opposition du nom de classe *productrice* exclusivement réservé aux agriculteurs, avec la dénomination de *classe stipendiée* désignant les commerçants, était bien l'équivalent du mot *stérile*; Turgot l'avait, du reste, employé aussi dans quelques passages (2).

Les salariés ne recevant de l'agriculture que ce qui est nécessaire à la subsistance, on ne peut rien leur prendre qu'ils ne redemandent immédiatement au propriétaire, à moins d'admettre qu'ils seront réduits à recevoir moins que leur nourriture. S'il en pouvait être ainsi, il y aurait barbarie à prélever une part sur le nécessaire du salarié. A quoi bon, par conséquent, taxer la consommation, si, en définitive, l'impôt doit tomber sur le producteur agricole; n'était-il pas plus simple de commencer par demander au propriétaire la contribution tout entière, que de l'atteindre en suivant les circuits d'un réseau compliqué, et d'en confier le recouvrement aux percepteurs d'une régie unique, que d'employer une grande quantité d'agents divers?

Turgot mit au concours, comme président de la *Société d'agriculture* de Limoges, la question de l'impôt. Nous avons, de lui, des notes sur les deux mémoires qui furent couronnés; mais les plus éten-

---

(1) *Œuvres de Turgot*, t. I, p. 11 et 12.
(2) *Réflexions sur la formation*, etc., etc., § XVIII.

dues sont relatives au mémoire de Graslin (de Nantes), qui avait soutenu le système mixte des contributions directes et indirectes (1). Turgot combat pied à pied les opinions du concurrent.

M. Graslin objectait que si l'industrie et le commerce étaient stériles, on ne comprendrait pas comment certains peuples vivent de commerce et d'industrie, ni comment ces peuples paient un impôt plus fort que tout le revenu foncier de leur territoire. L'objection était directe, et Turgot n'y répond pas sans embarras. Après avoir montré que ces nations et, par exemple, la Hollande vivent avec les salaires qu'ils gagnent sur les pays agricoles, il disait : « Les Hollandais ajoutent le besoin qu'ils ont de payer l'impôt à leurs autres besoins auxquels doivent pourvoir les salaires que leur paient les autres nations. De sorte que, sauf la portion qui pèse directement sur le territoire de la Hollande, ce sont les autres nations qui paient l'impôt de cette république. »

Mais, disait M. Graslin, n'y a-t-il pas des artistes, des médecins, des avocats qui gagnent annuellement des sommes énormes; dira-t-on que ces personnes ne reçoivent que la subsistance et ne peuvent pas payer l'impôt, sans le redemander au propriétaire

---

(1) M. de Saint-Péravy, qui obtint le prix, s'était prononcé pour l'impôt foncier unique. Une mention très-honorable avait été accordée à M. Graslin, partisan du système mixte.

foncier ? — Turgot répondait que c'étaient là des exceptions peu nombreuses dont il ne fallait pas argumenter pour les salariés ordinaires qui ne reçoivent pas au delà de ce qui leur est nécessaire pour vivre. Or, pour faire produire à l'impôt sur les salaires une somme tant soit peu importante, il faudrait frapper les petits comme les gros, et on ferait ainsi payer aux ouvriers qui ne gagnent que leur subsistance l'opulence de ceux qui par une rare bonne fortune vivent dans le luxe. Turgot concluait donc à l'établissement d'une taxe directe unique assez élevée pour rendre inutiles tous les impôts de consommation. Cette opinion soutenue par Dupont de Nemours (1), l'abbé Baudeau (2), Letrosne (3), Mercier de la Rivière (4), Saint-Péravy (5), Condillac (6) Condor-

(1) Dupont de Nemours, né à Paris, le 14 décembre 1739, et mort aux États-Unis, le 6 août 1817.

(2) Baudeau, né à Amboise, le 27 avril 1730, et mort en 1792, rédacteur des *Éphémérides*, qui, supprimées en 1772, reparurent au commencement du ministère de Turgot, sous le titre de *Nouvelles Éphémérides*.

(3) Letrosne, avocat du roi et conseiller honoraire au présidial d'Orléans, né le 13 octobre 1728, à Orléans, et mort à Paris, le 26 mai 1780, auteur de l'ouvrage intitulé : l'*Intérêt social*.

(4) Mercier de la Rivière, conseiller au Parlement de Paris, né en 1720, et mort en 1793 ou 1794, auteur de l'*Intérêt général de l'État*, ouvrage où il réfuta les dialogues de Galiani.

(5) Auteur du mémoire couronné par la Société de Limoges; il contenait des exagérations que Turgot releva dans des notes.

(6) Condillac, né en 1715, mort en 1780, publia en 1776 son ouvrage intitulé : *Commerce et gouvernement*. « L'impôt sur l'industrie, disait-il, est toujours illusoire... il ne doit être souffert

cet (1), etc., etc., fut combattue par plusieurs économistes et raillée par Voltaire : « Les Anglais, disait-il, qui ne rient guère se sont mis à rire quand ils ont appris que des gens d'esprit avaient proposé, parmi nous, cette administration. Les Chinois exigent une taxe de tous les vaisseaux marchands qui abordent à Nagamsaqui ; les Hollandais paient à Canton quand ils sont reçus au Japon, sous prétexte qu'ils ne sont pas chrétiens. Les Lapons et les Samoïèdes, à la vérité, sont soumis à *un impôt unique en peaux de martres ;* la république de Saint-Marin ne paie que des dîmes, pour entretenir l'état dans sa splendeur » (2).

Le système de l'impôt unique n'avait pas non plus été adopté par Montesquieu (3) ni par Forbonnais (4), qui tous les deux se prononcèrent pour la combinaison de l'impôt direct avec les taxes de consommation.

Les faits n'ont pas donné raison à Turgot, sur ce point, et la physiocratie a été condamnée non-seule-

---

que lorsqu'il tient à la constitution et ne peut être extirpé. »

(1) Condorcet, né en 1744, mort en 1794.—Auteur de l'article *Monopole et monopoleur* (Collection des économistes, Mélanges, t. I, p. 459).

(2) Voltaire, dans *L'Homme aux quarante écus.* —Voy. Œuvres (édition Firmin Didot), t. VIII, p. 456.

(3) Montesquieu, *Esprit des lois,* liv. XIII.

(4) Forbonnais, né au Mans, en 1722, mort le 20 septembre 1800, auteur des *Recherches sur les finances* et des *Principes économiques.*

ment par les praticiens, mais par les économistes eux-mêmes. L'analyse de la formation des richesses par Adam Smith a démontré péremptoirement qu'il n'y avait pas de travail stérile et que tous concourent à la production; il n'y a plus aucune divergence à ce sujet. Le travailleur gagne un salaire qui est fixé non par la mesure de ce qui lui est nécessaire pour vivre, mais par la loi de l'offre et de la demande qui domine tous les contrats; s'il gagne de quoi vivre et de quoi payer l'impôt, ou même assez pour créer un capital, c'est que la valeur de son travail a été estimée assez grande, pour être largement payée; celui qui l'emploie ne s'est pas demandé ce qu'il fallait à l'ouvrier pour vivre, mais quel avantage il pouvait tirer de son habileté. Ce qui est vrai du grand avocat, du grand médecin et du grand artiste, l'est aussi, quoique à un moindre degré, d'une foule d'autres salariés. Pourquoi ne les atteindrait-on pas par l'impôt de consommation? Il serait puéril de dire que des hommes qui sont au-dessus du besoin, demanderont une augmentation de salaire pour couvrir leur impôt. Ceux-là seuls s'efforceront de la faire supporter par le propriétaire dont le travail est tout juste estimé à la valeur de la subsistance. Mais ce circuit n'aura pas été inutile, puisqu'en le suivant, l'impôt aura recueilli les parts de tous ceux qui peuvent l'acquitter et ne retombera sur le propriétaire foncier que déduction faite de ce qui aura été payé par les salariés aisés.

Quand on objectait aux physiocrates que l'impôt foncier ne pourrait couvrir les dépenses de l'État qu'à la condition d'absorber tout le revenu, ils répondaient que le produit du sol ne devait pas être envisagé tel qu'il était, sous le régime de l'impôt multiple, mais tel qu'il serait une fois dégagé de toutes les entraves fiscales. Évidemment les taxes supprimées s'ajouteraient à la valeur des denrées devenues libres, et le propriétaire trouverait dans une augmentation de prix des ressources suffisantes pour acquitter l'augmentation d'impôt foncier (1).

Cette réponse à l'objection serait bonne, si tous les propriétaires avaient un excédant de denrées à vendre; mais le plus grand nombre, même avant la division qui s'est produite depuis la révolution, ne récoltaient que pour subsister et consommaient tous leurs fruits sur place. Comment ces petits contribuables qui ont toujours formé la majorité auraient-ils trouvé à recouvrer la surtaxe? frappés directement par l'impôt, ils n'auraient pas pu demander leur dégrèvement aux combinaisons de l'incidence;

(1) Cet argument, donné par tous les physiocrates, est bien développé dans l'ouvrage de Baudeau, *Introduction à la science économique* (*Collection des économistes*, vol. des *Physiocrates*, p. 770). — Voir aussi Condorcet, *Vie de Turgot* (*Œuvres de Condorcet*, t. V, p. 135, édition Arago). « Le *produit net*, disait ce dernier, est formé en ajoutant au produit actuel tout ce que les impôts indirects en ont retranché. »

puisqu'ils n'avaient rien à vendre et manquaient, par conséquent, de la première condition pour rejeter le fardeau sur le consommateur.

Ceux qui croient encore à la possibilité d'établir un impôt unique, ont abandonné le point de vue physiocratique et proposent de l'établir, les uns sur les capitaux mobiliers ou immobiliers, les autres sur les revenus de toute espèce. S'il fallait choisir entre l'impôt sur le capital et l'impôt sur le revenu, je me prononcerais pour le premier comme plus conforme au principe d'égalité; il faut en effet que chacun contribue, d'après sa fortune, et il est juste que celui qui a des valeurs réalisables, à sa volonté, quand même elles seraient actuellement improductives, paie la prime d'assurance pour la protection sociale dont il profite (1).

Mais je vais plus loin; l'impôt unique est complétement irréalisable, et, pour le prouver, nous pouvons invoquer l'aveu même de ses partisans. Ils conviennent qu'on ne peut pas demander plus de six cents millions (2) à l'impôt unique sur le revenu dans notre pays. Or l'intérêt de la dette publique n'est pas

---

(1) On a souvent comparé, et avec juste raison, l'impôt à la *prime d'assurance*. M. Thiers a notamment bien développé ce point de vue, à la fin de son livre sur la propriété. Mais la prime d'assurance est due pour le capital assuré, d'après son estimation, et sans aucune espèce de relation avec le revenu.

(2) Girardin, *De l'impôt*.

éloigné de cette somme ; avec quoi les services publics seront-ils alimentés, si tout le revenu du Trésor est employé à remplir les engagements de l'État? La question d'ailleurs se complique du point de savoir si les dépenses peuvent être réduites au chiffre de six cents millions, c'est-à-dire au tiers environ de ce qu'elles sont aujourd'hui (1). Il ne serait pas difficile de démontrer que cette diminution est impossible et que, par conséquent, ce système a contre lui la plus forte objection qui puisse être élevée ; mais nous serions entraînés trop loin de notre sujet.

L'impôt unique n'a jamais été établi, parce que le sens pratique des hommes d'État même les plus inexpérimentés et les plus entreprenants, en a compris l'impossibilité. L'essai n'en a pas été fait pendant la révolution, lorsqu'il n'y avait cependant pas une idée, si hardie fût-elle, qui n'eût son jour ; ce règne éphémère a été refusé à l'impôt unique. C'est à tort, en effet, qu'on a considéré l'Assemblée constituante de 1789 comme ayant légiféré sous l'influence du système physiocratique (2).

L'Assemblée constituante, il est vrai, supprima l'impôt des boissons et quelques autres taxes de con-

---

(1) Le budget s'élève à 1,950,000,000 fr.
(2) M. Adolphe Blanqui (*Histoire de l'économie politique*, t. II, p. 150) et M. Laferrière (*Droit public*, t. II, p. 435) ont affirmé, d'une manière trop absolue, à mon avis, que le système financier de la Constituante fut une application de la physiocratie.

sommation; mais ce fut là un acte politique qui s'explique par l'impopularité qui n'avait pas cessé de poursuivre ces espèces d'impôts. Les raisons économiques dictèrent peut-être le vote de quelques députés isolés et furent invoquées dans quelques discours; mais la preuve qu'elles n'eurent aucune influence sur l'esprit de la majorité, c'est que nous trouvons, à côté de la contribution foncière, l'impôt personnel et mobilier, les patentes, l'enregistrement, les douanes. Si je ne me trompe, ce n'est pas là l'impôt unique, et encore moins la contribution unique sur le sol, telle que la voulaient Quesnay et ses disciples (1).

Adam Smith, éclairé par l'exemple de son pays, repoussa la physiocratie et se prononça pour la combinaison de l'impôt direct avec l'impôt indirect. Dupont de Nemours l'accusa d'avoir cédé à la pression de l'opinion générale de ses compatriotes. « Smith, disait-il, en liberté, Smith, dans sa chambre ou dans celle d'un ami, comme je l'ai vu quand nous étions condisciples chez le docteur Quesnay, se serait bien gardé de nier que l'impôt renchérit le salaire. — Lui qui raisonnait si bien, n'a fait aucun raisonnement en faveur du genre d'impôts dont son pays a donné

---

(1) Lois des 2-17 mars 1791, *sur les patentes;* des 13 janvier-18 février 1791, *sur les taxes somptuaires;* des 18-29 mars 1791, *sur les sucres et cafés;* des 12 décembre 1790-18 février 1791, *sur le timbre;* et des 23 novembre-1ᵉʳ décembre 1790, *sur la contribution foncière.*

l'exemple le plus exagéré. Il se borne à un fait vague : *l'Angleterre a prospéré.* Il savait mieux que personne que c'était *malgré cela,* non *à cause de cela* (1). » Étrange effet de l'esprit de système! quand on a épuisé tous les moyens pour convaincre ses adversaires, on finit par suspecter leur bonne foi. Les objections que nous avons faites à l'impôt unique en général, et en particulier à la contribution foncière unique, rendent superflue toute justification de la bonne foi d'Adam Smith.

A mon sens, il faut aller jusqu'à préférer les taxes de consommation aux impôts directs. La proportionnalité de la contribution foncière, qu'on ne cesse pas d'opposer aux droits sur les boissons et autres, est plutôt dans la loi que dans les faits. A l'ardeur avec laquelle certains conseils généraux réclament, toutes les fois que l'occasion se présente, *la péréquation de l'impôt foncier,* il est facile de juger que le poids de cette contribution est inégal. Que serait-ce, si on comparait les revenus matriciels avec le revenu réel, tel qu'il a été fait par les modifications survenues dans la culture depuis le commencement des opérations cadastrales? Non-seulement cette inégalité existe, de l'aveu de tous; mais des publicistes distingués ont

---

(1) Note de Dupont de Nemours, sur les *Réflexions sur la formation et la distribution des richesses,* de Turgot (*Œuvres de Turgot,* t. I, p. 69).

demandé qu'on ne changeât point cette situation et que toute demande de péréquation fût repoussée (1). Les taxes de consommation, il est vrai, ont le défaut de n'être pas proportionnelles; mais par combien de qualités ne compensent-elles pas ce défaut, dont l'impôt direct n'est pas lui-même exempt! Tandis que celui-ci est exigible à jour fixe, en vertu de rôles nominatifs exécutoires, les droits indirects sont payables par petites fractions presque insensibles, et au fur et à mesure d'une consommation qui peut être restreinte. La classe ouvrière, naturellement imprévoyante, n'est pas, sous le régime des taxes de consommation, prise au dépourvu par la notification d'une contrainte, et elle n'a pas à craindre la menace d'une saisie à la fin de chaque mois. Ajoutons que la contribution foncière est longtemps semblable à elle-même et qu'elle ne subit pas les variations du prix des denrées; depuis soixante ans, la somme qu'elle verse annuellement au Trésor n'a guère varié, et les économistes recommandent tous de ne pas changer facilement ce chiffre. Cependant la force de l'argent a beaucoup changé dans cette période, et elle est aujourd'hui à un degré bien inférieur à celui de 1789. Les taxes indirectes, au contraire, étant corrélatives

---

(1) MM. d'Hauterive (*Considérations sur la théorie de l'impôt*, p. 22, 23 et 24) et Hipp. Passy (*Dictionnaire d'économie politique*, v° *Impôt*).

aux prix des denrées, se prêtent, par leur mobilité, à toutes les fluctuations du marché et suivent la marche de la fortune publique et privée. C'est pour cette raison qu'un économiste allemand, M. Bauer, après avoir divisé les impôts en *fixes* et *mobiles*, donne la préférence aux derniers, ce qui revient à préférer les taxes de consommation aux contributions directes (1).

Après avoir examiné la théorie générale de Turgot en matière de contributions, il nous reste à parler de ses idées sur quelques taxes envisagées spécialement. Nous avons vu que, dans le Limousin, il remplaça la corvée par une addition à la taille et que, parvenu au contrôle, il fit rendre un édit qui substituait à la prestation un impôt spécial proportionnel. Cette innovation avait plus d'un avantage : d'abord elle généralisait l'impôt et dégrevait les voisins des routes qui le supportaient seuls; en second lieu, il substituait un impôt proportionnel, suivant la fortune des redevables, à une taxe qui frappait comme une capitation. Une association d'idées bien naturelle nous rappelle la prestation établie par la loi du 21 mai 1836 sur les chemins vicinaux.

Assurément nous n'approuvons pas les déclamations ridicules de ceux qui, en 1836, ont crié au rétablissement des corvées. Pour peu qu'on y réfléchisse avec

---

(1) M. Bauer a publié l'article où il exprime cette opinion dans les *Archives de l'économie politique* de Rau (Heidelberg).

bonne foi, on reconnaîtra que la *prestation en nature* n'est qu'une facilité accordée au contribuable pour s'acquitter et qu'elle est, pour employer le langage des jurisconsultes, *non in obligatione sed in facultate solutionis*. En effet, ce que doit le contribuable c'est la valeur en argent de trois journées de travail. Seulement la loi lui accorde la faculté de se libérer en nature. Ce qu'on peut justement reprocher à la prestation établie par la loi de 1836, c'est d'être un impôt *direct de capitation* ; elle oblige le riche comme le pauvre et elle n'atteint pas la femme opulente. La seule qualité qui vaut à *l'impôt direct* de si chauds partisans, c'est la proportionnalité ; or, celui-ci en a tous les inconvénients, sans les avantages. Il est juste cependant de faire observer que cette capitation de trois journées de travail est combinée avec des *centimes additionnels spéciaux* dont la répartition rétablit un peu la justice ; mais la voie que suivit Turgot conduisait à une justice plus rigoureuse.

V

DOUANES.

Les douanes ont une telle importance que nous leur consacrons un paragraphe spécial. Turgot les condamnait comme impôt d'abord, parce qu'elles étaient des taxes de consommation et, en second lieu, comme *droits protecteurs* de la production nationale. Jamais, dans ses ouvrages ou ses lettres, il ne laisse passer une occasion de combattre le Colbertisme, néologisme dédaigneux par lequel les partisans de la liberté désignaient le système réglementaire du ministre de Louis XIV. Pour le mieux vaincre, il appela un auxiliaire d'Angleterre, Josias Tucker dont il traduisit les *Questions sur le commerce* (1).

Nous ne reviendrons pas, à propos des douanes, sur la question des impôts indirects. Faisons remarquer seulement qu'en Angleterre les *Customs-tax* qui ont un caractère à peu près exclusivement fiscal, donnent plus qu'aucun autre impôt et que jamais on ne persuaderait à un Anglais que les cinq cents millions produits par la douane pourraient, sans inconvénients, être rejetés sur la *Land-tax* ou les *assessed-tax*.

Quant au caractère protecteur des droits, nous répéterons ici ce qui a été dit plus haut à propos du commerce des blés. La liberté commerciale est certainement l'idéal auquel il faut tendre, et la vérité est que les sacrifices demandés aux droits individuels doivent être aussi rares que possible. Le principe : *laissez faire, laissez passer*, n'est pas sérieusement contestable, quand on l'examine en thèse générale et uniquement au point de vue de la richesse et de l'économie politique; mais à côté de la richesse il

(1) *Œuvres de Turgot*, t. I, p. 322 et suiv.

y a d'autres intérêts, et l'économie politique n'est pas la seule science qui ait à s'occuper de la valeur. Je suis profondément persuadé que dans la plupart des cas, une bonne administration et une bonne politique ne pourront que gagner à pratiquer le régime de la liberté commerciale. Mais je n'oserais pas pousser l'intrépidité systématique jusqu'à soutenir absolument que toujours l'inflexible application du principe sera le meilleur parti à suivre. En matière de gouvernement, il est imprudent de ne rien laisser aux circonstances. Qu'un économiste soutienne la vérité du principe, rien de mieux ; mais un homme politique, pour si décidé qu'il soit à faire pratiquer une règle, quelles que soient les circonstances, connaîtrait mal les affaires de ce monde s'il s'interdisait d'avance tout tempérament, toute transaction. Quand on étudie une science, il faut se garder d'altérer les principes, et la meilleure méthode consiste à chercher la vérité absolue. Mais autre chose est agir sur des hommes et des peuples, autre chose est contempler des vérités absolues.

Deux écueils sont à éviter, en matière de pratique administrative et politique, l'empirisme aveugle qui agit au hasard comme si le monde se mouvait sans lois, et l'entêtement qui porte dans le maniement des affaires et des hommes les inflexibles habitudes de la spéculation. La vérité en cette matière consiste à suivre les principes dans la pratique ordinaire, mais à souffrir quelques exceptions sous l'empire de la nécessité. Nous avons déjà vu que telle était la pensée de Turgot; car s'il voulait que l'économiste fût ferme sur les principes, il recommandait les tempéraments à l'homme d'État.

Nous allons aborder une des branches de cette immense question des droits protecteurs, parce que Turgot en a traité spécialement dans une lettre à l'abbé Terray. Le contrôleur général avait demandé quelle était la situation des forges dans la généralité de Limoges et d'Angoulême; le bruit s'étant répandu que ces renseignements devaient préparer une augmentation d'impôt et peut-être l'établissement d'un droit prohibitif sur les fers étrangers, l'intendant différa sa réponse; quand il l'envoya, il joignit à l'état détaillé des forges, une lettre où il discutait la question du libre-commerce en principe d'abord et ensuite relativement à la question de l'importation du fer. Son argumentation est plus vive que d'ordinaire, et on sent, au ton emporté dont il s'exprime, l'humeur d'un homme convaincu dont l'opinion est sur le point de succomber. « Vous annoncez, disait-il, que vous avez reçu des différentes provinces des représentations multipliées sur la faveur qu'obtiennent les fers étrangers, au préjudice du commerce et de la fabrication des fers nationaux; je conçois en effet que les maîtres de forges, qui n'envisagent que leurs fers, imaginent qu'ils gagneraient davantage, s'ils avaient moins de concurrents. Il n'est point de marchand qui ne voulût être seul vendeur de sa denrée..... Si on les écoute, et on ne les a que trop écoutés, toutes les branches du commerce seront infectées de ce genre de monopole. *Ces imbéciles* ne voient pas que ce même monopole qu'ils exercent, non pas, comme ils le font accroire au gouvernement, contre les étrangers mais contre leurs concitoyens, consommateurs de la denrée, leur est rendu par ces mêmes concitoyens, vendeurs, à leur tour, de toutes les autres branches de commerce où les premiers deviennent à leur tour acheteurs » (1).

Abordant ensuite la question, au point de vue spécial des fers, il montrait que, indépendamment des raisons générales, il y en avait de particulières pour consacrer le libre commerce de cette marchandise. « Mais quand tous ces principes ne seraient pas, ajoutait-il, comme j'en suis entièrement convaincu, démontrés avec évidence ; quand le système des prohibitions pourrait être admis dans quelque branche de commerce, j'ose dire que celui des fers devrait être excepté par une raison décisive et qui lui est particulière.

---

(1) Lettre à l'abbé Terray, du 24 décembre 1773 (*Œuvres*, t. I, p. 380).

«Cette raison est que le fer n'est pas seulement une denrée de consommation utile aux différents usages de la vie; le fer qui s'emploie en meubles, en ornements, en armes, n'est pas la partie la plus considérable des fers qui se fabriquent et se vendent. C'est surtout comme instrument nécessaire à la pratique de tous les arts, sans exception, que ce métal est si précieux, si important dans le commerce : à ce titre, il est matière première de tous les arts, de toutes les manufactures, de l'agriculture même à laquelle il fournit la plus grande partie de ses instruments; à ce titre, quand même on adopterait l'idée de favoriser les manufactures par des prohibitions, le fer ne devrait jamais y être assujetti, puisque ces prohibitions, dans l'opinion même de leurs partisans, ne doivent tomber que sur les *marchandises fabriquées pour la consommation*, et non sur les *marchandises qui sont des moyens de fabrication*, telles que les matières premières et les instruments nécessaires pour fabriquer.»

VI

IMPOTS DIVERS.

Indépendamment du reproche général que Turgot faisait aux impôts indirects d'atteindre, par un détour inutile, le revenu foncier, il leur trouvait à chacun en particulier des défauts propres, et sur beaucoup de points, sa critique frappait très-juste. L'impôt sur les mutations que Montesquieu avait si sévèrement qualifié (1), n'était pas mieux traité par Turgot. « Les impositions sur les mutations, disait-il, sont d'un genre non moins odieux.... le centième denier prend une *portion de la propriété même*. Cependant, quand on s'est assujetti à payer des impositions pour la conservation de la société dont on est membre, ce n'a été que pour conserver la propriété, non pour la perdre... On veut avoir une jouissance constante, et on veut aussi que ce qu'on sacrifie soit constant. C'est donc sur le revenu que l'imposition doit porter et non sur les capitaux (2). »

On pourrait encore aujourd'hui adresser le même reproche à certains de nos droits d'enregistrement. Comprend-on, par exemple, que, dans un pays où la propriété foncière ploie sous le faix de la dette hypothécaire, où, pour amener sa libération, il faudrait faciliter les ventes autant que possible, les mutations immobilières à titre onéreux soient frappées d'un droit de 6 francs 5 centimes pour cent? Que dire aussi de la taxe de 10 p. 100 environ qui frappe les transmissions à titre gratuit entre non-parents?

(1) *Esprit des lois*, liv. XIII, chap. VII.
(2) *Mémoire sur les impositions* (*Œuvres*, t. 1, p. 399-600).

Des droits aussi élevés ne sont payables qu'au moyen d'un retranchement sur la propriété, système qui fait détruire par l'impôt le capital producteur de la matière imposable.

Cette observation a besoin d'être bien entendue; car elle touche une autre idée avec laquelle on pourrait la confondre aisément. Il faut que l'impôt soit assez modéré pour que le contribuable puisse s'acquitter avec le revenu dont il jouit; mais cela ne fait pas obstacle à ce que la répartition soit faite au prorata du capital plutôt qu'en proportion du revenu. S'il plaît à un propriétaire de garder une valeur improductive, il n'a de reproche à faire qu'à lui-même. Que ne la transforme-t-il en valeur productive? En d'autres termes, quand on dit que le capital doit être à l'abri de l'impôt, cela ne signifie pas autre chose sinon que la somme demandée doit être assez petite pour qu'on puisse l'acquitter au moyen d'économies sur le revenu que donne le capital ou qu'il produirait, s'il ne plaisait pas au contribuable de garder une propriété stérile.

C'est surtout lorsqu'il prenait la forme d'un monopole que l'impôt indirect paraissait condamnable à Turgot. «L'impôt par voie de monopole, disait-il, est encore bien pire. Par l'extrême disproportion du prix il devient un appât cruel pour la contrebande. On fait jouer au roi le rôle de ces gens qui étalent les grains à des oiseaux pour les faire tomber dans un piége (1). » C'était une allusion évidente au *sel du devoir* et aux peines du faux-saunage qu'on avait appliquées à la contrebande du tabac, peines atroces, qui avaient déjà fait dire à Montesquieu : « Toute la proportion des peines est ôtée. Des gens qu'on ne saurait regarder comme des méchants sont punis comme des scélérats, ce qui est la chose du monde la plus contraire à l'esprit du gouvernement modéré (2). »

Le monopole des gabelles a disparu ; mais des économistes répètent encore les sévères paroles de Turgot, en les appliquant au monopole des tabacs et à celui des postes. Il y a loin cependant du régime que les économistes stigmatisaient au dix-huitième siècle, à cause des peines exorbitantes qui punissaient la contrebande du tabac, à la loi qui nous régit aujourd'hui. Il est probable que si Turgot avait été en présence de la loi actuelle, il l'aurait critiquée avec plus de modération. Pourquoi certains économistes parlent-ils du monopole des tabacs presque dans les mêmes termes que les publicistes dont l'indignation s'expliquait par les dispositions de l'ordonnance de 1681 ? L'usage de ce narcotique est un véritable vice, et l'opinion

---

(1) *Mémoire sur les impositions* (*Œuvres*, t. 1, p. 399).

(2) *Esprit des lois*, liv. XIII, chap. ix.— Les dispositions de l'ordonnance de 1681, sur le faux-saunage, avaient été appliquées à la vente du tabac.

générale ne s'est jamais intéressée à cette consommation; jamais matière imposable n'a été mieux choisie, et le sentiment public demeurera toujours indifférent au mode d'organisation de cet impôt. On crie à la violation de la propriété et de la liberté; soit. Mais il faudrait ou supprimer entièrement la taxe ou la remplacer par un droit à la vente, un *droit de détail*, comme pour les boissons. Ce changement amènerait l'établissement de l'exercice, et nous savons les attaques dont le procédé administratif est chaque jour l'objet. Les Anglais ont remplacé le produit du monopole par un droit de douane; mais ce système emporte la prohibition de la culture du tabac dans toute l'étendue du Royaume-Uni, et on voit d'après cela que la liberté n'est pas sauvée par ce régime. D'ailleurs, ce mode de perception n'est praticable qu'autant qu'il ne sera pas employé par les autres peuples. Qui serait en état d'importer du tabac en Angleterre, si tous les gouvernements attendaient la fourniture des autres nations? Dans d'autres pays, tels que la Belgique, la Hollande et la Prusse, la culture et le commerce du tabac sont libres, et on remplace le droit de consommation par une addition aux patentes et une surtaxe foncière sur les terres qui produisent la denrée; mais ce qui rend cette liberté possible, c'est l'exiguïté de la somme que produit le droit. Comment pourrions-nous, en France, ajouter 120 millions aux contributions directes? Nous ne pouvons pas les demander à la masse des imposables ; à plus forte raison, ne les obtiendrions-nous pas du petit nombre de ceux qui se livreraient à cette industrie (1).

Quant au monopole du transport des dépêches, il se justifie par la nature particulière du service. La concurrence des entreprises privées ne garantirait pas suffisamment la régularité des départs et surtout la généralisation de l'administration. Le moyen, en effet, d'obtenir d'entrepreneurs indépendants le service des petites lignes dont l'exploitation ne donnerait que des pertes? Les obligerait-on à porter les lettres dans les petites communes? On ne le pourrait qu'en leur conférant un privilége (2). Or, du moment qu'il faudrait concéder le monopole à une compagnie, je ne vois pas quel avantage il y aurait à en déposséder le gouvernement. Le système de la régie a été jugé, par l'expérience, meilleur que celui des fermes.

Turgot ne pouvait pas approuver les octrois, puisqu'il condamnait d'une manière générale les taxes de consommation. « Je ne vous dissimulerai pas, écrivait-il à l'abbé Terray, que tous ces droits sur les

(1) Toutefois, dit M. Thiers, l'intérêt attaché à l'entière perception d'un impôt qui, en France, rend 120 millions, a fait négliger le reproche adressé à ce monopole. » (*Propriété*, p. 332.)

(2) Le gouvernement ne peut imposer des conditions à un entrepreneur qu'autant qu'il lui confère un privilége.

consommations me paraissent un mal en eux-mêmes; que, de quelque manière qu'ils soient imposés, ils me paraissent retomber sur le revenu des terres ; que, par conséquent, il vaudrait mieux les supprimer entièrement que de les réformer (1). » Mais, reconnaissant combien une mesure aussi radicale présenterait de difficultés, il se bornait à indiquer des modifications ; elles étaient toutes inspirées par des principes qui sont encore la règle de cette matière. « Comme ces droits, disait-il, ont toujours été accordés sur la demande des corps municipaux, et comme le gouvernement, occupé de toute autre chose, a presque toujours adopté sans examen les tarifs qui lui étaient proposés, il est arrivé presque partout qu'on a chargé, par préférence, les denrées que les pauvres consomment (2). » L'inconvénient signalé par Turgot était facile à combattre, et la pratique y a remédié. Dans l'examen des règlements d'octroi, le conseil d'État tient constamment la main à ce que les farines et autres denrées alimentaires ne soient pas frappées à l'entrée des villes. La subsistance des peuples veut être

(1) *Lettre au contrôleur-général*, du 9 novembre 1772.—Le contrôleur avait fait écrire à l'intendant de Limoges, pour demander quels étaient les octrois établis au profit des villes ou des hospices, sans être autorisés par lettres-patentes. Turgot concluait, dans sa réponse, non-seulement à ce que les villes et les hospices fussent contraints à régulariser leur position, mais encore à modifier les tarifs dans le sens des observations qu'il indiquait.

(2) *Lettre au contrôleur-général* (*Œuvres*, t. II, p. 111 et suiv.).

ménagée. Si quelques exceptions ont été faites, elles s'expliquent par des circonstances particulières qui ont forcé la main à l'administration. Par exemple, si les blés ont été taxés à l'octroi de Marseille, cela tient à ce qu'en raison de la situation de cette ville sur la mer, le droit municipal équivaut à un droit de douane pour une partie de l'importation (1).

En résumé, l'erreur de Turgot consistait à croire que toutes les taxes étaient payées par la propriété foncière et qu'on pouvait avec avantage les remplacer par une contribution foncière unique. Mais il émit sur les détails des observations ordinairement fort saines, dont quelques-unes ont été appliquées et quelques autres ne tarderont pas à l'être. Comme il avait pris le droit de propriété pour guide, il s'était rarement égaré.

VII

FONDATIONS.

J'ai toujours été surpris, à cause de son respect pour la propriété, des conclusions auxquelles Turgot s'est arrêté dans son article *fondations*. Non-seulement il blâmait ce genre de dispositions et approuvait

---

(1) Cette observation a été faite dans l'*Enquête sur les boissons*, de 1850, par M. Thiers, président de la commission d'enquête, t. I, p. 204.

les mesures restrictives qui avaient été établies par l'édit de 1749, mais encore il reconnaissait à l'autorité le droit de les abolir et de méconnaître la volonté du donateur, lorsque les circonstances démontraient qu'il n'y avait aucune utilité à la respecter. A ceux qui opposaient le droit de propriété, il répondait que la nécessité ou l'utilité générale était au-dessus de tout, même des droits les plus sacrés.

« Concluons, disait-il, qu'aucun ouvrage des hommes n'est fait pour l'immortalité ; et, puisque les *fondations*, toujours multipliées par la vanité, absorberaient à la longue tous les fonds et toutes les propriétés particulières, il faut bien qu'on puisse à la fin les détruire. Si tous les hommes qui ont vécu avaient eu un tombeau, il aurait bien fallu, *pour trouver des terres à cultiver*, renverser ces monuments stériles et remuer la cendre des morts pour nourrir les vivants (1). »

Certainement, si on se trouvait réduit à une telle extrémité, il serait difficile de contester le droit dont parle Turgot ; mais c'est une fort mauvaise manière de raisonner que de s'appuyer sur des hypothèses forcées et purement imaginaires pour déterminer le droit normal. Les conclusions de Turgot allaient beaucoup plus loin, et il résulte de l'esprit général de l'article qu'il reconnaissait au gouvernement

---

(1) *Fondation*, article publié par l'Encyclopédie, *Œuvres*, t. I, p. 300.

le droit, à peu près absolu, de méconnaître la volonté du fondateur. « Un fondateur, disait-il, est un homme qui veut éterniser ses volontés : or, quand on lui supposerait toujours les intentions les plus pures, combien de raisons n'a-t-on pas de se défier de ses lumières ! Combien n'est-il pas aisé de faire mal, en voulant faire le bien (1) ! » « Il y a tout à présumer, ajoutait-il plus bas, qu'une *fondation* quelque utile qu'elle paraisse, deviendra un jour, au moins inutile, peut-être nuisible et le sera longtemps : n'en est-ce pas assez pour arrêter tout *fondateur* qui se propose un autre but que de satisfaire sa vanité (2) ? » Sur cette question, quelques distinctions sont nécessaires.

Les fondations peuvent être la condition de donations faites à des particuliers ou de libéralités faites à des personnes morales. Dans le premier cas, elles sont l'exercice pur et simple du droit de propriété, et le propriétaire n'est astreint qu'à se conformer aux lois d'ordre public et aux bonnes mœurs. Que l'on fixe législativement les clauses contraires à ces deux sortes de prescriptions, qu'on en étende le cercle, si on le juge nécessaire; mais il faut ou nier la propriété, ou respecter la volonté du donateur qui n'a enfreint ni la loi naturelle, ni la loi civile.

(1) *Œuvres*, t. I, p. 304.
(2) *Id., ibid.*, p. 304.

La donation faite à un particulier, sous condition, n'est soumise à aucune autorisation et ne doit pas l'être. — En cas d'inexécution, le donataire est exposé à une demande en révocation ; c'est la seule sanction que la loi ait établie et elle a fait sagement, en abandonnant le sort de ces contrats à la volonté des parties.

Quant aux personnes morales, elles n'existent que par la volonté du souverain, et celui-ci a par conséquent le droit de leur imposer des conditions, soit pour leur constitution, soit pour l'acquisition des biens; car de ce qu'il peut refuser l'autorisation, il résulte qu'il peut aussi donner sous certaines modalités (*sub modo*). Ce n'est pas porter atteinte au droit de propriété du donateur que de modifier la capacité de certains donataires. Que le souverain soumette les donations aux personnes morales à l'autorisation préalable; que, dans l'exercice de ce droit de tutelle, il se montre sévère, s'il le juge à propos, et ne permette pas que le donateur dépouille légèrement sa famille; rien de mieux. Non-seulement c'est un écoulement de la prérogative du souverain ; c'est encore un sage exercice de l'autorité. Mais lorsque l'homologation aura été accordée, que le contrat sera parfait entre le donateur et le donataire, le droit exige que l'on ne brise pas facilement cet accord ; on ne le pourrait pas faire, sans violer la propriété, et la justice veut qu'on attende, pour annuler les fondations, le moment où la nécessité survient, inévitable et sourde à tout raisonnement.

Turgot ne les aurait pas respectées aussi longtemps et on peut conclure de plusieurs passages de son article qu'il reconnaissait au gouvernement le droit de changer la destination des valeurs données, de pourvoir autrement au service de la fondation et de tout faire enfin, pourvu qu'il agît au mieux de l'intérêt général. C'est en cela que je trouve son opinion exagérée et violatrice du droit individuel.

Les arguments invoqués par Turgot étaient fort en crédit au dix-huitième siècle. Mirabeau les porta à la tribune dans le discours où il traita la question des Fondations.

Mirabeau allait plus loin, et par une conclusion qui avait le mérite de la logique, il tirait du même raisonnement la condamnation du testament. Je n'ai jamais lu le travail de Turgot sur les *fondations* sans me rappeler le discours posthume de Mirabeau sur les testaments. Si le *fondateur* ne peut pas éterniser sa volonté, Mirabeau n'avait-il pas raison de contester la validité des dispositions des mourants? De quel droit le testateur manifestait-il sa volonté pour un temps où il n'en aurait plus? Était-ce dans l'intérêt des héritiers, qu'il empiétait sur le néant? N'était-il pas plus simple de laisser les vivants libres d'apprécier leur utilité plutôt que de les enchaîner aux lois dictées par un mourant affaibli ou imbécile? N'était-il pas, en tout cas, préférable de suivre l'ordre établi par un législateur éclairé que les dispositions capricieuses d'un malade? — Ces arguments ressemblent beaucoup à ceux que Turgot a développés dans l'article Fondation. Les uns et les autres sont une négation de la propriété et je suis plus surpris de les trouver sous la plume de l'économiste que dans le discours de l'orateur (1).

Le jour où la nécessité demandera que les fondations soient supprimées, tout désaccord sera impossible; car, la force des choses est plus forte que le raisonnement, et s'il n'y a pas de droit contre le droit, il est vrai aussi qu'il n'y a pas de droit contre la nécessité. Mais tant que nous ne serons pas arrivés à cette extrémité, la question des fondations doit

(1) Voir l'introduction que M. Troplong a mise en tête de son traité des *Donations et testaments*. — Du moment qu'on admet le droit de disposer entre vifs comme une conséquence de la propriété, il faut admettre le droit de tester. La faculté de donner intégralement emporte en effet la donation avec réserve d'usufruit; car qui peut le plus peut le moins — or, au point de vue philosophique, quelle différence y a-t-il entre le testament et la donation avec réserve d'usufruit? Les différences juridiques qui séparent ces deux modes de transmission, n'existent pas pour le philosophe. Que si on objecte la faiblesse d'esprit des testateurs, il est facile de répondre que cette raison suffit pour admettre l'annulation pour *cause d'insanité* (ce que la loi actuelle autorise déjà), non pour dénier le droit à ceux qui jusqu'au décès conservent le plein usage de leurs facultés.

être examinée au point de vue de la liberté et de la propriété. Eh bien, ces principes doivent exister pour tous, et l'intolérance seule veut les réduire à n'être qu'un avantage réservé à un parti. Les fondations peuvent avoir un caractère laïque tout aussi bien qu'ecclésiastique, et c'est pour cela qu'il ne faut pas regarder à la qualité des donataires. On n'aurait pas attaqué les fondations si le plus grand nombre n'avait été fait au profit d'établissements religieux. Cela prouve que les attaques qu'on a dirigées contre elles ne tenaient pas de l'esprit de liberté, mais de l'esprit d'intolérance. Je suis doublement étonné que, sur ce point, Turgot ait méconnu tout à la fois la liberté religieuse et le droit de propriété.

Ce qui peut atténuer la contradiction dans laquelle Turgot est tombé, c'est le développement considérable que les fondations religieuses avaient pris au dix-huitième siècle. Non-seulement les biens de mainmorte étaient considérables, mais des abus avaient été relevés. Les conditions des libéralités n'étaient pas toujours exécutées ; les donataires jouissaient, sans aucune charge, du revenu des biens donnés. Ainsi des libéralités affectées à la création d'hospices avaient été détournées de leur destination pour fonder des couvents, et, en certains endroits, les abbés jouissaient du revenu des malades. A la vérité, l'exercice de la charité par le clergé corrigeait cette irrégularité ; mais l'irrégularité n'en existait pas moins, et l'opinion publique s'en était préoccupée.

VIII

FOIRES ET MARCHÉS.

Dans l'article *Foires et marchés*, Turgot revenait au droit individuel dont il s'était éloigné au mot *Fondations* :

Il existait, avant la Révolution française, un petit nombre de lieux privilégiés où les commerçants de tous les pays se donnaient rendez-vous, attirés par la réduction des taxes pendant les jours de foire. C'était comme le correctif des entraves apportées à l'écoulement des marchandises par les lois fiscales. Au jour donné, les marchandises prenaient la direction de Beaucaire ou de toute autre ville, et les marchands étaient à peu près certains d'y trouver des acheteurs ; car la modération des droits y produisait le bon marché, c'est-à-dire l'excitant le plus énergique du commerce.

Ces concours extraordinaires de commerçants étaient donc le résultat de causes artificielles, non la conséquence naturelle du mouvement des affaires. L'autorité ne s'était même pas toujours contentée de provoquer ces grandes réunions par des faveurs ;

elle avait quelquefois usé de contrainte ; et notamment pour les foires de Brie et de Champagne, un ancien règlement du quatorzième siècle avait obligé « les marchands drapiers d'y porter leurs marchandi- « ses, avec inhibition de les vendre ailleurs, si aupara- « vant ils n'avaient pas fréquenté les lieux prescrits. »

Turgot ne pouvait pas approuver des institutions qui étaient, à ce point, en désaccord avec ses principes. Il ne discuta même pas l'obligation imposée par le règlement des foires de Brie et de Champagne, règlement qui d'ailleurs était, à peu près, tombé en désuétude. Mais il combattit la création artificielle des foires par la modération des taxes. N'y avait-il pas contradiction à écraser d'abord le commerce en temps ordinaire et, puis par une réparation insuffisante, à l'obliger aux frais de voyage les plus onéreux, pour aller chercher le bénéfice d'une immunité temporaire ? N'était-il pas plus simple de l'affranchir sur les lieux mêmes de production et de laisser les foires, comme les marchés, se former naturellement, d'après les avantages de la situation des lieux et la commodité du commerce ? « Puisque le prince, disait-il, consent à perdre une partie de ses droits, et à les sacrifier aux intérêts du commerce, rien n'empêche qu'en rendant tous les droits uniformes, il ne diminue sur la totalité la même somme qu'il consent à perdre........ Dans cet arrangement, la consommation extraordinaire qui se fait dans les temps de foires diminuerait beaucoup; mais il est évident que la modération des droits, dans les temps ordinaires, rendrait la consommation générale bien plus abondante; avec cette différence que, dans le cas du droit uniforme, mais modéré, le commerce gagne tout ce que le prince veut lui sacrifier : au lieu que dans le cas du droit général plus fort, avec des exceptions locales et momentanées, le roi peut sacrifier beaucoup, et le commerce ne gagne presque rien, ou, ce qui est la même chose, les marchandises peuvent baisser de prix beaucoup moins que les droits ne diminuent (1). »

Aujourd'hui, comme au temps de Turgot, le nombre des foires est limité en ce sens qu'on n'en peut pas établir de nouvelles sans autorisation administrative ; sous ce rapport, il n'y a pas de différence entre les foires et les marchés. Mais les restrictions ont été édictées surtout dans un intérêt de police et de sûreté, afin que le gouvernement soit mis en mesure de vérifier si ces grandes réunions sont commerciales ou si elles n'ont pas un autre caractère ; comme il est de son devoir de veiller au maintien de l'ordre, il faut qu'il puisse limiter le nombre des endroits où la présence des agents sera nécessaire et proportionner le service des foires à la force publique dont il dispose.

(1) *Œuvres* de Turgot, t. I, p. 297.

Ces raisons ont une incontestable valeur ; il faut reconnaître d'ailleurs que l'administration n'abuse pas de son pouvoir pour faire violence au commerce. Qu'elle continue à exercer ses pouvoirs dans l'intérêt de la sécurité, sans se préoccuper des conséquences que l'établissement d'une nouvelle foire ou d'un nouveau marché pourrait exercer sur la prospérité d'une ville voisine ; que toujours enfin elle se conduise d'après des raisons tirées de l'ordre public, non en vue d'agir sur les affaires, et toute attaque contre le régime actuel cessera. Mais le combat recommencerait vivement le jour où elle entrerait dans l'emploi des mesures réglementaires et, en créant des mouvements d'affaires factices, favoriserait ceux-ci au détriment de ceux-là ; ce serait une violation flagrante du droit individuel. C'est à ce point de vue que doit être blâmée la disposition qui, au nombre des documents à fournir, exige le tableau des foires voisines et des affaires qui s'y traitent. A quoi peut servir ce renseignement sinon à préparer l'immixtion administrative dans le mouvement des affaires commerciales ?

IX

RENTE DE LA TERRE.

Après avoir montré comment l'inégalité naît et se développe parmi les hommes, Turgot ajoute : « Dans cette inégalité de possessions variées à l'infini, il est impossible qu'un grand nombre de propriétaires n'en aient pas plus qu'ils n'en peuvent cultiver. D'ailleurs il est assez naturel qu'un homme désire de jouir tranquillement de sa richesse et qu'au lieu d'employer tout son temps à des travaux pénibles, il préfère de donner de son superflu à des gens qui travaillent pour lui. — Par cet arrangement le produit de la terre se divise en deux parts : l'une comprend les profits et la subsistance du laboureur qui sont la récompense de son travail et la condition sous laquelle il se charge de cultiver le champ du propriétaire ; ce qui reste est cette partie indépendante et disponible que la terre *donne en pur don* à celui qui la cultive au delà de ses avances et de ses peines, et c'est la part du propriétaire ou le *revenu* avec lequel celui-ci peut vivre sans travail et qu'il porte où il veut (1). »

Une école composée d'économistes distingués, affirme, au contraire, que la terre par elle-même ne donne aucune rente et que si elle en produit une, c'est à cause des capitaux qui l'ont peu à peu fécondée. En ajoutant les sommes dépensées sur un champ, depuis l'origine de la culture, on arriverait à un total dont l'intérêt serait bien supérieur à la rente foncière.

(1) *Réflexions sur la formation et la distribution des richesses*, §§ XIII et XIV, t. I, p. 14.

Ainsi tandis que les physiocrates n'admettaient que le revenu foncier, l'école dont nous parlons l'attribue tout entier à l'action des capitaux. Ces deux exagérations (car, à notre sens, la vérité est entre les deux) s'expliquent par les circonstances politiques au milieu desquelles elles sont nées.

Au dix-huitième siècle, la propriété foncière était, pour une partie, exempte des charges publiques. D'un autre côté, les diverses contrées de la France étaient séparées par des douanes intérieures. Colbert avait fait un pas considérable vers l'unité sans pouvoir la consommer. En tout cas, sa réforme douanière ne s'appliquait pas aux taxes locales. D'un autre côté, l'opinion publique se préoccupait vivement du recouvrement des impôts, des bénéfices de la ferme générale, de la multiplicité des administrations et des charges qui en résultaient pour le trésor et, par conséquent, pour les contribuables. L'esprit critique, en s'appliquant à cette abusive diversité, fit naître une tendance marquée vers l'unité qui prépara le succès de la doctrine physiocratique. Car, en démontrant que le *revenu foncier* est le seul revenu net, on condamnait comme inutiles les impôts locaux de consommation et les diverses administrations qui faisaient rentrer les revenus publics. Ce système coupant les abus dans leur racine, son succès était préparé par l'état des esprits.

La doctrine opposée s'est formée ou au moins développée au milieu des attaques presque triomphantes du socialisme. Comme les adversaires de la propriété s'efforçaient de démontrer que la rente foncière était une pure libéralité de la nature et non le fruit du travail, ses défenseurs ont nié le *don de la nature*, comme l'appelait Turgot, pour l'attribuer à l'intervention du capital, intervention qui implique nécessairement celle du travail. C'est dans sa lutte contre les socialistes que Fr. Bastiat a principalement développé cette thèse. — Quelle est la vérité entre les deux systèmes? —

Le nom de Ricardo est attaché à la question qui nous occupe par la théorie qu'il a donnée de la rente foncière, théorie ingénieuse et qui a été admise sans contestation jusqu'au moment où les sombres lueurs du socialisme en ont fait voir le péril. Suivant Ricardo, les hommes commencent par défricher les meilleures terres, et tant que le produit des terrains de première qualité suffit à la consommation générale, les champs de qualité inférieure restent en friche. Mais que la population augmente (ce qui ne peut manquer d'arriver), la production des substances alimentaires deviendra insuffisante pour nourrir la population, et la pénurie amènera la hausse du prix. Cette augmentation rendra possible la culture des terres de seconde qualité en assurant au cultivateur une rémunération suffisante que les prix antérieurs ne lui donnaient pas. Après quelque temps, un phénomène analogue portera la culture sur les terrains de troisième qualité et ainsi de suite jusqu'à ce que le travailleur ou le capitaliste cessent de trouver dans le prix des denrées la rémunération de leurs travaux ou avances. La culture s'arrêtera au moment où cette rémunération n'existerait pas; mais elle ira jusqu'à ce qu'elle rencontre cette limite.

C'est donc par les frais nécessaires à la production sur les terres de la plus mauvaise qualité que se fixe le prix des substances alimentaires ; mais comme le consommateur qui achète regarde la qualité des produits, sans considérer leur origine, il donne le même prix au propriétaire des plus maigres terrains qu'à celui des plus riches terres. Le propriétaire des champs fertiles profite de cet avantage naturel, et c'est cette différence qui constitue la *rente foncière*. Par l'analyse qui précède on voit qu'elle augmente à mesure que, la vie devenant plus chère, on est obligé d'attaquer les mauvaises terres avec des frais de production plus considérables. Plus le propriétaire s'enrichit et plus la vie devient pénible au reste de la population. Telle est la loi dont le socialisme a retourné les conséquences contre la propriété et qui a été niée par Carey (1) aux États-Unis, par Fr. Bas-

---

(1) *Principles of political economy* et *The past, the present and the future*.

tiat, en France, (1) par Rodbertus en Allemagne (2).

Les adversaires de la théorie de Ricardo ont commencé par contester, au point de vue historique, le rang qu'il a établi entre les cultures. L'homme ne commence pas toujours par les meilleures terres et, en tout cas, il ne suit pas méthodiquement l'ordre descendant entre les divers degrés de fertilité. Il y a beaucoup de hasard en cette matière ; les populations s'arrêtent suivant l'agrément du lieu et, une fois établies, elles ne changent pas facilement de situation. Plutôt que d'aller au loin chercher des terres plus fertiles, elles rayonnent dans un cercle resserré et rapproché de leur établissement. Quelles sont d'ailleurs les meilleures terres? — Celles qu'il a fallu conquérir sur les eaux. Hérodote appelle l'Égypte un présent du fleuve (δῶρον ποταμοῦ), et on pourrait dire aussi que la Hollande est un présent des eaux ; mais on sait que ces libéralités sont loin d'être gratuites et qu'il faut les acheter par les travaux les plus opiniâtres. Les conquêtes des meilleures terres sur la nature sont celles qui exigent les avances les plus considérables et, par conséquent, elles n'ont lieu que dans les périodes de civilisation très-avancée. M. Carey, poussant sa réfutation jusqu'aux dernières limites, soutient, à

(1) *Harmonies économiques.*
(2) *Sociale Briefe,* Berlin, 1851. — Cette discussion a été dernièrement complétement exposée par M. R. de Fontenay, *Revenu foncier,* 1854.

l'inverse de Ricardo, que les terres les plus maigres exigeant moins d'efforts, moins d'avances, ont été travaillées les premières, parce que leur culture était plus appropriée aux moyens d'action de la société naissante, et qu'on n'a cultivé les meilleures que lorsque le développement social a permis de les aborder avec des moyens plus puissants.

Au point de vue historique, les adversaires de Ricardo ont obtenu gain de cause; ceux qui soutiennent encore la théorie de la rente foncière ne la défendent plus sur ce point et se bornent à en démontrer la vérité dans une société organisée et en plein développement, quel que soit l'ordre qui ait été suivi dès le principe. Ce n'est pas à dire cependant qu'il faille admettre avec M. Carey (1) que par une loi constante le défrichement monte des plus maigres terres aux meilleures. Les choses ont pu se passer ainsi quelquefois ou même souvent, à l'origine des sociétés; mais il y a loin de quelques faits à une loi constante. Si la règle était inévitable, il en faudrait conclure que les terres encore en friche donneront la rente la plus élevée lorsqu'elles seront mises en culture. Nos landes, par exemple, fourniraient, si la loi de M. Carey était vraie, un produit plus abondant que les plaines de la Beauce ou de la Normandie. Une pareille conséquence

---

(1) C'est le point de vue qu'il a développé dans son ouvrage intutulé : *Le passé, le présent et l'avenir*.

prouve évidemment que s'il y a du vrai dans les observations de l'économiste américain, la loi qu'il a prétendu établir n'est que le résultat d'une réaction exagérée et systématique contre la doctrine de Ricardo (1).

MM. Bastiat et Carey, portant la discussion du champ de l'histoire dans celui de la théorie, ont fait observer que si on voulait ajouter les sommes qui ont peu à peu été dépensées pour mettre la terre en culture, on arriverait à un total dont l'intérêt serait bien supérieur à la rente foncière. Le revenu du propriétaire est donc l'intérêt des capitaux qu'il a dépensés plutôt qu'il n'est le résultat des avantages naturels du sol. Si par exemple, dit M. Carey, on voulait racheter les capitaux employés à mettre en culture les États-Unis, la valeur vénale des terres ne serait pas suffisante. Mais ces économistes n'aperçoivent qu'un côté de la question. Il est certain que si, dans notre vieille Europe, on voulait payer tous les services qui ont été rendus par les générations de quatre mille ans, il n'y a pas de valeur qui pût suffire à réaliser une pareille tentative. Comment une seule génération pourrait-elle payer les efforts de toutes celles qui l'ont précédée ? Mais on

---

(1) Cette loi porte le nom de Ricardo parce qu'elle n'a été remarquée qu'après l'exposé qu'il en a fait. Mais elle avait été découverte par le docteur Anderson, vingt ans avant qu'elle ne fût professée par Ricardo. A la même époque elle fut enseignée par Édouard West et Malthus (John Stuart Mill, t. I, p. 484.)

oublie que ceux qui ont dépensé des capitaux pour mettre le sol en culture ont été indemnisés par la rente de la terre dont l'accroissement a, la plupart du temps, servi à éteindre les avances. En général, le cultivateur ne donne à la terre que ce que la terre peut lui rendre, et il est rare qu'un propriétaire répande de l'argent sur le sol si l'augmentation qui en résultera ne doit pas le rembourser par l'accroissement de la rente au bout de quelques années.

Les mêmes capitaux confiés à des terres d'inégale fertilité donneront évidemment des résultats différents et nier le produit du monopole c'est nier l'évidence. Supposons que toutes les terres soient d'égale qualité; cette hypothèse, quelque radicale qu'elle soit, ne fera pas disparaître la rente et le monopole. Les propriétés qui seront le plus rapprochées des débouchés, des marchés, des grandes villes, seront évidemment plus recherchées que les autres; la rente qu'elles donneront sera l'effet de leur situation et de l'économie qui en résultera pour les frais de transport. La rente attachée à la possession de terres fertiles ne repose pas sur une autre idée. Qu'est-ce après tout qu'un champ de meilleure qualité? c'est une machine, un instrument de travail dont le cultivateur consent à louer l'usage plus cher parce qu'il y a économie à faire cette dépense à cause de l'abondance des produits.

M. de Fontenay s'attache à démontrer que la terre

n'est pas dans une condition autre que les avantages naturels en général, et que notamment pour jouir d'une chute d'eau, d'une situation propre à un moulin, etc., etc., etc., il faut une appropriation et des dépenses absolument comme pour occuper une terre et la mettre en culture. Cette observation est parfaitement exacte, mais elle prouve contre son but ; car si l'eau courante et l'air ambiant sont en quantité indéfinie, les chutes et les positions favorables sont limitées et les avantages qui en résultent sont évidemment le résultat du monopole. Quand on dit que la terre n'est pas illimitée comme l'eau ou l'air, cela signifie purement et simplement que l'eau courante ou l'air respirable suffisent aux besoins de tous ; mais il n'est jamais tombé dans un esprit raisonnable d'entendre par là que les chutes d'eau sont en nombre indéfini et qu'il suffit de vouloir pour en obtenir. La démonstration à laquelle s'est livré M. de Fontenay aboutit à prouver que le monopole s'étend sur tous les instruments de production et qu'il y a, sous ce rapport, parité de condition entre les meubles et les immeubles. Je ne vois pas ce que pareille conclusion peut avoir de rassurant pour ceux qui craignent le socialisme, et cependant M. de Fontenay n'a écrit son livre que pour indiquer la seule réfutation de socialisme qui, à ses yeux, soit valable. Il est évident, au contraire, que les socialistes ne pourront que se réjouir d'une conclusion qui leur permet de dévorer à la fois la propriété mobilière et immobilière, foncière et industrielle.

Nous l'avons déjà dit, la propriété individuelle se défend par sa nécessité, et c'est avoir beaucoup fait pour la soutenir, que de démontrer qu'elle est indispensable, au moins dans l'état actuel de nos sociétés. La force des choses est encore le meilleur argument qui puisse être invoqué dans une discussion de ce genre. On peut dire aussi que la propriété est fondée sur la justice à l'égard de ceux qui voudraient dépouiller les propriétaires actuels pour devenir eux-mêmes possesseurs; car, il n'y a pas de raison pour que celui qui conteste à un autre le droit de propriété individuelle devienne, à son tour, possesseur exclusif. Les arguments qu'il aurait fait valoir se tourneraient contre lui. C'est le cas de dire avec les jurisconsultes : *In pari causa melior est causa possidentis.* Pour moi, toute la démonstration de la propriété se réduit à ceci : « A l'égard de la
« société qui voudrait l'absorber, elle est *nécessaire*
« parce que l'exploitation collective ne donnerait pas
« ce que produisent les efforts des individus stimulés
« par l'intérêt personnel. A l'égard des *partageux*,
« elle est *juste;* car, entre deux personnes qui prétendent au même droit, l'avantage doit être à celui
« qui possède surtout lorsque ce possesseur a rendu

« des services en exploitant, en améliorant ou en con-
« servant. » Ce raisonnement me paraît plus efficace
que les théories au moins contestables de MM. Carey,
Bastiat et de Fontenay sur la rente. Si ces économistes ne sont pas socialistes, c'est par suite d'une
erreur sur la valeur de leur doctrine. Heureusement
ils appartiennent à la catégorie peu dangereuse des
des socialistes sans le savoir. La barrière qu'ils ont
établie entre leur doctrine et le socialisme est tellement fragile, qu'en vérité on ne voit pas ce qui les
retient parmi les défenseurs de la propriété (1).

Oui, le propriétaire touche une rente, et cette rente
ne correspond pas, pour la totalité, à l'intérêt du capital ; une partie vient des libéralités de la nature. Les
communistes seuls peuvent soutenir qu'il serait juste
d'attribuer ces avantages naturels au domaine public
et d'en faire profiter toute la société ainsi que les générations à venir ; mais tant que le communisme sera
considéré comme une doctrine irréalisable, tant qu'il
sera repoussé comme le plus affreux despotisme qui
puisse être proposé à l'individu, tant que la propriété
individuelle sera jugée *utile* ou même *nécessaire*, elle

(1) Nous ne pouvons pas donner à cette question tous les
développements qu'elle comporte. Mais nous ne saurions mieux
faire que de recommander la lecture d'un article publié par
M. Schütz, professeur à Tubingue, dans la *Zeitschrift für die ge-
sammte Staatswissenschaft* (t. XI, p. 171.) M. Wolowski a donné
une analyse de ce travail à la fin du deuxième volume de sa
traduction de Guill. Roscher, t. II, p. 443 et suiv.

devra être tenue pour *juste*; car nul n'y pourrait prétendre qu'en changeant les noms des propriétaires par la plus odieuse des spoliations. Les publicistes n'ont pas suffisamment remarqué qu'ici la justice découlait de la nécessité. S'il est vrai que la société ne peut pas marcher sans la propriété individuelle, le titre des propriétaires actuels est juste, puisque, sous le régime de la propriété individuelle, nul ne peut alléguer un titre égal.

Dans la vie des hommes et des sociétés, on arrive rarement jusqu'à l'absolu, et toujours le relatif et l'imparfait prennent une place considérable. Si l'on voulait repousser tout ce qui est mélangé de contingence, il faudrait aller jusqu'à détruire l'homme lui-même. Eh bien, la propriété, comme toutes les institutions humaines, n'est pas la justice absolue; mais elle est fondée sur la justice relative à l'égard de ceux qui la convoitent pour la posséder de la même manière que les titulaires actuels. Dans l'échelle de la justice relative elle occupe le plus haut degré. Je ne saurais trop le répéter, tant qu'elle sera *nécessaire*, elle sera *juste*, puisque tant qu'elle sera nécessaire, la communauté sera impossible et que la propriété individuelle ne pourrait être attaquée que par des usurpateurs. On me demandera peut-être si je pense qu'elle sera toujours nécessaire, et plus d'un publiciste trouve du danger à ne reconnaître la justice du droit de propriété que sous une forme conditionnelle. Tout ce qu'un économiste ou un philosophe peuvent répondre, c'est qu'ils ne connaissent rien de mieux que la propriété individuelle, dans l'ordre des choses praticables, et que tous les systèmes qu'on a tenté d'y substituer sont d'une réalisation impossible. Quant à l'avenir, il y aurait témérité à fixer des limites; car, l'esprit humain a prouvé plus d'une fois que sa puissance allait au delà des prévisions qui en avaient circonscrit d'avance le développement.

Nous avons vu plus haut que c'est aussi par la nécessité que Turgot défendait la propriété; d'un autre côté, il admettait la rente foncière. Mais en ce dernier point, il avait poussé sa doctrine jusqu'à ne reconnaître que le *revenu agricole* et à faire de l'industrie et du commerce de simples salariés de l'agriculture. Nous avons déjà réfuté cette exagération.

X

DE LA GRANDE ET DE LA PETITE CULTURE.

On discute depuis longtemps la question de savoir ce qui est préférable de la grande ou de la petite propriété. On peut entendre encore des écrivains prophétisant les malheurs contenus dans le morcellement de la propriété. C'est surtout le thème favori des chantres du moyen âge, et nous avons pu lire un ouvrage dans lequel MM. Monnier et Rubichon exaltent les avantages de l'ancien régime et prouvent que par suite du morcellement, l'ouvrier mange moins de viande qu'avant 1789. Au point de vue rétrospectif, rien n'est plus faux que cette thèse, et de pareilles assertions ne peuvent être soutenues que par l'esprit de parti. S'il faut croire la *Dîme royale* de Vauban, la situation du paysan était déplorable, et ce n'est pas à cette source que MM. Monnier et Rubichon ont trouvé des documents établissant que la consommation par tête de la viande était plus considérable avant que depuis la révolution. Qu'était d'ailleurs au dix-huitième siècle, la science statistique et comment comparer les nombreux documents de la statistique moderne avec les inductions conjecturales qu'on est obligé de faire pour apprécier l'ancien ordre de choses? On peut discuter sur la valeur absolue de la grande et de la petite culture. Mais ce qui est à l'abri de toute contestation, c'est que, par rapport à l'ancien régime, le morcellement de la propriété a rendu les plus grands services. Entre les anciens domaines des seigneurs ou des couvents et les petites parcelles fécondées par l'intérêt privé, il n'y a vraiment aucune comparaison à établir. Chaque jour encore, on voit de grandes propriétés mal travaillées faute d'avances se diviser en mille morceaux; deux ou trois ans après on ne pourrait pas avec un capital triple réunir en une propriété toutes les fractions qui avaient été livrées à l'initiative individuelle. Ce que le morcellement fait encore sous nos yeux il l'a fait dans les années qui ont suivi la révolution pour les grands domaines qui gisaient abandonnés des maîtres; car, beaucoup de seigneurs et d'évêques vivaient à la cour, loin de leurs domaines confiés à des intendants dont le nom est demeuré, dans l'esprit public, synonyme d'administrateurs infidèles.

Ces adorateurs du passé nous prédisent le plus triste avenir; à les entendre, le morcellement fera chaque jour des progrès, et nous arriverons à un moment où la terre sera tellement impalpable que la culture deviendra impossible et que la population mourra de faim sur cette poussière inféconde. Les faits ont jusqu'à présent démenti ces prédictions. Si la propriété se décompose par l'effet des partages, elle se reconstitue par les mariages, les successions et les acquisitions. Dans les pays de commerce et d'industrie, les grands domaines se conservent parce que les commerçants enrichis consacrent des sommes considérables à l'acquisition des propriétés qui passent, sans morcellement, de l'ancien maître au nouveau. Aussi ne peut-on pas constater un progrès sensible dans la division du sol (1), et les chiffres officiels

(1) On a constaté l'augmentation de 600,000 cotes dans l'espace de 14 ans. Mais ces 600,000 cotes ne représentent que

sont aussi rassurants que possible. Admettons qu'il en soit autrement. Nous pouvons être assurés que le jour où le morcellement sera nuisible, l'intérêt personnel saura y porter remède et que l'association volontaire reconstituera la grande exploitation.

Cette question n'est pas récente, et déjà au dix-huitième siècle Arthur Young se plaignait de la division de la propriété dans notre pays. Turgot, pendant son séjour dans le Limousin, se prononça pour la *grande* contre la *petite culture*. Mais il donnait à ces désignations une signification particulière. La grande culture était pour lui synonyme de fermage, et la petite culture n'était autre chose que le métayage. Cette synonymie pouvait être exacte dans le Limousin ; mais elle est loin de la vérité absolue, et, à ne considérer que la manière dont les choses se passent ordinairement, on peut voir là une confusion. Si l'on doit entendre par grande culture celle qui s'étend sur environ quarante hectares (1), il est facile de démontrer que Turgot n'a pas, en cette matière, son exactitude ordinaire de langage. Il n'est pas rare, en effet, de trouver dans le midi des métairies de cinquante hectares, et dans la Flandre française on rencontre

300,000 propriétaires puisqu'on admet deux cotes par propriétaire. Cette augmentation s'explique par des circonstances exceptionnelles, notamment par la vente de biens domaniaux et communaux pendant cette période de 14 ans.

(1) M. Passy.

des fermes de quinze à vingt. En Angleterre, le pays du fermage par excellence, il y a beaucoup de fermes moyennes ou petites.

Turgot confondait donc deux questions distinctes : l'étendue de l'exploitation et le mode de culture. Cette observation faite, voyons de quelles raisons il s'armait contre le métayage, qui dans le Limousin coïncidait presque toujours avec la petite exploitation.

Après avoir exposé quelle est la situation de la Normandie, de la Picardie et de la Flandre, pays de fermage, il oppose, en ces termes, à leur prospérité, la misère des provinces cultivées par métayers : « Les pays de petite culture, c'est-à-dire au moins les quatre septièmes de l'étendue du royaume, sont ceux où il n'existe pas d'entrepreneurs de culture, où un propriétaire qui veut faire valoir sa terre ne trouve pour la cultiver que de malheureux paysans qui n'ont que leurs bras ; où il est obligé de faire toutes les avances de la culture, bestiaux, instruments, semences, d'avancer même à son métayer de quoi se nourrir jusqu'à la première récolte ; où, par conséquent, un propriétaire qui n'aurait pas d'autre bien que sa terre serait obligé de la laisser en friche ……… le propriétaire est forcé de confier toutes ses avances à un homme qui peut être négligent ou fripon et qui n'a rien pour répondre.

« Ce métayer, accoutumé à la vie la plus misérable et qui n'a ni l'espérance, ni même le désir de se procurer un état meilleur, cultive mal, néglige d'employer les terres à des productions commerçables et d'une grande valeur ; il s'occupe, par préférence, à faire venir celles dont la culture est moins pénible et qui lui procurent une nourriture plus abondante comme le sarrasin et surtout la châtaigne, qui ne donne d'autre peine que de la ramasser. Il est même assez peu inquiet sur sa subsistance; il sait que si la récolte manque, son maître sera obligé de le nourrir pour ne pas voir abandonner son domaine (1). »

La vérité de ces observations est incontestable; malheureusement le colonage tient à des circonstances dont il est impossible d'éviter l'action. Pour que le fermage s'établisse dans un pays, il faut qu'il y ait des entrepreneurs pouvant disposer de capitaux suffisants, et il ne dépend de personne de créer cette condition là où elle n'existe pas naturellement. Mais, au point de vue de la répartition de l'impôt, cette distinction peut avoir de l'utilité, et Turgot n'en faisait usage que pour éloigner des pays de petite culture, les aggravations de taille. C'est avec raison qu'il demandait au conseil d'État de ne pas faire peser sur le Limousin les augmentations, au *prorata* du princi-

(1) *Avis sur l'imposition des tailles* pour l'année 1766. Œuvres, t. I, p. 541.

pal ; car, la richesse était demeurée stationnaire dans les provinces de métayage, elle y avait même diminué, tandis qu'elle s'était accrue dans les autres. On voit par ce qui précède que Turgot, en traitant de la grande et de la petite culture, s'occupait moins de l'étendue des propriétés que du perfectionnement de la culture. Pour lui grande culture voulait dire culture avancée et perfectionnée, par opposition à petite culture, qui était la culture rudimentaire du colonage.

L'importance du point de savoir s'il est préférable qu'une ferme soit grande, moyenne ou petite est tout autre ; car, il dépend du fermier d'étendre ou de restreindre son exploitation, et comme les conditions de ces cultures peuvent être réalisées, à la volonté des parties, on voit tout de suite combien il est utile de déterminer quel est le meilleur parti à prendre.

Cette question, si elle est encore non résolue, a été posée, depuis longtemps, et elle était agitée du temps de Turgot. Le marquis de Mirabeau, dans l'*Ami des hommes*, s'éleva au dix-huitième siècle contre ces grands domaines « livrés à des fermiers passagers ou à des agents paresseux, chargés de contribuer au luxe de leurs maîtres plongés dans la présomptueuse ignorance des villes. » C'était à peu près à la même époque qu'Arthur Young déplorait la division de notre sol et proclamait la supériorité des grandes fermes le son pays, sur les petites exploitations qu'il avait vues dans le nôtre.

La Révolution française donna raison à l'*Ami des hommes*, pour des motifs plutôt politiques qu'économiques. Toutes les lois de cette époque, non-seulement les lois de finances, mais encore les lois civiles, furent inspirées par la pensée de morceler la terre ; les législateurs voulaient réaliser *la liberté et l'égalité,* par la propriété. Sans doute ils ne pensèrent pas un seul instant, même sous la Convention, à établir l'égalité chimérique des conditions, mais ils savaient que la propriété est un point d'appui pour la liberté et que la volonté humaine s'y réfugie comme dans une forteresse inexpugnable ; ils savaient qu'en augmentant le nombre des propriétaires, ils multiplieraient celui des citoyens et préviendraient le retour de la vieille société féodale. Aux yeux des législateurs du 17 nivôse an II, la division de la propriété était le triomphe définitif de la révolution ; car du moment que la démocratie serait mêlée au sol, c'en était fait des priviléges et de l'oppression aristocratiques ; aussi ne craignirent-ils pas d'exagérer et ils aimèrent mieux assurer le succès du grand mouvement de 1789 que de reculer devant les inconvénients qu'on pouvait reprocher à la loi. Abolition des substitutions, restriction de la quotité disponible, division en ligne collatérale, tout leur parut bon.

Napoléon ne revint pas sur le système de la révolution ; il fit disparaître les exagérations de la loi, permit les substitutions dans certains cas, étendit un peu plus le droit de disposer, supprima la fente en ligne collatérale et sur ce point, comme sur tant d'autres, fixa la révolution en la modérant. Quand il consacra, dans le Code civil, les principes de la révolution, il agit sciemment ; car une lettre adressée au roi de Naples portait ces mots remarquables : « Établissez le Code civil à Naples, tout ce qui ne vous sera pas attaché va se détruire en peu d'années. » Le Code Napoléon était donc, aux yeux de celui qui lui avait donné son nom, une arme terrible contre l'aristocratie, propre à la détruire là où elle était puissante et à prévenir son retour dans les pays où elle était détruite.

Obéissant à des idées contraires, la Restauration tenta une impuissante réaction contre les principes de la révolution ; mais il faut que la loi de 1826 fût jugée bien inoffensive puisque la révolution de 1830 l'épargna. Il n'en reste plus vestige depuis la loi abolitive des substitutions, et le Code Napoléon est sans doute le régime définitif sous lequel la propriété doit se développer dans notre pays.

Mais le morcellement de la propriété n'a pas modifié les cultures, et le fermage qui existait dans le Nord avant la révolution y est encore en usage ; les fermes n'y ont même pas une étendue moindre après soixante ans, ce qui prouve que la question de la grande ou de la petite propriété diffère de la grande ou petite exploitation. Qui ne sait, d'un autre côté, que dans le midi de la France les plus vastes domaines sont quelquefois divisés par petites métairies et que le grand propriétaire ne diffère des autres que parce qu'il en possède un nombre supérieur? Il est d'ailleurs tellement vrai que l'égalité des partages a eu peu d'influence sur notre agriculture que précisément dans le Nord, pays d'égalité, où la quotité disponible est une faculté morte, la grande exploitation est très-usitée, tandis que la petite culture est le fait général dans les pays méridionaux, où l'usage a conservé du droit d'aînesse tout ce que la loi autorise.

Quant à la valeur relative des cultures grande, petite ou moyenne, M. Hipp. Passy a fait observer, avec raison, qu'il était impossible de faire une réponse absolue. Il y a une foule de circonstances dont il est nécessaire de tenir compte. En premier lieu, la nature des produits peut faire varier le mode d'exploitation. S'agit-il de productions qui veulent des soins minutieux et, par suite, une main-d'œuvre considérable, comme les fruits, les plantes maraîchères et les volailles? il est clair que la petite culture est non-seulement le meilleur mode, mais le seul qui soit praticable. Si la grande exploitation est très-développée en Angleterre, cela s'explique par la nature des denrées que l'on y cultive; des céréales, des bœufs et des moutons, productions résistantes dont les premières sont abandonnées à elles-mêmes pendant la longue période qui sépare l'emblavure de la récolte, dont les autres n'exigent que des frais de garde peu onéreux. Il est naturel que, dans de telles conditions, la grande culture soit préférable, parce que, les frais généraux une fois avancés, il est plus avantageux de les appliquer à une grande qu'à une petite étendue.

La nature du sol déterminant, en général, celle des produits, la culture ne sera pas la même dans les terres argileuses de la Beauce ou de Lauraguais que dans les terres sablonneuses. Les premières, naturellement destinées à la production des céréales, seront divisées par grandes fermes ; les secondes, ayant besoin, à chaque instant, de l'intervention humaine qui en corrige la légèreté par des additions de substances, prospéreront plus rapidement sous le régime de la petite culture.

Le marché qui sert de débouché exerce une influence analogue. C'est à cause du voisinage de Paris que les départements de la Seine et de Seine-et-Oise sont morcelés en petits jardins. Que serait devenue la terre crayeuse sur laquelle Paris est bâti, sans le débouché de la Halle et le prix élevé que les produits maraîchers y atteignent? livrée par la grande exploitation à la production des céréales, elle n'aurait donné qu'un fermage bien chétif et, en tout cas, bien inférieur au revenu qu'elle doit à l'influence du marché de la capitale.

M. H. Passy a eu donc raison de dire : « Sur les modes d'exploitation territoriale ont influé des occurrences diverses. — État des civilisations, condition des populations, distribution des richesses, systèmes de législation, nature des climats, qualité des terres, espèces des produits et des consommations ; toutes les causes de diversité ont opéré tantôt à la fois, tantôt successivement ou dans des mesures différentes, et il importe de constater comment se manifeste, se modifie et se combine leur influence respective (1). »

Que si on compare la force des exploitations grande, moyenne et petite, il ne paraît pas que la dernière ait le désavantage. Il y aurait sans doute inexactitude, à comparer ce que produit la petite culture de la basse Catalogne et du royaume de Valence, avec le fermage d'une égale contenance en Angleterre ; les climats de ces deux pays sont tellement différents que l'énorme écart qui sépare les chiffres pourrait s'expliquer par une autre cause

(1) *Des systèmes de culture en France*, 2e édition, p. 29.

que le mode de culture (1). Mais le nord de la France, la Belgique et l'Angleterre peuvent être comparés sans chances d'erreur bien sensibles; car le climat est le même à peu près, et s'il existe entre les produits des différences importantes, elles ne peuvent venir que de l'homme. Eh bien! il résulte de ce parallèle que le produit de l'hectare est de 83 fr. 80 dans la grande culture, de 81 fr. dans la moyenne et de 97 fr. 80 dans la petite. Cela s'explique rationnellement; si les grandes améliorations, l'emploi des machines, le drainage sont difficiles ou même impossibles, dans la petite culture,

(1) J'ai emprunté à l'excellent travail de M. Hipp. Passy tous les développements qui précèdent et les chiffres qui vont suivre. Voici le tableau qu'il a donné à la production comparée des divers pays :

GRANDE CULTURE. — TAUX MOYEN PAR HECTARE.

Angleterre. — Comté de Lincoln et de Northumberland.	111
— Comtés de Wilk, de Durham et d'York.	92
France. — Brie, Beauce, Vexin, Picardie, Flandre.	75

MOYENNE CULTURE.

Italie. — Milanais (fermes de 15 à 20 hectares).	240
France. — Départements du nord (fermes de 15 à 20 hectares).	90

PETITE CULTURE.

Espagne. — Basse Catalogne et royaume de Valence.	260
Italie. — Pays de Lucques, de Sienne, de Bergame et Toscane.	230
Belgique. — Pays de Waes et Témondi.	100 à 160
France. — Plusieurs cantons de Seine-et-Oise.	100 à 180
— Départements du nord.	100 à 120
— Départements de l'Alsace, de l'Artois, de la Picardie, de la Normandie.	80 à 100

(*Des systèmes de culture,* p. 100.)

cet inconvénient est compensé par l'ardeur extrême avec laquelle le petit cultivateur travaille. L'homme borné à un théâtre petit cherche à l'agrandir par ses efforts; il fait comme ces peuples qui étouffent dans leur territoire et deviennent grands par l'activité.

Telle est, dans ses principaux linéaments, la question à côté de laquelle Turgot a passé, lorsqu'il a parlé de la grande et de la petite culture. Si nous nous sommes laissé aller à des développements peut-être trop longs, c'est que nous avons cru qu'il fallait préciser la portée de son opinion. Aux yeux de ceux qui s'en tiennent à la superficie des choses, il passe pour un partisan de la grande exploitation. On voit par ce qui précède, que cette appréciation n'a d'autre fondement qu'une confusion de mots et que, sous les mêmes expressions, c'est une autre question qui a été traitée par lui. Nous n'avons pas craint d'être long lorsqu'il s'agissait de rétablir la vérité.

XI

THÉORIE DE LA VALEUR.

Qu'est-ce que la valeur d'une chose? quelle en est la mesure et existe-t-il un étalon fixe et invariable auquel il soit possible de la rapporter? Plusieurs écrivains ont pris pour commune mesure le blé ou le travail de l'homme. Mais leur erreur a été démontrée, et on a reconnu que les produits s'échangeant contre des produits soit directement, soit par l'intermédiaire de la monnaie, la valeur de chacun des objets était relative à celle de l'autre. Quand l'une domine, il faut de toute nécessité que l'autre s'élève, et la denrée qui gagne d'un côté, peut, à son tour, perdre par rapport à une troisième. Il résulte de là que la baisse de toutes les valeurs à la fois est impossible; lorsque, dans le langage vulgaire, on s'exprime ainsi, cela veut dire que toutes les denrées ont une valeur moindre par rapport à l'argent, qui est aussi une valeur. C'est parce que la monnaie est d'un usage général et achète tous les produits que cette locution, quoique inexacte en réalité, est souvent employée; elle serait juste, si on la restreignait ainsi : « Tous les produits ont baissé, *par rapport à l'argent.* » L'argent lui-même a une force qui varie suivant les temps et les lieux, et dernièrement un économiste a prouvé que l'on pouvait compter quatorze périodes principales dans l'histoire de ses variations (1). Comment en serait-il autrement? puisqu'il est une valeur, sa force doit dépendre des quantités offerte et demandée. Quant au blé, la mobilité de ses prix est un inconvénient dont on s'est plaint plus d'une fois à tel point, comme nous l'avons déjà dit, que des publicistes avaient proposé d'établir un

---

(1) M. Levasseur, *Question de l'or.*

prix fixe, par ordonnance. Le travail humain, de son côté, n'est pas moins soumis aux variations de salaires; tantôt, on a besoin de bras, tantôt l'ouvrage chôme et la main-d'œuvre est au rabais. La *valeur type* est donc un problème chimérique, aussi insoluble que la quadrature du cercle.

Les économistes distinguent deux espèces de valeur : 1° la *valeur en usage*, c'est-à-dire la propriété d'une chose à satisfaire le désir ou le besoin du consommateur. L'air et l'eau, par exemple, ont une grande **valeur en usage** parce qu'ils sont indispensables à tout le monde. Quant aux choses qui ne sont pas nécessaires à la vie, leur valeur en usage varie suivant les goûts personnels de chacun. 2° La *valeur en échange*, qui dépend de la quantité de produits qu'on peut se procurer, avec un autre produit. Cette valeur existe pour tout possesseur, quel que soit son goût; car, s'il n'aime pas la denrée, il peut, en l'échangeant, se procurer d'autres objets qui lui plaisent. Ces deux espèces de valeur sont donc sinon indépendantes, du moins fort différentes ; une chose peut avoir une valeur en usage, sans avoir de valeur en échange. Réciproquement, s'il faut que, pour être échangeable, un produit ait, par rapport à certains consommateurs, une valeur en usage, elle peut n'en avoir aucune relativement à celui qui en est propriétaire.

Tous les économistes reconnaissent que la valeur

en échange dépend de l'*offre* et de la *demande*, et avant que les écrivains n'eussent exprimé cette règle, les commerçants la connaissaient bien ; l'instinct est antérieur à la réflexion ; en d'autres termes, la nature précède la science. Il y a cependant des circonstances qui modifient cette loi, et, plus d'une fois, le prix de certaines marchandises s'est élevé dans une roportion dont la diminution de l'offre ne rendait pas compte. Ainsi pendant les années 1854, 1855 et 1856, pour une diminution de blé qui peut être évaluée au quinzième de la consommation, le prix moyen du blé a augmenté de sept douzièmes (1).

(1) Voici l'exposé de ce fait par M. Casabianca, rapporteur au sénat de la proposition pour un projet de code rural : « On évalue approximativement à 80 millions d'hectolitres notre consommation annuelle, en blé-froment. Nous avons acheté à l'étranger, les quantités exportées déduites :

En 1853...............	3,720,000 hectolitres.
En 1854...............	5,173,000 —
En 1855...............	3,756,000 —
En 1856...............	9,130,000 —
Moyenne par an.......	5,445,000 —

Avant 1853, le prix moyen du blé calculé sur les vingt années précédentes n'a pas excédé, par hectolitre, 18 fr. 88. Il s'est élevé, dans les trois dernières années qui viennent de s'écouler à 29 fr. 63. « Il a donc suffi d'un déficit sur la récolte d'environ un quinzième par an pour augmenter le prix de sept douzièmes, et par conséquent de plus de 800 millions la dépense annuelle du blé-froment de l'alimentation publique.» A la même cause se rattache un fait plus ancien. En 1817, la France a produit 48 millions d'hectolitres de blé qui furent estimés 2 milliards 46 millions ; en 1820, la récolte s'éleva au chiffre presque égal de 44 millions qui ne furent cependant estimés que

Ce fait s'explique très-naturellement par l'ardeur avec laquelle la demande est faite, à la première nouvelle du déficit ; on craint tellement d'être au nombre de ceux qui ne seront pas pourvus des choses indispensables à la vie, que chacun se hâte de faire des sacrifices, pour assurer sa provision.

Les notions qui viennent d'être exposées se trouvent dans l'article *Valeur et monnaies;* sur ce point, Turgot atteignit aux limites qui n'ont pas été dépassées, et l'inventeur de la science économique eut l'honneur de la fixer. « Le mot valeur, disait-il, exprime cette bonté relative à nos besoins par laquelle les dons et les biens de la nature sont regardés comme propres à nos jouissances, à la satisfaction de nos désirs. On dit qu'un ragoût ne *vaut rien* (origine du mot *valeur*) quand il est mauvais au goût ; qu'une étoffe vaut mieux qu'une autre étoffe..... Les adjectifs *mauvais, médiocre, bon, excellent,* caractérisent les divers degrés de cette espèce de *valeur...* Ce sens du mot valeur aurait lieu *pour un homme isolé,* sans communication avec les autres hommes. »

On ne peut pas mieux caractériser la *valeur en usage.* Turgot analyse ensuite comment l'échange des produits se prépare et s'accomplit. Quiconque

895 millions. La différence tenait à ce que en 1817 on sortait d'une année de disette et que les esprits étaient très-inquiets sur la question d'approvisionnement.

possède une denrée, en quantité plus grande qu'il n'en faut pour sa consommation, est disposé à changer son excédant contre une certaine quantité d'autres produits qui lui manquent; mais naturellement il est porté à exagérer l'estimation de sa denrée et à déprécier celle qu'il désire. Comme chacun des coéchangistes est animé de la même pensée, ils ne s'entendraient jamais, si chacun s'en tenait à sa propre évaluation; il faut donc qu'ils s'accordent et que des deux côtés on se relâche un peu. Turgot appelait *valeur estimative*, celle que les parties donnaient à leur denrée, en quelque sorte unilatéralement, et *valeur commerçable*, celle qui était fixée par le consentement des deux contractants. « La *valeur échangeable*, dit-il, n'est pas précisément la *valeur estimative* ou, en d'autres termes, l'intérêt que chacun attachait séparément aux deux objets..... La valeur à laquelle nous avons donné le nom de *valeur estimative*, s'établit par la comparaison que chacun fait de son côté entre les deux intérêts qui se combattent chez lui; elle n'a d'existence que dans l'intérêt de chacun d'eux pris séparément. La *valeur échangeable*, au contraire, est adoptée par les deux contractants qui en reconnaissent l'égalité et qui en font la condition de l'échange (1). »

Cette analyse est très-juste et très-fine; mais ce

---

(1) *Valeurs et monnaies*, Œuvres, t. I, p. 87.

talent d'analyse a conduit Turgot à donner une importance trop grande à la *valeur estimative*. Il est vrai que chacun estime ce qui lui appartient plus haut que pas un autre; mais qu'importe cette croyance isolée? n'est-ce pas simplement un préliminaire de la convention qui fixe la *valeur*, non une véritable *valeur*? Lorsque le vendeur dit à l'acheteur : « Pour moi, *elle vaut tant*, que *vaut-elle pour vous?* » c'est comme s'il disait : « J'en demande tant, que m'offrez-vous? » — Il faudrait donc dire que chaque fois que les parties modifient l'offre ou la demande, il se forme une valeur estimative nouvelle? La science n'a pas adopté cette dénomination, et des trois espèces de valeur que distinguait Turgot, la première et la troisième sont les seules qui soient passées dans les traités d'économie politique. Notre observation ne tend pas à établir que Turgot a commis une erreur; nous voulons dire seulement que son analyse, poussée trop loin, l'a conduit à une division vicieuse, parce qu'elle est trop fractionnée (1).

Ces distinctions posées, Turgot se demande en quoi consiste la *valeur échangeable* ? La réponse serait

(1) Turgot condamne lui-même sa distinction : « Cette valeur, dit-il en parlant de la valeur *échangeable* qu'il appelle aussi *appréciative*, est essentiellement de la même nature que la *valeur estimative*; elle n'en diffère que parce qu'elle est une *valeur estimative moyenne*. » Si elle est de la même nature, pourquoi faire une division fondée sur les tâtonnements qui précèdent l'échange ?

facile s'il s'agissait de la valeur en usage; elle a pour mesure nos besoins, et c'est en ce sens que Galiani a pu dire avec autant de justesse que de bonheur dans le tour : « *La commune mesure de la valeur des choses est l'homme.* » En est-il de même de la valeur commerçable? Turgot lui donne la même mesure ; chacun examine ce qu'il lui faudrait consacrer de temps et de facultés, pour se procurer le produit qu'il désire avoir et ce qu'il pourrait créer, avec les mêmes moyens, du produit qu'il fabrique ordinairement. C'est dans ce rapport des produits avec les facultés des coéchangistes, que se trouve la source de la valeur commerçable. « Nous avons prouvé, dit-il, que la *valeur estimative* d'un objet pour l'homme isolé, n'est autre chose que le rapport entre la portion de ses facultés qu'un homme peut consacrer à la recherche de cet objet et la totalité de ses facultés ; donc la valeur appréciative ou échangeable entre deux hommes est le rapport entre la somme des portions de leurs facultés qu'ils seraient disposés à consacrer à la recherche de chacun des objets échangés et la somme des facultés de ces deux hommes. » Ce langage est fort abstrait, mais juste. L'observation dont Turgot fait suivre ce passage de compréhension difficile, est plus frappante ; elle montre, en quelques lignes, tous les avantages de la division du travail.

« Il est bon d'observer ici, dit-il, que l'introduction de l'échange, entre nos deux hommes, augmente la richesse de l'un et de l'autre, c'est-à-dire leur donne une plus grande somme de jouissances avec les mêmes facultés. Je suppose, dans l'exemple de nos deux sauvages, que la plage qui produit le maïs et celle qui produit le bois, soient très-éloignées l'une de l'autre : un sauvage serait obligé de faire deux voyages pour avoir sa provision de maïs et celle de bois. Il perdrait, par conséquent, beaucoup de temps et de peine à naviguer. Si, au contraire, ils sont deux, ils emploieront l'un à couper du bois, l'autre à se procurer du maïs, le temps et le travail qu'ils auraient mis à faire le second voyage (1). »

La *valeur* et le *prix* sont deux notions différentes; car, la valeur d'une denrée par rapport à une autre est représentée par la quantité de la seconde qu'obtient la première; c'est un terme générique qui désigne la force d'échange entre des produits d'une nature quelconque. Le prix, c'est, si l'on veut, la valeur, mais avec cette circonstance particulière qu'elle est exprimée en monnaie. Aussi n'y a-t-il de *prix* que dans la *vente*, tandis qu'il y a des *valeurs* dans toutes les conventions. Turgot se demande pourquoi l'on prend constamment ces deux mots l'un pour l'autre ? Il est facile de voir que cela vient de ce que, les valeurs étant relatives les unes aux autres, il

---

(1) *Id.*, *ibid.*, p. 83.

est impossible de se faire une idée de la valeur d'une chose relativement à des produits de toute espèce. Qui pourrait, d'un seul regard de l'esprit, embrasser un aussi grand nombre de rapports? Il est donc plus simple de s'arrêter à la relation de chaque objet avec l'intermédiaire employé ordinairement dans l'échange des produits. Sans doute, cette mesure est variable elle-même ; mais la généralité de son usage fait que l'esprit n'a pas de peine à saisir un rapport unique, tandis qu'il lui serait impossible d'en apercevoir un grand nombre. « Il est impossible, disait Turgot, d'exprimer la *valeur* en elle-même ; et tout ce que peut énoncer, à cet égard, le langage humain, c'est que la valeur d'une chose égale la valeur d'une autre. » Rien n'est plus clair ; mais ce qui suit est tout ce que l'on peut imaginer de plus confus. « Supposons qu'un des deux contractants de l'échange veuille énoncer la valeur de la chose qu'il obtient, il prendra pour unité de son échelle des valeurs une partie constante de ce qu'il donne, et il exprimera en nombres et fractions de cette unité la quantité qu'il en donne pour une quantité fixe de la chose qu'il reçoit, d'où l'on voit que le prix est toujours l'énonciation de la valeur et qu'ainsi pour l'acquéreur, *énoncer la valeur, c'est dire le prix de la chose acquise* (1). »

(1) *Id., ibid.,* p. 90.

Quand on a lu ce passage, on doit se demander s'il existe réellement une différence entre la valeur et le prix; j'ai longtemps cherché sans en trouver aucune. A mon sens, Turgot a dénaturé dans sa solution, le problème qu'il avait posé. Le *prix*, c'est la *valeur en numéraire* et il est spécial à la vente; l'acheteur seul en doit un et on ne dit pas que le vendeur doive un prix à l'acheteur. Turgot l'avait reconnu lui-même lorsque dans ses *Réflexions sur la formation des richesses* il disait : « *L'usage des paiements en argent* a donné lieu à la distinction entre le vendeur et l'acheteur (1). » Il s'agit donc de savoir pourquoi le mot *valeur* qui est général est employé pour le mot *prix* qui est spécial, et réciproquement. Nous avons dit que cela tenait à l'usage général du numéraire et à la facilité que l'esprit trouve à comparer tous les produits avec cette commune mesure. Il n'y a pas autre chose, et ce qui prouve que Turgot était dans le faux, c'est l'obscurité de son exposition ordinairement si nette. Sans doute, il aurait fait disparaître cette imperfection, s'il avait eu le temps de revoir son article. Malheureusement, son travail est resté inachevé; mais tout incomplet qu'il puisse être, il contient des vérités qui sont restées le dernier mot de la science économique. On voit par les dernières pages qu'il allait donner sur le rôle de

---

(1) Œuvres, t. I, p. 31, — rubrique du § 49.

la monnaie des explications aussi lucides que celles que nous venons d'examiner sur la valeur; mais, dans sa lettre à l'abbé de Cicé et dans ses *Réflexions sur la formation des richesses*, il y a des éléments suffisants pour rétablir sa pensée et réparer l'interruption de l'article *Valeurs et monnaies*.

XII

DE LA MONNAIE.

On a souvent fait le reproche aux économistes d'annoncer des vérités évidentes et de passer un temps précieux à la recherche de lois que chacun connaît et observe sans avoir jamais lu d'ouvrage sur l'économie politique. Cette observation, alors même qu'elle serait fondée dans le présent, serait bien loin de l'être dans le passé; car, les erreurs que la science a dissipées étaient fort nombreuses, et la meilleure preuve de ses progrès se trouve précisément dans la certitude de ses résultats. L'erreur est, du reste, si ingénieuse dans ses déguisements, qu'on ne saurait trop enseigner les principes pour la déjouer, et l'esprit humain est si facile à tromper, à éloigner de la vérité au moyen de détours, qu'on ne saurait trop prendre de précautions pour l'affermir.

L'histoire du papier-monnaie en offre de frappants et instructifs exemples. Il semble, au premier abord, qu'il soit inutile de démontrer que, dans tout échange, les deux objets sont d'une valeur égale et se mesurent réciproquement. « Voilà, disait Turgot, une vérité bien simple, mais bien fondamentale dans la théorie des valeurs, des monnaies et du commerce. Toute palpable qu'elle est, elle est encore souvent méconnue par de très-bons esprits, et l'ignorance de ses conséquences les plus immédiates a souvent jeté l'administration dans les erreurs les plus funestes. Il suffit de citer le fameux système de Law (1). » Les bons esprits auxquels il est fait allusion, dans ce passage, étaient Melon et Terrasson qui avaient soutenu que la monnaie, simple intermédiaire entre des produits, n'était en réalité qu'un signe. Il importait donc peu, selon ces publicistes, qu'elle fût en métal ou en papier ; car ce n'est pas, disaient-ils, avec des métaux que l'on satisfait ces besoins, mais avec des produits (2). La monnaie n'est qu'un signe, puisque s'il n'y avait pas de produits à échanger, elle n'aurait plus aucune valeur comme numéraire. L'abbé Terrasson allait jusqu'à dire que, dans l'émission de ses billets, « *le roi pouvait passer de beaucoup la proportion du décuple à laquelle les négociants, les particuliers*

---

(1) Article *Valeurs et monnaies*, in fine.
(2) C'est cette vieillerie que M. Proudhon a pu remettre en vogue, pendant quelque temps, grâce à l'ignorance générale des matières économiques.

sont fixés. On ne voit même pas pourquoi cet économiste fixait une limite quelconque, puisque, d'après lui, tout le monde était obligé d'accepter la promesse du roi et que celui-ci avait le droit, par conséquent, de payer avec sa promesse même; en d'autres termes, les *bons royaux* ayant cours forcé, leur émission pouvait être illimitée et le gouvernement battre monnaie, sans qu'il en résultât aucun inconvénient pour les finances du roi.

On ne comprend pas qu'après avoir posé la question en ces termes, l'abbé Terrasson, arrivé si près de l'objection capitale qui s'élève contre le papier-monnaie, n'ait pas renoncé à son système. Ce qui fait précisément que le papier est dangereux, c'est que le gouvernement peut en augmenter la quantité avec la plus grande facilité. La restriction qu'on y apporte ordinairement, en fixant un gage mobilier ou immobilier qu'elle ne doit pas dépasser, a toujours été vaine. Comment espérer, au moindre embarras, que le gouvernement résiste à la tentation d'employer un moyen aussi simple de sortir d'affaires? Comment avec un frein aussi léger, pourra-t-on rassurer le public contre la menace, toujours prête à se réaliser, d'une dépréciation de valeur? La monnaie n'est pas, à la vérité, à l'abri de ces variations; mais au moins sa mobilité a pour limite naturelle la production des mines, et il faut des événements considérables comme la découverte du nouveau monde ou des richesses de Californie et d'Australie, pour influer sur sa quantité.

« Si le billet vaut de l'argent, disait Turgot, pourquoi promettre de payer ? si le billet tient lieu de monnaie, ce n'est plus un crédit. Law l'a bien senti et il déclare que son papier circulant est véritablement une monnaie; il prétend qu'elle est aussi bonne que celle d'or et d'argent. » « Les billets de banque, ajoutait-il plus bas, énonçaient leur valeur en argent; ils étaient, de leur nature, exigibles ; et tout crédit l'est parce qu'il répugne que les peuples donnent de l'argent pour du papier. *Ce serait mettre sa fortune à la merci du prince.* » Et encore : « Mais, dit l'abbé Terrasson, le roi pour conserver son crédit est intéressé à renfermer le papier dans de justes bornes. Quelles seront ces justes bornes et comment les déterminer (1)? »

Il est certain qu'on les a souvent dépassées et que la plupart des tentatives ont été suivies des plus déplorables désastres. A la vérité, en 1848, le cours forcé des billets de banque a eu l'heureux effet d'habituer les populations à ce moyen de crédit et n'a produit aucune catastrophe; mais il faut remarquer que cette mesure a été de courte durée et que l'émission appartenait à une compagnie indépendante. Si elle avait duré et que l'État eût été placé sous l'empire

---

(1) *Lettre sur le papier-monnaie*, Œuvres, t. I, p. 98.

de circonstances périlleuses, ou gouverné par des hommes sans scrupule, la violence aurait fait place à la modération. Sous le régime du papier-monnaie, la fortune des citoyens n'a pas d'autre garantie que la volonté des hommes qui gouvernent, et cette volonté est sujette aux changements d'administration ; sous le régime de la monnaie de métal, au contraire, la fortune des citoyens est protégée par la nature des choses qui a mis des limites à la production métallique.

Dans la dernière partie de sa lettre, malheureusement perdue, Turgot traitait probablement du papier limité par la valeur d'un gage immobilier. Le système de Law le conduisait naturellement à l'examen de cette question.

En admettant que le gouvernement observe la loi de la création des billets et respecte la limite qu'il s'est imposée, le papier-monnaie malgré la solidité du gage, ne remplace pas le numéraire. Il ne suffit pas en effet que le gage soit solide ; il faut encore qu'il soit facilement réalisable. Le porteur des billets désire non-seulement que son intérêt ne périclite pas ; il veut encore qu'à la moindre panique, il puisse le changer contre de l'argent et sortir du territoire avec des valeurs ayant, dans tous les pays, le même crédit que dans le sien. Que ferait-il à l'étranger de billets dépréciés en France? sans doute, l'immeuble reste ; mais, en attendant que la vente soit accomplie, à quelles inquiétudes ne sera-t-il pas condamné ? son activité sera enchaînée, et, s'il manque d'autres ressources, avec quoi vivra-t-il ?

C'est pour cela que, dans tous les pays où le crédit foncier a été organisé, on a substitué à la procédure ordinaire d'exécution, des formalités plus rapides. Mais cette innovation, en créant des saisies trop brèves pour le propriétaire, ne répond pas complétement au désir du créancier; qu'une crise éclate, le gage immobilier sera vendu à des conditions détestables parce que, tout le monde ayant besoin d'argent, personne ne se présentera pour acheter, et, lorsque l'argent sera disponible, le besoin aura cessé. Cette observation ne tend pas à nier les services que le crédit foncier peut rendre en temps normal ; mais elles prouvent jusqu'à l'évidence que le papier, même en le supposant émis dans les meilleures conditions, ne présente pas tous les avantages du numéraire et, par conséquent, ne peut pas le remplacer.

XIII

STATISTIQUE.

La statistique est la science auxiliaire dont l'économie politique tire le plus grand secours. A son tour, la statistique marcherait en aveugle, si elle ne recevait pas les lumières de l'économie politique. Quand on entreprend de constater les richesses d'un pays, ne faut-il pas savoir en quoi consiste la richesse et distinguer avec soin les éléments dont elle se compose? Ceci explique pourquoi la statistique ne s'est développée qu'après l'économie politique; jusqu'alors, en effet, elle avait été faite au hasard.

Ce n'est pas seulement comme auteur du premier traité d'économie politique que Turgot a été utile à la statistique; il lui a rendu des services spéciaux, en recherchant quels sont les éléments dont se compose la richesse totale d'une nation. « La richesse totale d'une nation, disait-il, se compose : 1° du revenu net de tous les biens-fonds multipliés par le taux du prix des terres ; 2° de la somme de toutes les richesses mobilières existantes de la nation.... Il faut joindre, ajoute-t-il, au capital du revenu foncier, les richesses mobilières, savoir : 1° la somme des capitaux employés à toutes les entreprises de culture, d'industrie, de commerce et qui n'en doivent jamais sortir; 2° toutes les avances en tout genre d'entreprise devant sans cesse rentrer aux entrepreneurs, pour être sans cesse reversées dans l'entreprise ; 3° tous les meubles, vêtements, bijoux, etc., etc., à l'usage des particuliers. — Ce serait une erreur grossière de confondre la masse immense de ces richesses mobilières avec la masse d'argent qui existe dans l'État. Celle-ci n'est qu'un très-petit objet en comparaison. »

Puis, dans le but de prévenir une erreur facile à commettre, il faisait remarquer qu'il ne fallait pas comprendre au nombre des richesses les dettes des propriétaires, parce que, si elles constituaient l'actif du créancier, il y avait lieu de les déduire de la valeur des fonds de terre. « Il ne faut pas, disait-il, comprendre dans le calcul des richesses de la nation, la somme des capitaux prêtés ; car ces capitaux n'ont pu être prêtés qu'à des propriétaires de terre ou à des entrepreneurs pour les faire valoir dans leurs entreprises, puisqu'il n'y a que ces deux sortes de personnes qui puissent répondre du capital et payer l'intérêt. Si le propriétaire d'une terre de 400,000 francs en emprunte 100, son bien est chargé d'une rente qui diminue d'autant le revenu..... La terre vaut toujours 400,000 francs : quand le propriétaire a emprunté 100,000 francs, cela ne fait pas 500,000 francs; cela fait seulement que sur les 400,000 francs il en appartient 100 au prêteur et qu'il n'en appartient que 300 à l'emprunteur (1). »

(1) Il faut cependant remarquer que, si l'emprunteur doit 100,000 livres, il les a reçues en numéraire et le numéraire est une valeur. Avant l'emprunt, le prêteur avait 100,000 livres et l'emprunteur un bien valant 400,000 livres, ce qui faisait 500,000 livres; ce total n'a pas pu être changé par le prêt. La vérité est que la monnaie servant à un grand nombre d'opérations, on ne doit pas porter à l'actif national toutes les créances, parce que les mêmes deniers servent à un grand nombre d'em-

C'est surtout par l'analyse de la production agricole que Turgot a été utile aux recherches sur l'agriculture. L'école physiocratique avait été conduite, par son erreur même, à bien établir le *revenu foncier* qu'elle prétendait être le seul ; la définition qu'elle en donna est restée, et nous la trouvons dans la loi sur la contribution foncière, dans les instructions sur le cadastre et dans les travaux de statistique.

prunts et de libérations. Ce qu'il faut compter, c'est la masse du numéraire circulant.

TROISIÈME PARTIE

ADMINISTRATION DE TURGOT.

I

UNE PROVINCE AVANT 1789 (1).

Le territoire de la France était divisé en pays d'élections et pays d'états. Le caractère qui les distinguait, c'est que, dans les premiers, le roi levait l'impôt directement sur les contribuables, tandis que, dans les seconds, l'administration appartenait, pour la plus grande part, à une assemblée appelée *états de la province*, qui accordait au Trésor annuellement une somme déterminée et sous l'autorité de laquelle étaient levées les contributions. Le nom des pays d'élections venait de ce que les réclamations, en matière de taille, se portaient devant la juridiction des *élus*, magistrats spéciaux que l'*élection* avait nommés à l'origine et qui, depuis longtemps, étaient pourvus de charges vénales. Dès le principe, les élus répartissaient le

(1) Nous ne nous sommes occupé de la province, qu'au point de vue administratif, le seul qu'il soit nécessaire de connaître pour l'intelligence de l'administration de Turgot.

contingent entre les paroisses ; mais à partir du règne d'Henri III, cette attribution passa aux *commissaires départis*, et les officiers d'élection furent réduits, sur ce point, à un rôle purement consultatif. Dans les pays d'états, les états étaient un intermédiaire forcé entre le Trésor et le contribuable.

Sur les pays d'états comme sur les pays d'élections s'étendaient deux divisions générales qui embrassaient le territoire entier de la France : les *gouvernements militaires* ou *provinces* et les *généralités* ou *intendances*. Il y avait trente-deux provinces, plus huit petits gouvernements militaires, ce qui en portait à quarante le nombre total. On comptait trente-cinq intendances, administrées par trente-quatre intendants ; car, il n'y avait qu'un intendant pour les deux généralités de Toulouse et de Montpellier. On voit par la différence des chiffres que les trente-cinq intendances ne pouvaient pas exactement coïncider avec les gouvernements ou provinces ; la divergence était encore plus considérable que ne semble le supposer la diversité des chiffres. Presque toutes les généralités se composaient de parties soumises à des gouverneurs différents. Il est facile de concevoir que des divisions faites pour des services différents ne fussent pas identiques, et il y aurait injustice à faire de cette diversité un grief contre l'ancien régime ; car, aujourd'hui même, sous le système de l'uniformité administrative la plus complète, les divisions militaires ne se confondent ni avec celles de l'administration, ni avec celles de la justice. Les provinces s'étaient formées historiquement, et leurs lignes n'étaient pas déterminées par les besoins du service. Mais quoiqu'elle prêtât beaucoup à l'arbitraire, il faut reconnaître que cette démarcation n'offrait que peu d'inconvénients, parce que les esprits y étaient habitués par une longue préparation. Les intendances étaient une division plus récente et ordinairement plus rationnelle ; car, elle avait été formée non par le développement historique, mais par l'initiative du pouvoir central. Elle annonçait le partage plus uniforme et plus régulier encore de la France en départements.

Les intendants furent d'abord des agents spéciaux en matière de finances ; mais comme les finances touchent à tous les services, leurs attributions ne tardèrent pas à s'étendre. Les rois tendirent à augmenter leur compétence et, par leur intermédiaire, à porter peu à peu l'action de la puissance royale jusqu'aux dernières extrémités de la France. La police, la bienfaisance publique, les milices se joignirent peu à peu aux matières financières pour lesquelles ils avaient d'abord été institués. Pour les contributions on établit un principe qui fut très-favorable à l'extension de leur puissance. Il y avait dans les élections un *bureau des élus* qui avait pour mission de statuer sur le contentieux en matière de *tailles*, et, pour ne pas multiplier les juridictions, on aurait pu sans inconvénient donner à ce bureau la connaissance des contestations relatives à toutes les contributions; mais les élus étaient des officiers pourvus de charges vénales, et cette inamovibilité les mettait en dehors de l'influence des intendants. Ils étaient d'ailleurs suspects de partialité pour les priviléges, et on aurait craint de trouver en eux un embarras, sinon un obstacle absolu, pour toutes les réformes qui seraient tentées. Ces élus étaient à peu près imbus du même esprit que la magistrature, et nous avons, à plusieurs reprises déjà, constaté l'antagonisme entre le pouvoir royal et les magistrats. C'est pour cela que les élus furent réduits à leur compétence primitive en matière de tailles et que tous les édits qui établissaient des impôts nouveaux réservèrent aux intendants la connaissance du contentieux. Ainsi à côté de la juridiction stationnaire des élus, grandissait chaque jour la compétence progressive des intendants. Des intendants l'appel était porté au conseil du roi, comme aujourd'hui au conseil d'État (1), tandis qu'en matière de taille les parties appelaient à la cour des Aides. Ici la lutte avec la magistrature devenait directe; car, la

(1) L'appel est porté du conseil de préfecture au conseil d'État, en matière des contributions directes.

cour des Aides affectait de faire cause commune avec le Parlement, afin de faire reconnaître par les magistrats une solidarité qui n'était pas incontestée. Frustrée du contentieux en matière d'impôts nouveaux, la cour des Aides fit grand bruit ; les remontrances qu'elle adressa aux rois furent nombreuses, vigoureuses et presque hautaines ; dans les provinces, les cours soulevèrent des difficultés, et, au lieu de favoriser les projets de réforme, elles cherchèrent à les entraver de toutes façons. — On rencontre encore des écrivains qui admirent l'indépendance des parlementaires et qui exaltent l'esprit de résistance que manifestent leurs remontrances. Cette agitation fut tellement stérile dans ses résultats, tellement égoïste dans ses motifs, tellement rétrograde ou au moins stationnaire dans son but qu'il est impossible à un homme éclairé de partager cette admiration.

On avait cependant tout fait pour prévenir l'antagonisme. C'est dans le Parlement que les intendants étaient choisis parmi les maîtres des requêtes ; on voulait prévenir le choc en confiant les deux puissances à des magistrats ayant une origine commune. Mais les intérêts sacrifiés ne se résignent pas pour plaire aux personnes qui ont mission de les immoler. D'ailleurs, les intendants étaient envoyés de la capitale, choisis dans le Parlement de Paris qui affectait à l'égard des cours de province une supériorité blessante, et, par conséquent, les magistrats locaux ne pouvaient être que médiocrement disposés à faciliter la tâche de ces délégués. Contre les intendants s'élevaient tout à la fois l'intérêt personnel atteint, l'amour-propre froissé et l'orgueil provincial poussé jusqu'à l'exaltation.

Les intendants n'étaient pas mieux accueillis par la noblesse. Les seigneurs voyaient en eux les ennemis de la féodalité et sentaient que la royauté voulait achever administrativement, par des hommes de plume, la destruction des pouvoirs seigneuriaux qu'elle avait commencée par la guerre. D'ailleurs qu'étaient ces délégués, ces *commissaires départis*, comme on les avait appelés d'abord? Des parlementaires, des gens de robe, presque des roturiers ou plutôt de véritables roturiers. Aux yeux de la noblesse d'épée, ils avaient le tort d'être des robins sans avoir le mérite de lutter pour les priviléges, comme le faisait le Parlement. Les seigneurs féodaux importants n'auraient pas accepté les intendances; ils allaient jusqu'à mépriser les ministères, tant les gentilshommes avaient horreur de tout ce qui sentait la culture intellectuelle et la paperasserie. C'est tout au plus si, dans les grandes familles, un cadet aurait accepté cette position; les cadets se portaient de préférence vers l'armée et l'Église. Ce nom d'intendants, qui rappelait une fonction modeste dans la vie privée, sonnait mal à l'oreille des fils de baron, et cette raison, quelque frivole qu'elle soit, avait plus d'importance qu'on ne pourrait le croire. Sans doute la noblesse acceptait des charges de cour, et le caractère de domesticité qu'elles avaient ne l'effarouchait pas ; mais la présence du roi purifiait tout et ennoblissait tous les services. Il en était autrement des intendances qui avaient été créées pour lutter, loin de la cour, contre les priviléges des deux premiers ordres de l'État.

Lorsque les intendants arrivaient dans leur généralité, la partie élevée de la noblesse s'éloignait de ce magistrat. Les hobereaux venaient à l'intendance ; encore y en avait-il parmi eux, et des plus petits, qui affectaient de partager pour *ces hommes d'affaires* les dédains de la noblesse de premier ordre, dans l'espoir de se hausser un peu par cette communauté du mépris. Les gentilshommes campagnards aimaient cependant à se faire valoir auprès de l'intendant, et ils entreprenaient volontiers le voyage au chef-lieu de l'intendance pour obtenir à leur paroisse une répartition plus favorable de la taille. Quand ils rentraient dans leur village portant des paroles d'espérance, les habitants concevaient une haute idée de leur seigneur, et si, lors du département de la taille, la promesse se réalisait, ils croyaient à la toute-puissance du hobereau. Celui-ci vivait heureux dans cette petite importance, et quand les éloges de la population lui arrivaient par quelque courtisan domestique, il se gonflait outre mesure ; son insolence augmentait, et ses vassaux perdus, dans la poussière, trouvaient sans doute naturelles les injures d'un homme qui avait été assez puissant pour épargner à la paroisse une centaine de livres au département de la taille.

Il y avait des intendants dans les pays d'états comme dans les pays d'élections ; mais leurs attributions étaient bien moins étendues dans les premiers que dans les seconds. Dans les pays d'états, l'impôt était levé sous l'autorité de l'assemblée de province ; c'était aussi par ces assemblées ou par leurs chargés de pouvoirs qu'étaient surveillés les grands travaux et la bienfaisance publique. Il ne restait donc aux intendants que certaines attributions en matière de police et la qualité de commissaires, en vertu de laquelle ils demandaient aux états provinciaux la somme dont le Trésor avait besoin. Dans les pays d'élections, au contraire, toute l'administration était aux mains des intendants. C'étaient eux qui répartissaient entre les paroisses le contingent des tailles que le conseil du roi avait mis à la charge de la généralité, et qui, en matière de contributions nouvelles, statuaient sur le contentieux.

La police, les routes, les travaux publics, la bienfaisance publique et les milices, tout était sous la direction de l'intendant.

Au point de vue spécial de la taille, la France se divisait en pays de *taille réelle* et pays de *taille personnelle*. Cette distinction ne concourait pas avec celle des pays d'états et des pays d'élections; car il y avait des généralités, comme celles d'Auch et de Montauban, qui étaient à la fois pays d'élections et pays de taille réelle. En général, on peut dire que la taille réelle était dominante dans les pays de droit écrit, parce que l'usage du cadastre y avait été apporté par la civilisation romaine, tandis que la taille personnelle était le système ordinairement suivi dans les pays de coutumes. Il importe de bien nous rendre compte de cette distinction ; car, pour apprécier l'administration de Turgot, c'est celle dont la connaissance est le plus utile.

La taille était un impôt direct qui correspondait, pour la plus grande partie, à notre impôt foncier, mais qui s'en distinguait parce qu'elle frappait aussi, du moins en certains endroits, sur le commerce et l'industrie. La taille d'industrie a été à peu près remplacée dans l'administration moderne par l'impôt des patentes. Gaultier de Biauzat (1) disait que « la taille était un impôt accordé aux besoins de l'État et réparti

(1) *Doléances*, p. 45.

sur les gens du peuple, sans contribution de la part des ecclésiastiques, des nobles et des privilégiés. »

L'exemption dont jouissaient les ecclésiastiques, les nobles et les privilégiés, était attachée à la qualité du bien dans les pays de taille réelle, et à celle de la personne dans les pays de taille personnelle. Les biens nobles étaient affranchis de la taille réelle, quel que fût le possesseur, gentilhomme, ecclésiastique ou roturier. Réciproquement, les biens tenus en roture payaient la taille même quand ils étaient possédés par des nobles. C'est là ce qui constitue le caractère distinctif entre les pays de taille réelle et ceux de taille personnelle. Ordinairement aussi dans les premiers la répartition individuelle était faite au marc la livre d'un *cadastre* ou *compoix* ou *péréquaire* qui contenait les évaluations du revenu des propriétés. Au contraire, dans les pays de taille personnelle, il n'y avait pas de cadastre, et, par conséquent, la répartition avait lieu d'après l'évaluation annuelle, mobile et à peu près arbitraire des personnes préposées à la répartition. Jusqu'en 1787, les rôles furent dressés par les collecteurs, qui étaient chargés, en même temps, d'en faire la répartition. Comme les percepteurs étaient responsables de la rentrée des fonds, on comprend qu'ils étaient intéressés à surtaxer les contribuables qui payaient bien et à ménager ceux qui payaient mal. C'est surtout dans l'évaluation des revenus industriels que l'arbitraire trouvait à s'exercer : car, en cette matière, les collecteurs ne pouvaient guère prendre d'autre base que les *facultés présumées* (1). Au contraire, dans les pays où il y avait des cadastres, tout arbitraire était éloigné, puisque la répartition se faisait par une simple règle d'arithmétique. Sans doute, cette manière de procéder n'éloignait pas toute injustice ; car, il s'en fallait de beaucoup que les évaluations eussent été faites d'une manière parfaite et, en tout cas, les déplacements de la richesse ou les changements de culture avaient altéré les estimations qui avaient pu d'abord être faites avec exactitude. Mais il est peut-être moins pénible, quand on subit une injustice, d'être opprimé par une mauvaise institution que par le caprice d'un homme.

C'était une pensée généralement répandue avant 1789, que la situation des pays de taille réelle était préférable ; les habitants des pays de taille personnelle regardaient avec envie ce qui se passait dans les régions contiguës à celles qu'ils occupaient. Une tendance bien marquée aurait voulu donner des

(1) L'évaluation d'après les facultés présumées a été exclue par la législation financière qui nous régit. Car, en matière d'impôts mobilier et des patentes, la loi veut que les répartiteurs se guident d'après la *valeur locative* des appartements ou des locaux, et non d'après le revenu réel mobilier ou professionnel du contribuable. Cette règle n'est pas infaillible, mais elle exclut l'arbitraire.

cadastres aux contrées qui n'en avaient pas. Un autre projet déjà fort ancien, mais qui se renouvelait fréquemment, consistait à remplacer la taille et tous les impôts directs par une subvention territoriale unique, frappant sur tous les propriétaires, sans exception ni privilége. — Nous n'avons, pour le moment, à nous occuper que du premier projet; car c'est le seul qui ait occupé Turgot pendant son intendance.

La taille personnelle se divisait en taille *d'occupation* et taille *d'exploitation*, dans la proportion d'un tiers pour la première et de deux tiers pour la seconde. En vertu de leur privilége personnel, les nobles ne payaient pas la taille d'occupation; ils étaient même exemptés de la taille d'exploitation, quand ils exploitaient eux-mêmes; car ils pouvaient, sans être imposés à la taille, faire aller un certain nombre de charrues qui d'abord s'élevait à quatre et plus tard fut réduit à deux.

En général la taille d'exploitation était payable par le fermier; mais celui-ci pouvait la rejeter sur le propriétaire, même noble, par une stipulation expresse. C'est pour cela qu'on a dit que les nobles n'étaient pas exempts de la taille puisqu'ils la payaient pour leurs fermiers (1).

(1) « C'est par erreur, a dit M. Ouvrard, qu'on a présenté les *nobles comme exempts de la contribution foncière*..... Ils payaient

II

LA GÉNÉRALITÉ DE LIMOGES.

La généralité de Limoges comprenait les cinq élections de Brives, Tulle, Limoges, Bourganeuf et Angoulême. Brives et Limoges étaient situées dans le Haut-Limousin; Tulle dans le Bas-Limousin; Bourganeuf faisait partie de la Marche, et Angoulême de la province ou gouvernement de Saintonge et Angoumois. On voit par là que la généralité de Limoges ne faisait pas exception à l'enchevêtrement ordinaire des généralités dans les provinces limitrophes (1).

Le Limousin est un pays pittoresque, et, comme la plupart des pays que le touriste recherche, il n'a

---

la taille par leurs fermiers et il n'y avait qu'une très-petite portion de fonds qu'ils eussent le droit de faire valoir par eux-mêmes sans payer une taille. » (*Mémoires* de M. Ouvrard, t. III, p. 195 et 196.) Cette observation est peu juste; car : 1° les privilégiés ne payaient pas la taille d'occupation, ce qui constituait l'exemption du tiers; 2° ils pouvaient exploiter en franchise le labourage de deux charrues; 3° quant à la taille d'exploitation, le rejet du fermier sur le propriétaire par clause expresse n'avait lieu qu'autant qu'il s'agissait de terres pauvres non recherchées par les fermiers. Pour peu qu'il y eût concurrence, le propriétaire demeurait maître de la situation et laissait la taille d'exploitation à la charge du fermier.

(1) Le Limousin se divisait en Haut-Limousin, ayant Limoges pour chef-lieu, et Bas-Limousin, avec Tulle pour chef-lieu. La Marche était également partagée en Haute-Marche, chef-lieu Guéret, et Basse-Marche, chef-lieu Dorat. — La province de Sain-

qu'une médiocre fertilité. Les accidents de terrain, les collines couvertes de grands bois, les villes perchées sur des hauteurs et dominant des vallées étroites traversées par de petits cours d'eau, ce sont là des sujets de distraction pour l'œil curieux du voyageur, mais de mauvaises conditions pour l'agriculture. Car, les accidents de terrain divisent les parties du pays et s'opposent à l'échange des produits. Les grands bois annoncent que la part de la culture est restreinte. Quant aux villes ou villages perchés sur des hauteurs, les animaux qui rentrent le soir remontent péniblement la pente qu'ils ont descendue au commencement de la journée.

Dans les parties labourées, le sol est maigre et ne se prête qu'à une atteinte légère de la charrue. Les vallées sont, en grande partie, occupées par des prairies, et c'est en réunissant les ressources de ces prés avec la dépaissance sur la *Montagne* que s'était formée une des sources les plus fécondes de la prospérité du pays, l'élevage et le nourrissage des animaux de boucherie. Le Limousin avait dû à cette industrie une prospérité digne d'être remarquée et qui n'avait point échappé aux agents chargés de répartir la taille. Mais depuis que d'autres marchés

---

tonge et Angoumois se divisait en Haute-Saintonge, chef-lieu Saintes, Basse-Saintonge, chef-lieu Saint-Jean d'Angely, le Brouageais, chef-lieu Brouage, et l'Angoumois, chef-lieu Angoulême.

plus rapprochés de Paris étaient ouverts, la prospérité avait émigré en Normandie, et la généralité de Limoges était demeurée grevée de sa surtaxe, malgré l'affaiblissement de ses ressources. L'impôt s'ajoutait aux causes naturelles de sa décadence.

La répartition y avait longtemps été faite comme dans tous les pays d'élections. Mais en 1738, un intendant qui a laissé des souvenirs populaires partout où il a passé et spécialement à Bordeaux, M. de Tourny, avait entrepris d'y introduire la *taille tarifée*. Le but de cette réforme était de substituer aux évaluations annuelles, mobiles et arbitraires des asséeurs de l'impôt, une évaluation fixe au prorata de laquelle la répartition aurait lieu. Comment avait lieu cette évaluation ? On commença par la faire d'après les déclarations des parties. Ces déclarations énonçaient la quantité de terrain appartenant à chaque propriétaire en distinguant l'espèce de culture et, dans chaque culture, les terrains de première, seconde et troisième qualité. Un commissaire évaluait ensuite le revenu de chaque qualité de terrain, et cette évaluation variait dans les différentes paroisses. « Elle était faite assez arbitrairement ; mais comme elle était modérée, on s'en plaignait peu. On forçait arbitrairement la cote de ceux qui n'avaient pas fait la déclaration ; et, quand ce forcement leur était trop désavantageux, ils prenaient le parti d'en donner une (1). » L'insuffisance de ces déclarations n'avait pas tardé à être démontrée, et M. de Tourny y avait substitué l'arpentement effectif accompagné d'une évaluation par experts qu'on appelait *abonnement*. C'était, comme on le voit, quelque chose qui ressemblait à nos opérations cadastrales. Mais il paraît que les évaluations ne se firent pas avec une grande exactitude, soit qu'elles fussent mal exécutées par les agents auxquels on les confia, soit qu'elles fussent conduites avec trop de rapidité pour obéir au caractère impétueux et naturellement impatient de M. de Tourny. A l'époque où Turgot fut chargé de l'intendance de Limoges, on y distinguait, au point de vue de la répartition des tailles, les *pays tarifés* et les *pays abonnés*, suivant que l'évaluation des propriétés y avait été faite sur la déclaration des parties intéressées ou après un arpentement effectif. Comme on avait voulu faire vite, on avait dressé les feuilles de relevé sur les notes des experts ou arpenteurs ; les notes avaient disparu, et lorsque les feuilles de relevé étaient inexactes par une erreur de copiste, il était impossible de les rectifier en les comparant à l'original.

Les pays de *taille abonnée* ne différaient pas seu-

---

(1) *Lettre de Turgot à M. d'Ormesson*, rapportée par M. d'Hugues dans son *Essai sur l'administration de Turgot*, p. 22. M. d'Hugues a trouvé cette lettre aux *Archives de l'Intendance*.

lement par la base des évaluations des paroisses de *taille tarifée ;* le mode de répartition n'était pas non plus le même. Dans le système de l'*abonnement,* on commençait par appliquer des taux fixes à certaines matières imposables, comme l'industrie et les bestiaux ; les sommes produites par l'application de ces taxes de quotité étaient déduites du contingent, et le reste se répartissait sur le revenu foncier au marc la livre des évaluations. On pouvait reprocher deux vices à la taille abonnée. D'abord, et ce défaut lui était commun avec la taille tarifée, les bestiaux étaient atteints, ce qui était contraire aux intérêts de l'agriculture ; en second lieu, la répartition se faisait sur un relevé à dix colonnes correspondant à autant d'objets imposables. Ce tableau présentait trop de complications pour que les agents chargés de les remplir n'eussent pas souvent commis des erreurs par empiètement d'une colonne sur l'autre. — Dans les paroisses tarifées, il y avait deux répartitions. L'une était faite d'après un *tarif* (d'où était venu le nom donné à cette espèce de taille) qui fixait la proportion suivant laquelle les diverses espèces de revenu seraient imposées, aux deux ou trois sous pour livre de l'estimation. La somme produite par cette première opération était déduite du contingent, et on répartissait le reste sur tous les revenus au marc la livre des évaluations. Il y avait donc, entre les deux manières de procéder, cette différence que dans l'abonnement les industries et les bestiaux payaient un droit fixe, tandis que dans le tarif les droits étaient proportionnels. Autre différence. La somme était tellement fixe dans les pays abonnés que la seconde répartition n'atteignait ni les bestiaux ni les industries, puisqu'elle était faite uniquement au prorata des revenus fonciers. Au contraire, dans les paroisses tarifées, la seconde répartition, suivant la proportion de tous les revenus, atteignait les bestiaux et les industries, de sorte que les augmentations de contingent pouvaient les atteindre, ce qui n'avait jamais lieu dans les paroisses abonnées. On s'était, il est vrai, attaché dans les paroisses tarifées à modérer, autant que possible, les droits sur l'industrie et les bestiaux, de sorte qu'en définitive ces matières imposables payaient moins que dans le système de l'abonnement ; mais cette proportion aurait pu être changée par une augmentation considérable du contingent, et en tout cas les taillables ressentaient l'inconvénient de ne pas savoir d'avance à quoi s'en tenir. La réforme entreprise par M. de Tourny, quelque louables qu'en fussent l'esprit et le but, n'avait donc pas simplifié la situation, et comme elle n'avait été ni terminée, ni conduite avec soin, ni exécutée d'une façon exacte, Turgot reçut de nombreux embarras de son prédécesseur.

Aux difficultés qui venaient des choses, s'ajoutaient celles des personnes. Les collecteurs n'étant pas capables de répartir l'impôt d'après les bases de la taille tarifée, ce soin avait été confié à des commissaires chargés de la confection des rôles. M. de Tourny aimait avant tout les hommes actifs, et, comme il n'avait rencontré cette qualité que chez peu de commissaires, il avait donné toute sa confiance à un sieur du Tillet qui en peu de temps avait fait l'estimation de presque toutes les propriétés de l'Angoumois. M. de Tourny l'avait chargé de faire presque tous les rôles, sans se demander si cette grande activité ne s'exerçait pas au détriment de l'exactitude. Du Tillet s'était enrichi ; il avait acheté des terres et une charge de valet de chambre du roi. Comment cette fortune s'était-elle élevée ? Elle pouvait s'expliquer par des opérations commerciales et sans recourir à la prévarication. Il n'en est pas moins certain que les plaintes les plus nombreuses s'élevaient contre du Tillet et que Turgot put acquérir la conviction que souvent le puissant commissaire avait fait des répartitions arbitraires, soit par défaut d'examen, soit par des motifs de passion ou d'intérêt. Turgot avait donc tout à la fois à sacrifier les personnes et à remédier aux abus dans l'intérêt du bien public.

III

RÉFORMES FINANCIÈRES DANS LA GÉNÉRALITÉ.

Turgot évaluait à 700,000 livres la surtaxe que la répartition des tailles entre les provinces faisait peser sur la généralité de Limoges. Quoique le conseil du roi eût la faculté de modifier annuellement les contingents, en réalité cependant le *brevet* de la taille ne variait que peu, et l'habitude faisait prévaloir les bases primitivement adoptées. Rien n'était plus injuste que cette fixité dans le département; la généralité de Limoges particulièrement en souffrait profondément; car, l'engraissage des animaux de boucherie languissait depuis que les marchands de Paris abandonnaient les foires de Chalus et de Limoges pour fréquenter celles de Normandie. D'un autre côté, le port de Rochefort venait d'être fermé, et les produits du Limousin ou de l'Angoumois qui s'écoulaient autrefois par cette voie étaient maintenant retenus sur place.

Turgot a été accusé d'avoir exagéré la situation de ses administrés; car, si l'on compare la répartition des impôts sur toutes les généralités, on verra que les habitants du Limousin étaient au nombre de ceux qui payaient la plus petite somme par tête. La somme payée par les contribuables variait suivant les généralités, entre un maximum de 64 livres et un minimum de 12 livres 10 sous; la première somme était payée à Paris et la seconde à Rennes. En Normandie, la contribution était de 29 livres par tête, et à Lyon de 30. Eh bien, entre les limites extrêmes, le Limousin occupait un rang avantageux puisque ses habitants ne payaient que 13 livres 15 sous par tête, c'est-à-dire une somme qui se rapprochait du chiffre le plus bas. Ne semble-t-il pas résulter de là que bien d'autres pays étaient dans une situation tout aussi désavantageuse et que le Limousin eut seulement le bonheur de rencontrer un intendant qui criait plus fort que les autres?

Le chiffre de la contribution par tête est un faux *criterium* de la lourdeur d'un impôt; car cette appréciation dépend non-seulement de ce que l'on exige du contribuable, mais encore de ce que le contribuable peut payer. Qu'importait qu'à Paris la moyenne fût de 64 livres par tête, si, pour payer, le contribuable avait des moyens décuples? Qu'importait qu'on demandât moins aux Limousins, si, pour acquitter le peu qu'on exigeait d'eux, ils n'avaient que peu de ressources? Rien n'est donc moins établi que le grief élevé contre Turgot d'après la moyenne des contributions par généralité, puisque ce reproche ne tient compte que de l'un des éléments d'appréciation.

Chaque année, dans les avis qu'il envoyait au conseil d'État, Turgot ne cessait pas de demander la diminution du contingent imposé à la généralité. La demande d'un dégrèvement de 700,000 livres revient constamment dans sa correspondance avec le contrôleur général. Assurément le ministre dut trouver fatigante l'insistance de l'intendant et encore aujourd'hui, le lecteur est tenté de reprocher à cette correspondance sa monotonie. Mais que ne pardonne-t-on pas à la profonde conviction dont l'intendant était animé! Quand vinrent les années de disette, le langage de Turgot, de pressant qu'il avait été jusqu'alors, devint suppliant. On se sent ému en lisant les lettres de l'administrateur que la situation de sa province contriste et qui s'afflige de ne pouvoir pas faire partager aux autres ses sentiments.

Dans l'avis de 1771, après avoir montré que le total des sommes irrecouvrables s'élèverait pour l'année à 900,000 livres, il ajoutait : « Encore une fois, nous exposons, nous calculons, nous ne demandons pas ; nous sentons combien cette demande peut paraître affligeante, nous ne proposons le résultat de nos calculs qu'en tremblant ; mais nous tremblons encore plus de ce que nous prévoyons, si les circonstances ne permettaient pas à Sa Majesté de se livrer à toutes ses bontés (1). »

Quelle navrante description il fait de la misère qu'il a sous les yeux : « La faim, dit-il, a engagé à

(1) *Œuvres*, t. I, p. 598.

couper les blés pour en faire sécher les grains au four. Ce n'est pas tout ; il faut compter que le tiers de la généralité n'a pas même cette faible ressource. La production des grains y a été du tiers à la moitié de celle de 1769, et, dans la plus grande partie de ce canton, l'on n'a pas recueilli la semence. On ne peut penser sans frémir au sort qui menace les habitants de cette partie de la province déjà si cruellement épuisés par les malheurs de l'année dernière. De quoi vivront des bourgeois et des paysans qui ont vendu leurs meubles, leurs bestiaux, leurs vêtements pour subsister? avec quoi les secourront, avec quoi subsisteront eux-mêmes des propriétaires qui n'ont rien recueilli, qui ont même, pour la plupart, acheté de quoi semer, et qui, l'année précédente, ont consommé au delà de leur revenu, pour nourrir leurs familles, leurs colons et leurs pauvres? On assure que plusieurs domaines dans ce canton désolé n'ont point été ensemencés faute de ressources. Comment les habitants de ces malheureuses paroisses pourront-ils payer des impôts? Comment pourront-ils ne pas mourir de faim (1) ? »

Turgot demandait que le contingent du Limousin fût diminué de la somme de 700,000 livres à répartir sur une dizaine de provinces qu'il indiquait, et, en outre, vu les circonstances extrêmes des années, il

(1) *Œuvres*, t. I, p. 596.

réclamait pour 1770 et 1771 une augmentation du *moins imposé* (1). La première partie de ses conclusions fut rejetée. On lui accorda des secours, mais insuffisants, et il fut obligé d'épuiser ses ressources personnelles et d'emprunter 20,000 livres sous la garantie de son crédit. En 1773, la province se ressentait encore des cruelles années qui venaient de s'écouler; les habitants étaient grevés des dettes qu'ils avaient contractées pour subsister pendant la disette, et l'obligation de payer les intérêts les mettait dans une gêne insurmontable. Comment payer à la fois les arrérages et l'impôt? C'est cependant le moment que choisit le contrôleur général pour diminuer de 50,000 livres la portion du Limousin dans le moins imposé. Turgot fut vivement affecté par cette mesure, et il écrivit son opinion à M. d'Ormesson en des termes remarquables par leur dure franchise : « En me faisant part, disait-il, des motifs qui vous ont empêché jusqu'à présent de changer la proportion des impositions du Limousin dans la répartition générale entre les provinces du royaume, motifs que je crois très-susceptibles de réplique, vous m'aviez du moins fait espérer de dédommager la province sur le *moins imposé*. Je comptais sur cette espérance que vous m'aviez donnée; je me

---

(1) Le *moins imposé* était une somme mise à la disposition de l'intendant pour accorder des dégrèvements aux contribuables qui avaient éprouvé des sinistres.

flattais que le *moins imposé* serait plutôt augmenté que diminué relativement à celui de l'année dernière.

« Vous pouvez juger combien il a été cruel pour moi, au contraire, de trouver que la province était moins favorablement traitée cette année. Je ne puis m'empêcher de vous faire, à ce sujet, les plus vives représentations et de vous conjurer de les mettre sous les yeux de M. le contrôleur général (1). »

Malgré l'insuccès de ses réclamations, Turgot, grâce à l'habileté qu'il déploya dans l'administration et aux soins qu'il mit à faire arriver les approvisionnements, épargna bien des douleurs à ses administrés; leurs maux furent grands mais la prévoyance de leur intendant les allégea autant qu'on peut l'attendre de la sollicitude d'un homme, plus qu'on ne pourrait l'espérer de la plupart des administrateurs.

Au moment d'aborder la tâche difficile d'améliorer l'impôt des tailles, Turgot se trouvait en face d'une difficulté administrative qu'il fallait trancher avant tout. Lorsqu'en 1738 la taille tarifée fut établie, une disposition expresse attribua aux intendants la connaissance des réclamations, à l'exclusion des officiers de l'élection. On avait voulu par cette mesure couper court aux entraves qu'auraient pu apporter aux

---

(1) *Œuvres*, t. I, p. 631. Lettre à M. d'Ormesson, du 26 novembre 1773.

opérations des titulaires d'offices, inamovibles et ennemis des innovations. Comme les rôles étaient dressés d'office, c'était l'application d'une disposition antérieure qui, pour l'opposition à certains rôles dressés d'office, avait fait passer la compétence de l'élection à l'intendance. Mais une déclaration du 13 avril 1761 venait d'abroger cette dérogation aux règles ordinaires et de restituer leurs pouvoirs aux élections. Il était à craindre qu'en ressaisissant leur compétence les officiers ne cherchassent à gêner l'action de l'intendant. Ce qui surtout était à redouter, c'est que ces juges n'eussent pas une connaissance suffisante d'une législation qu'ils n'avaient jamais appliquée et que, par ignorance autant que par mauvais vouloir, ils ne rendissent des décisions diverses ou contraires.

Pour prévenir, dans la mesure de ce qui lui était possible, les contradictions de la jurisprudence, Turgot fit rendre un édit qui, en rappelant les bases de la taille tarifée et le caractère obligatoire des dispositions qui avaient établi ce système, ordonnait le dépôt aux greffes des élections des « instructions insérées au préambule des rôles des paroisses. » Il y avait une instruction pour les paroisses tarifées ; le dépôt devait être fait, suivant la situation de l'élection (1).

(1) Déclaration du roi, en date du 30 décembre 1761, art. 3 : « Nous ordonnons qu'il soit déposé au greffe de chacune des

La même déclaration ordonnait de faire des doubles des registres ou feuilles de relevé pour les paroisses tarifées, de les mettre au courant des mutations et de les déposer aux greffes des élections. Cette mesure avait pour but de diminuer les cotes irrecouvrables. Depuis longtemps, en effet, les registres n'avaient pas été tenus au courant des changements de propriétaires, et les rôles ne correspondant plus à l'état des propriétés qui s'étaient subdivisées, ni aux noms de leurs maîtres qui n'étaient plus les mêmes, l'impôt portait souvent à faux, les collecteurs étaient obligés de pourvoir au déficit, et les réimpositions sur les exercices suivants étaient très-fréquentes. Turgot se trouvait donc en présence d'un problème que notre administration n'a pas encore résolue d'une manière complète (1); car, si nous sommes parvenus à tenir les matrices cadastrales au courant des mutations, nous cherchons encore le moyen de reproduire sur les feuilles du plan les subdivisions de propriétés. Les instructions qui avaient été insérées aux préambules des

élections situées dans ladite généralité, un modèle de l'instruction insérée au préambule des rôles des paroisses tarifées, et un pareil modèle de l'instruction insérée aux rôles des paroisses abonnées.

(1) Une commission, dans laquelle se trouvait M. Gervaise, avait formulé un projet de loi. La solution proposée parut présenter quelques inconvénients et ne fut pas appliquée. Gervaise, *Des contributions directes*, p. 351.

rôles ont malheureusement été perdues ; mais il nous reste celle qu'il adressa aux commissaires des tailles, et, quoiqu'elle n'eût pour objet que de provoquer la communication des propositions que chacun d'eux aurait à faire, on y trouve toutes les indications nécessaires pour connaître la pensée de Turgot sur les vices de cet impôt et sur les moyens les plus propres à l'améliorer.

La première modification à faire consistait, d'après lui, à établir une manière uniforme de le répartir, soit en adoptant le mode suivi dans les provinces tarifées, soit en choisissant celui des provinces abonnées. Il ne se prononçait pas entre les deux systèmes qui lui paraissaient tous les deux avoir leurs inconvénients, et appelait seulement les commissaires à exposer leurs idées sur ce qu'on pourrait emprunter aux deux modes pour en former un nouveau qui réunirait les avantages des deux. Ne serait-il pas possible, ajoutait-il dans la forme dubitative, d'arriver à ne faire qu'une seule répartition, comme dans les provinces abonnées, tout en simplifiant le relevé à dix colonnes et le réduisant à deux? Dans la première on aurait compris tous les revenus taxés à des sommes fixes comme l'industrie et les bestiaux, tandis que dans la seconde on aurait mis les revenus qui servaient de base à la répartition.

Turgot voulait que l'industrie et les bestiaux

ussent taxés à des sommes fixes comme dans les provinces abonnées, et repoussait le système de la répartition qui était suivi dans les provinces tarifées. Mais ce n'était là qu'un palliatif, et il aurait désiré qu'on supprimât même les taxes fixes sur ces deux objets. « Au lieu, disait-il, de commencer par discuter comment il faut taxer l'industrie, ne faudrait-il pas plutôt examiner si l'on doit taxer l'industrie ? Cette question est très-susceptible de doute, et bien des gens pensent que l'industrie doit être entièrement affranchie. Il est évident que la taxe de l'industrie est, par sa nature, arbitraire, car il est impossible de connaître exactement le profit qu'un homme fait avec ses bras, celui qu'il tire de sa profession, de son commerce, et il pourra toujours se plaindre sans que personne puisse juger de la justice de ses plaintes (1). »

On peut, d'après ce passage, juger que Turgot, s'il était partisan de l'impôt unique sur le revenu foncier, ne l'était pas de même de ce que les modernes désignent par *impôt unique sur le revenu* assis sur tous les revenus mobiliers ou immobiliers, fonciers ou industriels, permanents ou viagers. Il repoussait les taxes sur l'industrie, non-seulement comme physiocrate, mais aussi comme adversaire déclaré des contributions arbitraires. Quant aux

(1) *Œuvres*, t. I, p. 499.

bestiaux, il ajoutait : « Comment doit-on taxer les bestiaux ? doit-on taxer les bestiaux ? Il y a encore sur cet article bien des raisons de douter. Les bestiaux peuvent être envisagés comme nécessaires au labourage et à l'engrais des terres ; et, sous ce point de vue, ils ne sont pas un revenu, mais un instrument nécessaire pour faire produire à la terre un revenu ; il serait donc plus naturel de chercher à encourager leur multiplication, que d'en faire un objet d'imposition. Considérés sous un autre point de vue, les bestiaux qu'on engraisse et les bêtes à laine donnent un revenu, mais c'est un revenu de la terre. Si donc on impose la terre et les bestiaux séparément, de deux choses l'une, ou l'on fait un double emploi, ou l'on n'a pas imposé la terre à sa valeur. Il est plus simple de ne pas imposer les bestiaux et d'imposer la terre à sa juste proportion (1). »

La répartition de la taille avait été viciée par une singulière méprise. Sous le prétexte que le tarif imposait, à raison de deux sous pour livre des baux, l'exploitation des *biens affermés*, on avait taxé, dans la même proportion, les locataires des maisons : ceux-là n'exploitaient cependant pas, et leur loyer n'était qu'une dépense. Turgot relève cette interprétation judaïque ou plutôt ce jeu de mots. « Cette équivoque, disait-il, n'a point lieu dans le reste du

(1) *Œuvres*, t. I, p. 500.

royaume ; aussi, dans aucune autre province les locataires de maisons ne sont taxés sur le prix des baux (1). »

Abordant ensuite la rectification des estimations qui en beaucoup de lieux avaient été mal faites, il émettait une opinion neuve sur le meilleur moyen d'en assurer la sincérité. Au lieu de rechercher le revenu de chaque fonds et de l'exprimer par des chiffres fixes, il aurait mieux valu, d'après lui, l'indiquer par des fractions correspondant à la valeur corrélative des fonds entre eux. Ainsi, en supposant que le revenu total de la paroisse fût égal à un, les champs auraient donné, ceux-ci un millième, ceux-là cent millièmes, d'autres deux cents millièmes, etc., etc.

Voici l'avantage qu'il trouvait à cette innovation. « L'avantage, disait-il, de se borner à cette simple comparaison des fonds, sans prétendre découvrir leur valeur absolue, consiste en ce qu'il est assez évident que, si chaque particulier peut se croire intéressé à ce que son héritage soit moins estimé, à proportion, que ceux de tous les autres, ceux-ci sont tous intéressés à ce qu'il soit remis dans sa juste proportion, et ils se réunissent tous contre lui. Toute fraude de la part des particuliers combat l'intérêt public, et dès lors devient odieuse ; personne ne peut la mettre

---

(1) *Œuvres*, t. 1, p. 501.

en pratique, sans s'avouer qu'il fait une chose malhonnête, et j'aime à croire que le plus grand nombre des hommes est arrêté par une pareille considération. Au contraire, lorsqu'on cherche à connaître la valeur absolue de chaque héritage et le revenu réel des particuliers, chacun se révolte et cherche à se soustraire à cette sorte d'inquisition..... Quoique, dans le fait, la surcharge de l'un entraîne toujours le soulagement des autres, *cette conséquence est moins directe et moins sensible dans le cas de l'estimation absolue, que dans celui de la simple comparaison.* L'on se fera toujours moins de scrupule de se dérober aux recherches lorsqu'on croira ne tromper que le gouvernement, que lorsqu'on croira tromper ses voisins. »

Afin de remédier aux inconvénients des doubles emplois résultant du voisinage de la généralité de la Rochelle, où la taille était réelle, avec le Limousin, où elle était due au domicile du taillable, Turgot écrivit à son collègue un mémoire avec un projet d'édit; il lui proposa de disposer que, dans les deux généralités, les fonds au-dessous de 25 arpents seraient imposés au lieu de la situation. Quant à ceux dont la contenance dépassait ce chiffre, des prescriptions antérieures avaient décidé qu'on leur appliquerait les règles de la taille réelle. Ce projet contenait la solution la plus satisfaisante que pût recevoir un problème qui occupait les intendants des deux généralités, depuis plusieurs années. En 1745, MM. de Barentin et Saint-Coutest n'avaient fait cesser qu'une partie de la difficulté, puisqu'ils n'avaient appliqué les principes de la taille réelle qu'aux corps de domaines, ce qui la laissait subsister tout entière pour les champs isolés; la proposition de Turgot n'était que l'extension de la mesure prise par son prédécesseur. Elle fut adoptée par l'intendant de la Rochelle, et le conseil d'État accorda son homologation (1).

La répartition de la taille, dans les villes, présentait des difficultés particulières, à cause des changements quotidiens qui survenaient dans la population, le nombre et la fortune des locataires. Des plaintes nombreuses avaient signalé les erreurs qui s'étaient glissées dans les estimations. Dans une lettre qu'il adressa aux officiers municipaux des villes, Turgot exposa ses idées sur le moyen le plus sûr d'arriver à une juste appréciation des revenus. « Je pense, disait-il, que le meilleur moyen d'acquérir toutes les connaissances nécessaires pour appuyer désormais la répartition sur une base solide, est de partager le travail entre un grand nombre de personnes, dont chacune ne soit chargée que d'un certain canton. Le corps de ville, par exemple, pourrait

(1) *Œuvres*, t. I, p. 523.

nommer deux bourgeois, pour vérifier chaque île de maisons. » Venaient ensuite plusieurs règles de détail dont l'observation devait conduire ces commissaires à saisir tous les changements qui surveiendraient dans les maisons dont ils avaient à faire la vérification (1).

Autant Turgot était résolu quand il s'agissait de frapper une mauvaise institution, autant il se montrait ferme quand il jugeait nécessaire de frapper les hommes dont la position et l'influence mettaient obstacle à la réforme. Du Tillet, qui présidait à la confection des rôles dans l'Angoumois, avait trop montré qu'il était peu préoccupé de la justice pour que l'intendant conservât un agent dont l'esprit s'accordait mal avec ses projets. D'ailleurs du Tillet était décrié, et son concours aurait jeté une grande défaveur sur les intentions de l'administration nouvelle. Turgot soumit d'abord la question au ministre d'État, parce que, du Tillet étant valet de chambre du roi, les convenances demandaient que sa destitution fût agréée par le souverain. Le ministre d'État ne défendit pas le valet de chambre, et le bureau d'Angoulême fut supprimé (2). Turgot supprima un bureau semblable qui existait à Limoges, et lorsqu'il eut ainsi déblayé le terrain, il put suivre librement sa marche vers l'équitable répartition de l'im-

(1) *Œuvres*, t. I, p. 664.
(2) M. d'Hugues, en rapportant la lettre que M. de Saint-Flo-

pôt. S'il ne réussit pas à cadastrer la généralité, ses efforts ne furent cependant pas inutiles ; la répartition se fit avec plus de justice, les feuilles de relevé furent mises au courant des mutations, les abus les plus criants cessèrent, et si les résultats qu'il obtint ne satisfirent pas un esprit difficile et ami du mieux, comme l'était celui de Turgot, ils suffirent pour lui mériter la reconnaissance du pays.

IV

ABOLITION DE LA CORVÉE.

Pendant longtemps et à peu près jusqu'à la fin du dix-septième siècle, le mot *corvée* n'avait servi qu'à désigner les prestations que les paysans devaient au seigneur pour la culture de ses domaines ou l'en-

rentin, ministre d'État, répondit à Turgot, à l'occasion de du Tillet, fait cette observation : « Veut-on juger de la *prétendue injustice* de ce gouvernement que l'on nous a représenté si souvent comme l'âge d'or du favoritisme, qu'on lise la réponse suivante de M. le comte de Saint-Florentin. » (Suit la lettre trouvée aux *Archives de l'Intendance, Essai,* p. 56.) M. d'Hugues ne se montre pas assez exigeant en fait de réhabilitation. Du Tillet n'était pas un personnage puissant à la cour, et toute son importance était locale. Sa charge de valet de chambre était un pur titre, et on ne voit pas qu'il fût dans les conditions où le favoritisme est plus puissant que la loi ou la justice. D'ailleurs nul de ceux qui considèrent le règne de Louis XV comme celui du favoritisme, n'a voulu dire que tous les actes des ministres, sans exception, furent contraires à la justice. Le caractère général d'une époque ne peut être ni établi ni contesté sur un fait ou même quelques faits isolés.

tretien de ses chemins. C'est sans doute comme premier seigneur suzerain que le roi établit des corvées pour la confection et l'entretien des routes royales. Les intendants, au nom du roi, requirent les corvéables comme le seigneur féodal les requérait dans les limites de sa petite souveraineté. Cet état de choses s'établit de fait et non en vertu d'une loi générale. Le premier édit où il fut officiellement question des corvées, c'est précisément celui qui en 1776 prononça leur abolition.

Les injustices qui firent tant crier contre la corvée venaient, pour la plupart, de la manière dont elle avait été établie; quelques-unes résultaient de la nature des choses. La prestation étant faite en nature, il était impossible de faire venir sur les lieux les habitants très-éloignés des chantiers de travail ; car tout le temps se serait perdu en courses, et, d'un autre côté, les ouvriers et leurs animaux auraient été mal disposés à travailler après avoir parcouru un aussi long trajet. Les ouvriers voisins étaient donc surchargés par suite de l'impossibilité d'appeler les ouvriers éloignés. Pouvait-on dire que les premiers profitaient davantage de la voirie et que l'utilité qu'ils en retiraient atténuait l'objection ? — En admettant qu'ils en jouissent plus fréquemment, il est certain cependant qu'ils n'en retiraient pas une utilité exclusive et que par conséquent la justice distributive n'était pas observée. Mais cette atteinte était la plus légère que l'équité eût éprouvée.

La corvée étant une œuvre servile transportée de la législation féodale dans l'administration générale, il était naturel que les nobles en fussent déclarés exempts; il ne serait pas venu à l'idée d'un intendant d'y soumettre les gentilshommes même au moyen d'une contribution pécuniaire. Ceux qui étaient exempts de la taille étaient, à plus forte raison, dispensés de la corvée. Ainsi les cultivateurs étaient requis de faire des travaux qui profitaient principalement aux propriétaires, et le plus grand nombre de ces derniers ne contribuaient pas à cette dépense. Corvée au roi, corvée au seigneur, le laboureur n'était pas un instant tranquille; ces réquisitions venaient le troubler à l'improviste et le détourner des travaux au moment le plus opportun. La justice cependant veut qu'on reconnaisse que la création des corvées royales eût pour conséquence de faire limiter le nombre de jours que les seigneurs pourraient exiger des corvéables. Un arrêt du conseil l'avait fixé entre cinq et douze jours (1) en consacrant la faculté pour les imposés de se libérer en argent. Au moment où le pouvoir central se proposait de demander des prestations aux laboureurs, il avait, par une mesure bienveillante, réduit les droits seigneuriaux sur les corvéables.

(1) Arrêt du 24 décembre 1683.

L'injustice de la corvée était-elle au moins compensée par l'économie de la dépense? Au contraire, le travail des corvéables coûtait plus cher que s'il avait été fait par des ouvriers rétribués et travaillant à la tâche. Les imposés envoyaient les plus mauvais animaux ; les ouvriers n'ayant pas le stimulant de l'intérêt travaillaient sans ardeur. Les réquisitions tombant au milieu des travaux les plus utiles et les plus pressants, il en résultait une perte considérable, et à la valeur intrinsèque du travail s'ajoutait le préjudice éprouvé par suite de l'inopportunité de la réquisition. Pour faire des travaux qui auraient coûté 400,000 livres par voie d'adjudication, il aurait fallu dépenser un million en corvées.

L'opinion publique réclamait énergiquement l'abolition des corvées et leur remplacement par une contribution en argent. Non-seulement Mirabeau, Condorcet et la plupart des économistes condamnaient un impôt si mal établi (1), mais des administrateurs éclairés faisaient des tentatives pour remédier aux vices de ce régime. Trudaine partageait cette opinion, et s'il n'avait pas suivi ses idées de réforme, c'est qu'il craignait que le produit de l'impôt en argent ne fût détourné de sa destination. Avant que Turgot ne l'entreprît dans le Limousin, l'intendant

---

(1) Mirabeau (*l'Ami des hommes*), *Lettres sur les corvées*, et Condorcet, *Sur l'abolition des corvées*, OEuvres, t. XI, p. 90.

de la généralité de Caen, M. de Fontette, avait proposé aux paroisses l'alternative de faire leur tâche en nature ou de supporter une addition au principal de la taille. En général, on avait préféré ce dernier parti, et l'agriculture s'était trouvée délivrée de cette détestable contribution. Turgot imita le plan de M. de Fontette en le perfectionnant. Comme dans la généralité de Caen, les paroisses furent appelées à se prononcer sur le choix entre la prestation en nature et la contribution en argent. Presque toutes aimèrent mieux le rachat; l'opposition qui se manifesta en quelques endroits ne vint que rarement des imposables, mais des difficutés que soulevèrent les gens de loi. *A quelques avocats près*, écrivait à Turgot M. de Boisbedeuil (1), *tous m'ont paru être très-satisfaits de votre plan.*

La réforme sur les corvées n'aurait pas été complète si Turgot n'avait pas remplacé par un impôt pécuniaire les prestations pour les transports militaires. Cet impôt avait le double défaut d'être inégal puisqu'il n'était exigible que des habitants voisins des lieux de passage, et d'exiger des sacrifices supérieurs à la valeur du service parce qu'il était perçu en nature. La prestation en nature produit toujours une déperdition de services ou de valeurs qui est évitée dans le système de la contribution pé-

(1) M. de Boisbedeuil était subdélégué à Angoulême.

cuniaire. Cette innovation, comme celle des corvées, n'était pas sans précédent. En 1752 M. de Beaumont, intendant, avait substitué dans la Franche-Comté l'entreprise rétribuée en argent à la prestation en nature. Il y avait longtemps d'ailleurs qu'en Languedoc le même système était pratiqué. Un esprit purement théorique, comme Turgot a été accusé de l'être, aurait réformé sans se soucier des lumières de l'expérience. Turgot, qui attachait au moins autant d'importance à la pratique qu'à ses propres conceptions, s'informa avec le plus grand soin de ce qui avait été fait en Franche-Comté et ne commença l'innovation qu'après avoir reçu de M. de la Gorrée, alors intendant de Besançon, les explications les plus étendues. Quoique son raisonnement s'appuyât sur les précédents les mieux établis, Turgot ne procéda qu'avec une extrême réserve. Il se borna d'abord à faire avec un entrepreneur un marché pour un an; ce traité fut approuvé par le conseil qui autorisa en même temps l'intendant à pourvoir au service par une addition au principal de la taille. D'après les conditions du marché, un minimum de 15,000 livres était garanti à l'entrepreneur; la somme réellement dépensée se rapprochait beaucoup de cette limite et varia entre 14,000 et 17,000 livres.

Un impôt de la même famille que les corvées et les transports militaires obligeait les habitants à loger les gens de guerre. Turgot en affranchit les habitants en faisant construire des casernes et concentrer à Limoges les escadrons qui jusqu'alors avaient été disséminés à Saint-Yrieix, à Lubersac et à Brives (1).

Dans ses *Particularités sur quelques ministres des finances*, Montyon reproche à Turgot d'avoir « employé au rachat de la corvée des fonds destinés à des indemnités en faveur des contribuables qui avaient éprouvé des pertes dans leurs récoltes ». Ce grief légèrement élevé contre l'administration de Turgot prouve que Montyon n'avait pas de notion exacte, ni sur la manière dont la corvée avait été remplacée, ni sur la manière dont les allocations pour perte de récolte étaient accordées aux contribuables sinistrés. Nous venons de voir que c'était par une addition à la taille que la prestation des corvées se convertissait en une taxe pécuniaire. Or, les diminutions pour cause de sinistres étaient accordées de la manière suivante. On formait, avec toutes les diminutions que l'intendant se proposait d'accorder, un total qui était ajouté au contingent porté dans le brevet de la taille. On en déduisait le dégrèvement accordé pour l'année à la généralité (*ce qu'on appelait le moins imposé*); on appliquait ensuite aux paroisses sinistrées les exemptions ou modérations qui leur avaient été

(1) Nous n'insistons pas ici sur cette mesure d'un intérêt purement local. Voir M. d'Hugues, *Essai*, p. 133.

accordées, et, comme il fallait que le Trésor reçût la somme portée au brevet, la diminution accordée à ces paroisses était rejetée sur les autres. Il est donc impossible que Turgot ait détourné les fonds destinés aux indemnités, puisque le Trésor attendait une somme fixe et que le dégrèvement accordé aux uns était rejeté sur les autres. Il ne pouvait pas davantage détourner le moins imposé, puisque cette somme devait, avant tout recouvrement, être déduite du contingent provincial.

Ce c'est pas le seul reproche que Montyon ait adressé à Turgot sur le fait des corvées. « Il aurait fallu, dit-il, observer comment cette conversion devait être opérée. Si elle était également avantageuse pour tout genre d'ouvrages, confection ou entretien de chemin; si elle était également convenable dans tous les pays, dans ceux où le genre de culture laisse pendant quelque temps les hommes et les animaux destinés à la culture sans occupation, et dans ceux qui offrent un objet de travail continuel, dans les pays riches et dans ceux où il y a peu d'argent; dans quelle proportion la contribution doit être répartie; si elle doit peser sur les produits du sol seulement, et également sur les terres qui sont à proximité du chemin et sur celles qui par leur distance en tirent peu d'avantage. » Les questions que Montyon pose dubitativement dans ce passage étaient résolues depuis longtemps, non-seulement par les économistes, mais par les administrateurs les plus expérimentés. Toutes ces considérations avaient été pesées, et Turgot, loin d'agir légèrement, s'était inspiré de ce qui avait été fait dans une autre généralité. Rien n'est superficiel comme le jugement que Montyon a porté de Turgot, et c'est pour appeler de ses appréciations irréfléchies que nous avons, à la fin de ce volume, reproduit en y ajoutant nos observations, tout le passage que Montyon, dans ses *Particularités*, consacre à cette administration. La postérité réformera le jugement porté par cet homme honnête et bien intentionné sans doute, mais d'un esprit trop médiocre pour se placer au-dessus des préjugés de son temps, de sa profession et de l'exil. Les émigrés accusaient tout le monde de leur défaite, et parmi ceux qu'ils attaquaient, les hommes qui avaient servi la cause du roi avec d'autres idées ou d'autres moyens que les idées ou les moyens approuvés par eux passaient pour les plus grands coupables. Montyon avait pendant l'émigration vu de près Louis XVIII, et c'est dans ses relations avec le roi que s'étaient formées les préventions qui ont égaré son jugement. Rendons-lui cependant la justice de dire qu'il a exprimé ses griefs avec plus de modération que ne le fit le comte de Provence. Montyon ne met pas en doute les bonnes intentions de Turgot, et il aurait craint d'être injuste si, comme son royal allié, il l'avait appelé « charlatan d'administration ainsi que de vertu fait pour décrier l'une, pour dégoûter de l'autre. »

V

MILICES.

La force publique, avant 1789, se composait de deux éléments principaux, les troupes recrutées à prix d'argent et les milices levées dans les provinces par voie de tirage au sort. Le service dans les premières était volontaire, tandis qu'il était forcé pour les secondes. Tout garçon âgé de 18 (1) à 40 ans prenait part au tirage : les hommes mariés n'étaient appelés qu'autant que leur appel était nécessaire pour parfaire le contingent. Le nombre à fournir annuellement était de 10 à 12,000 ; celui des inscrits prenant part au tirage s'élevait à environ 160,000. L'effectif total atteignait le chiffre de 74,550 hommes divisés en 105 bataillons de 700 hommes chacun. Les miliciens étaient appelés en temps de guerre ; à la paix on les licenciait ; mais quoique rentrés dans leurs foyers, ils ne cessaient pas de faire partie des

(1) Necker dit que le tirage avait lieu à 16 ans. M. P. Boiteau indique l'âge de 18 ans en relevant l'erreur de Necker. (*État de la France* en 1789, p. 259.) — La taille réglementaire était de 5 pieds.

cadres, et l'administration pouvait les réunir au premier besoin. D'après ces caractères, M. Boiteau a pu comparer assez exactement les anciennes milices à des gardes nationales mobilisées.

L'intendant se rendait dans les élections, et là, en présence du subdélégué, il présidait aux opérations du tirage. Chacun faisait valoir ses exemptions, et elles étaient jugées avant que les billets ne fussent mis dans l'urne. Il n'y avait donc pas de révision postérieure au tirage, et ceux qui mettaient la main dans l'urne étaient sûrs de partir si le sort leur donnait un billet noir. Le nombre des billets noirs égalait celui des miliciens à fournir par le district; les autres billets étaient blancs. Quiconque portait le billet noir était considéré par sa famille comme un membre perdu; la guerre avait dévoré bien des hommes et, à tout instant, elle pouvait éclater.

L'ordonnance du 27 novembre 1765, qu'on appelait le Code de la milice, interdisait le remplacement, sauf une exception en faveur des pères de famille. Le législateur ne voulait pas que l'exonération des miliciens fît concurrence au recrutement des engagés volontaires pour l'armée. L'ordonnance défendait aussi aux miliciens de se cotiser avant le tirage pour faire une « mise au chapeau » qui aurait profité aux malheureux frappés par le sort. Mais cette prohibition aussi rigoureuse qu'inutile n'avait pas été observée, et l'usage était demeuré plus fort que le texte de la loi.

Ce qui contribuait aussi à rendre la milice odieuse, c'est que le privilége s'était fait, en cette matière, une part plus forte qu'en toute autre. Le nombre des exemptions était énorme. Quelques-unes se justifiaient par des raisons d'humanité ; mais la plupart étaient entachées d'inégalité et de privilége. Le fils d'une veuve n'allait pas à la guerre ; mais cette exemption, qui aurait été nécessaire pour la veuve pauvre à plus forte raison que pour celle qui était riche, ne profitait d'après l'ordonnance de 1765 qu'à la veuve payant 50 fr. de taille. Étaient exemptés le garçon qui avait une ferme de 300 livres; le berger de 100 bêtes à laine; les médecins, chirurgiens et apothicaires et un de leurs enfants ; les fils aînés et maîtres clercs des avocats, des notaires, des procureurs, des greffiers exerçant dans les justices royales et ducales; les gens pourvus de charges de justice ou de finances et leurs domestiques, etc., etc. En somme la charge pesait à peu près exclusivement sur les gens de la campagne, et elle épargnait non-seulement la noblesse, mais encore une partie considérable de la bourgeoisie.

Faut-il s'étonner que la milice inspirât aux déshérités qui la subissaient une invincible terreur ? Les jeunes gens sujets au tirage fuyaient, malgré la sévérité des peines que l'ordonnance prononçait contre les fuyards. Ceux qui restaient s'indignaient d'un départ qui augmentait leur risque, et les communautés couraient à la poursuite des réfractaires. L'intérêt menacé augmentait l'ardeur et la sévérité des poursuivants. Dans le Limousin, en particulier, des luttes sanglantes s'engageaient dans les bois où les fugitifs se cachaient d'ordinaire, non-seulement entre les poursuivants et les poursuivis, mais aussi entre les communautés voisines qui prétendaient que le fuyard leur appartenait. Le fusil, les haches, les instruments d'agriculture, tout était employé dans ces petites guerres civiles, et le sang coulait à flots (1).

« Chaque tirage, écrivait Turgot au ministre de la guerre, était le signal des plus grands désordres dans les campagnes et d'une espèce de guerre civile entre les paysans, dont les uns se réfugiaient dans les bois où les autres allaient les poursuivre à main armée pour enlever les fuyards et se soustraire au sort que les autres avaient cherché à éviter; les meurtres, les procédures criminelles se multipliaient; la dépopulation et l'abandon de l'agriculture en étaient la suite. Lorsqu'il était question d'assembler les milices, il fallait que les syndics des paroisses fissent amener leurs miliciens escortés par la maréchaussée et quelquefois garrottés (1). »

Turgot commença par interdire aux communautés la poursuite des fuyards et chargea la maréchaussée

(1) Condorcet, *Œuvres*, t. V, p. 37.

de ce soin ; il était sûr que des agents désintéressés y mettraient moins d'âpreté et de rigueur que les personnes mues par l'intérêt personnel. Ensuite il ne craignit pas de se placer au-dessus des prohibitions de l'ordonnance et de suivre la loi naturelle plutôt que la loi écrite. La mise au chapeau fut tolérée suivant l'usage qui avait triomphé de l'ordonnance, et les miliciens apprirent à moins redouter le tirage. En même temps, Turgot autorisa les commissaires à recevoir les engagements volontaires qui se produisirent avec abondance. Peu de temps suffit pour rassurer les populations et changer leur esprit. Une intelligence clairvoyante, comme celle de Turgot, put pressentir, en voyant la terreur d'autrefois se changer en ardeur vaillante, que le tiers état allait donner à la gloire du pays autant de héros qu'en avait fourni la noblesse d'épée.

VI

BIENFAISANCE PUBLIQUE.

La bienfaisance doit-elle être abandonnée à la charité privée ou faut-il que l'État pratique les vertus des particuliers et soit bienfaisant comme eux? Les économistes se prononcent, en majorité, contre la charité légale comme contraire au but qu'elle se pro-

---

(1) *Lettre au ministre de la guerre*, Turgot, *Œuvres*, t. II, p. 128.

pose d'atteindre. Si les indigents peuvent compter sur la sollicitude du gouvernement, ils cesseront d'être stimulés par la crainte du besoin, et le nombre des personnes à secourir sera augmenté par la tranquillité que leur inspirera la certitude ou l'espoir des secours publics. Si la crainte de n'avoir pas le nécessaire était constamment devant leurs yeux, ils feraient de vigoureux efforts pour éviter la faim, et par ce moyen serait véritablement abolie la mendicité. Il est faux, suivant les économistes, que l'État doive pratiquer les mêmes vertus que les particuliers, et, parce que ces derniers doivent être charitables, que le gouvernement soit également tenu d'avoir une bienfaisance officielle. L'État n'est qu'une abstraction, une personne morale; il administre les intérêts et les deniers des individus, et, s'il fait la charité, ce n'est qu'avec l'argent d'autrui, de telle sorte que l'État n'aurait aucun mérite moral à faire l'aumône. Toute la question se réduit donc à savoir si l'emploi des deniers publics en œuvres de bienfaisance est conforme ou non à son but, profitable ou nuisible. Les deniers appartenant aux contribuables ne sauraient créer pour les administrateurs qui en disposent un mérite quelconque puisqu'ils ne font aucun sacrifice.

L'exemple de l'Angleterre semble justifier la théorie des économistes; là l'obligation de secourir les pauvres devient chaque jour plus onéreuse, parce que la certitude des moyens d'existence tue l'esprit de prévoyance et d'économie. Aussi la taxe des pauvres a-t-elle pris un développement croissant comme si la misère se multipliait sous la main qui répand ses bienfaits pour l'éteindre.

Les mêmes raisonnements seraient entièrement applicables à la charité privée et, en particulier, aux associations ou établissements de charité privés. Si le gouvernement doit craindre d'enlever leur vertu aux efforts individuels, pourquoi l'individu ne redouterait-il pas aussi de passer pour bienfaisant? Il y a des hommes dont la charité est toujours prête à répondre, et les malheureux du voisinage comptent plus sur eux que sur le bureau de bienfaisance ou l'hospice. Ces hommes-là, quelque digne d'admiration que soit leur conduite, seraient donc un fléau, un inconvénient, tout au plus de bons cœurs guidés par de faibles intelligences? — Le gouvernement devrait surtout prohiber les associations de charité qui, précisément à cause de la puissance des moyens dont elles disposent, seraient trop propres à émousser les efforts individuels. Jamais cependant économiste n'a poussé l'esprit de système jusqu'à condamner la charité privée.

La négation de la charité légale et la reconnaissance du droit à l'assistance sont, à mon sens, deux extrêmes entre lesquels il faut chercher la vérité. Oui, il y a un énorme danger à reconnaître, comme on l'a fait en

Angleterre, le droit à l'assistance et à y pourvoir par une taxe obligatoire. L'exemple de nos voisins prouve jusqu'à l'évidence que l'initiative individuelle se ralentit par le sentiment de la sécurité sur les moyens d'exister, même quand ces moyens sont affreux. Mais si, au lieu de reconnaître le droit à l'assistance, on se bornait à créer des établissements donnant des secours facultatifs, l'humanité s'accorderait avec l'intérêt social. Que l'État se conduise comme le ferait un homme bienfaisant ; qu'il donne en se réservant de clôre sa bourse à volonté ; qu'il reçoive les malheureux dans les hospices sans renoncer au pouvoir de fermer les portes quand il le jugera convenable. L'homme bienfaisant, même quand les malheureux ont l'habitude de compter sur lui, n'est pas accusé d'arrêter les efforts individuels parce que cette charité, quelque large qu'elle soit, peut se ralentir et que les indigents ne cessent pas d'être menacés par la crainte de la famine. Pourquoi n'en serait-il pas de même de l'État distribuant des secours abondants mais facultatifs, répandant ou retenant, suivant les circonstances, les trésors de la charité ?

La charité publique est un des moyens que l'État emploie pour prémunir l'ordre public contre les atteintes que ne manqueraient pas de lui porter les individus poussés par les mauvais conseils de la faim. C'est une mesure de police préventive, et il faut convenir que de toutes celles que la police emploie, il n'en est pas qui soit plus pure, plus élevée. Les économistes sont trop souvent préoccupés de quelque point de vue exclusif. En admettant qu'ils aient raison au point de vue des lois économiques, ils ne tiennent pas assez compte des nécessités de l'administration et de l'ordre public. Toute cette question se résume en ces termes : La *charité légale facultative* n'a pas les inconvénients de l'assistance reconnue en droit ; elle opère comme une association de bienfaisance privée ou comme un homme très-riche et très-charitable. D'un autre côté, elle est bonne pour le maintien de l'ordre comme moyen de police préventive.

On ne niera pas, quelque absolu qu'on puisse être dans l'attachement à ses principes, qu'il ne se produise des malheurs imprévus qui rendent la charité légale indispensable. Les objections élevées contre la bienfaisance publique en général seraient ici sans application, puisqu'elle ne peut évidemment exercer aucune influence sur des victimes surprises par un malheur soudain, telles que une inondation, une grêle ou une disette. En cas semblable, on est dominé par l'urgence, et, en présence de la nécessité pressante, toute argumentation doit désarmer. Quand on n'a pas le temps d'attendre que l'action des lois économiques ait cicatrisé les plaies, il faut d'autres remèdes, et le meilleur parti qu'il y ait à prendre, c'est assurément de suivre l'inspiration des sentiments charitables.

Turgot traversa des années de disette, et c'est par une organisation intelligente de la charité publique qu'il assura l'ordre public et allégea la misère.

Nous ne connaissons pas son opinion sur la question du paupérisme, en général ; la condamnation de l'*Encyclopédie* l'empêcha de traiter cette question comme il se proposait de le faire. Mais nous pouvons, d'après les instructions qu'il adressa aux curés et aux officiers municipaux pour l'organisation des *bureaux* et des *ateliers de charité*, conclure que, dans son opinion, l'assistance publique était bonne, si on la donnait avec précaution. « Dans une circonstance, disait-il, où les besoins sont si considérables, il importe beaucoup que les secours ne soient point *distribués au hasard et sans précaution*. Il importe que tous les vrais besoins soient soulagés, et que la fainéantise ou l'avidité de ceux qui auraient d'ailleurs des ressources, n'usurpe pas des dons qui doivent être d'autant plus soigneusement réservés à la misère, et au défaut absolu des ressources, qu'ils suffiront peut-être à l'étendue des maux à soulager. C'est dans cette vue qu'on a rédigé le plan qui fait l'objet de cette instruction. » Probablement Turgot ne faisait qu'exprimer, dans cette circonstance spéciale, son opinion sur la question générale.

Parmi les précautions que Turgot recommandait, nous remarquons le domicile : « Donner indistinctement, disait-il, à tous les malheureux qui se présentent pour obtenir des secours, ce serait entreprendre plus qu'on ne peut, puisque les fonds ne sont pas inépuisables et que l'affluence des pauvres, qui accourraient de tous côtés pour profiter des dons offerts sans mesure, les aurait bientôt épuisés. Ce serait de plus s'exposer à être souvent trompé, et à prodiguer aux fainéants les secours qui doivent être réservés aux véritables pauvres. Il faut éviter ces deux inconvénients.

« Le remède au premier est de limiter les secours des bureaux de charité aux pauvres du lieu......... Non pas uniquement cependant à ceux qui sont nés, dans le lieu même. Il est juste d'y comprendre aussi tous ceux qui sont fixés, depuis quelque temps, dans le lieu, y travaillent habituellement, y ont établi leur domicile ordinaire, y sont connus et regardés comme habitants. Ceux qu'on doit exclure sont les étrangers qui ne viendraient dans le lieu que pour y chercher des secours. Ces étrangers doivent être renfermés, s'ils sont vagabonds; et s'ils ont un domicile, c'est là qu'ils doivent recevoir les secours de leurs concitoyens. » Turgot, reconnaissant qu'il y aurait inhumanité à renvoyer ces étrangers, sans leur donner de quoi subsister pendant la route, prescrivait qu'on leur donnât un sou par lieue, dans le cas où leur domicile ne serait pas éloigné de plus d'une journée. Si l'éloignement était plus considérable, le secours de route l'accompagnait jusqu'à la résidence du subdélégué le plus voisin, « lequel devait lui donner une feuille de route pareille à celle qu'on délivrait aux hommes renvoyés des dépôts de mendicité. »

Pour ne distribuer les secours qu'en connaissance de cause, voici quel était le moyen qu'il recommandait. Il consistait « à dresser un état, maison par maison, de toutes les familles qui ont besoin de secours, dans lequel on marquera le nombre de personnes dont est composée chaque famille, le sexe, l'âge et l'état de validité ou d'invalidité de chacune de ces personnes, en spécifiant les moyens qu'elles peuvent avoir pour gagner de quoi subsister ; car, il y a tel pauvre qui peut, en travaillant, gagner la moitié de sa subsistance et de celle de sa famille : il n'a besoin que du surplus....... Ces états ne peuvent être trop détaillés. Personne n'est autant à portée que MM. les curés de donner les connaissances nécessaires pour les former ; et, lorsqu'ils n'en seront pas chargés seuls, les commissaires nommés par le bureau doivent toujours se concerter avec eux. » Il ne voulait cependant pas qu'on mît sur ces états tous les assistés indistinctement ; une exception devait être faite, en faveur des personnes dont la misère n'était pas connue et que « l'inscription dégraderait au-dessous de l'état dont elles jouissent. »

Quant au mode d'assistance, Turgot condamnait, en général du moins, les secours en argent, parce que le vice en peut trop facilement changer la destination, et les distributions de soupe, parce qu'elles « ont l'inconvénient d'habituer à la mendicité et qu'il est d'ailleurs très-difficile d'y mettre de l'ordre et d'éviter l'abus des doubles emplois. » Le moyen le plus simple et le meilleur consistait, d'après lui, à donner des bons de pain ou d'aliments qui seraient reçus par les boulangers ou autres fournisseurs du bureau de charité.

Les pauvres valides devaient être occupés et pouvaient l'être de deux manières : d'abord, il était désirable que les propriétaires en prissent chez eux et les employassent à des travaux d'amélioration. Quant à ceux que les particuliers ne recevraient pas, il n'y avait pas de meilleur parti à prendre que de les mettre sur les routes, soit parce qu'on ne pouvait pas se proposer de but plus utile, soit parce que les terrassements exigent moins d'aptitude spéciale que tout autre travail. Turgot recommandait de donner des tâches, afin de stimuler l'ardeur des ouvriers, et, au lieu de les distribuer à chaque individu, de les attribuer par famille : « Mais pour éviter, dans ces réunions, les jalousies et les disputes que l'inégalité des forces et l'inégalité de l'assiduité au travail pourraient occasionner, on donne chaque tâche à une famille entière, qui a l'intérêt commun de faire le plus d'ouvrage possible pour la subsistance commune, et dans laquelle le père occupe chacun selon ses forces, et surveille et contient chacun de ses coopérateurs mieux que le piqueur le plus vigilant. »

Les tâches avaient d'abord été payées en argent ; mais comme on n'avait pas tardé à remarquer que les salaires étaient souvent dépensés au cabaret, on y substitua une espèce de monnaie de cuir appelée *méreau* ou *marreau*. « Il y a quatre sortes de marreaux, disait Turgot : celui qu'on nomme du numéro 4 est empreint de quatre fleurs de lis ; il vaut une espèce de pain connu en Limousin sous le nom de *tourte*, et qui pèse vingt livres.

« Le marreau du numéro 3, qui ne porte que trois fleurs de lis, ne vaut qu'une demi-tourte ou un pain de dix livres.

« Le marreau numéro 2, qui n'a que deux fleurs de lis, est reçu par le boulanger pour un quart de tourte ou cinq livres.

« Enfin, le numéro 1 ne vaut qu'une livre de tourte, et ne sert que pour les apprentis. » Cette monnaie n'était reçue que par certains boulangers avec lesquels les subdélégués avaient fait des traités, et n'étaient payables que sur la présentation qu'ils en faisaient ; le paiement aurait été refusé à tout autre, et spécialement aux cabaretiers qui auraient consenti à les accepter.

Il était à craindre que les propriétaires, plutôt que de nourrir leurs colons, ne prissent le parti de laisser leurs champs sans culture. Chassés par la faim, les métayers se seraient portés en grand nombre sur les ateliers de charité ou aux bureaux de bienfaisance. Les ressources déjà insuffisantes n'auraient pu soulager personne, s'il avait fallu les partager à cette catégorie nombreuse de pauvres. L'intendant eut la fermeté de prendre un arrêté qui ordonnait aux propriétaires de nourrir leurs métayers jusqu'à la récolte prochaine. « Ordonnons, en outre, à ceux qui en auraient renvoyé de les reprendre dans la huitaine, ou d'autres en même nombre, à peine d'être contraints à fournir, ou en argent ou en nature, à la décharge des autres contribuables de la paroisse, la subsistance de quatre pauvres par chacun de leurs métayers ou colons qu'ils auraient congédiés et non remplacés. »

Quand on connaît le respect qu'avait Turgot pour le droit de propriété, il est facile d'apprécier la gravité des circonstances qui le déterminèrent à prendre cet arrêté. Mais fallait-il donc laisser se perpétuer la cause de la disette et permettre que l'abandon des terres par les propriétaires découragés amenât pour les années suivantes le même résultat que l'inclémence des saisons? Ne valait-il pas mieux, même au risque de commettre un acte d'arbitraire que justifiait l'inexorable nécessité, préparer un avenir réparateur des maux présents? — « Nous ayant paru aussi juste qu'intéressant pour le soutien de la culture et l'avantage de l'État d'avoir égard à ces représentations, à ces raisons, nous ordonnons, etc., etc., etc.» — Tel était le motif que donnait Turgot en tête de son arrêté; mais que de fois, malgré la puissance de cette raison, avant la signature, l'économiste ne dut-il pas faire hésiter l'administrateur !

VII

MESURES DIVERSES.

Turgot avait favorisé le développement de l'agriculture par une meilleure répartition des contributions, en ouvrant de nouvelles voies de communication, en supprimant les corvées et la prestation des transports militaires, en luttant contre la disette avec une énergie et une prévoyance incomparables. Il compléta ces mesures par la suppression de la taxe des bestiaux, la substitution de percepteurs volontaires et rétribués aux collecteurs, la destruction des loups et autres animaux sauvages, enfin par la vulgarisation de la pomme de terre.

1° Nous avons vu plus haut que, dans la taille tarifée

comme dans la taille abonnée, les animaux étaient taxés, quoique d'après un système différent dans les deux pays. Turgot considérait cet impôt comme contraire aux principes; mais il avait été obligé de se conformer aux prescriptions des ordonnances. En 1767, le conseil, sur la proposition du contrôleur-général Laverdy, avait adopté un plan pour la répartition de la taille, et dans le nouveau mode la taxe sur les bestiaux se trouvait omise. Sans demander si cette lacune avait été laissée volontairement ou par mégarde, l'intendant se hâta de mettre à profit la liberté que lui laissait le silence de l'arrêt et supprima l'article des bestiaux dans la répartition des tailles. Ainsi l'agriculteur n'était plus intéressé à diminuer la puissance de ses moyens d'exploitation. La somme à payer par l'agriculture n'était pas moindre, puisque le chiffre de ce qui devait revenir au trésor était fixé d'avance; mais une bonne répartition est indispensable pour que l'impôt soit juste; car la contribution la plus modérée et la mieux assise peut être rendue très-lourde par une mauvaise distribution.

2° La perception des tailles et vingtièmes se faisait, non comme aujourd'hui, par des agents rétribués, mais par les particuliers eux-mêmes appelés *collecteurs*. Jamais charge plus onéreuse n'avait pesé sur les contribuables. Ils étaient responsables du recouvrement; car les receveurs des finances avaient le droit de délivrer des *contraintes solidaires* sur eux. Boisguilbert nous peint avec des couleurs bien sombres la situation de ces tristes victimes de la loi : « Comme le recouvrement, disait-il, est une corvée des plus désagréables qu'on puisse imaginer, les collecteurs, en quelque nombre qu'ils soient, ne la veulent faire que tous unis ensemble et marchant par les rues conjointement, de manière qu'aux endroits où il y en a sept, on voit sept personnes, au lieu de se relever, marcher continuellement par les rues, et comme la taille ne se tire pas d'une année, à beaucoup près, on voit les collecteurs de l'année présente marcher ou plutôt saccager d'un côté pendant que ceux de l'année précédente en usent de même d'un autre (1). » Ce tableau est peut-être assombri ; mais, en tenant compte de l'exagération des couleurs, il reste une réalité désolante. Courses inutiles, refus injurieux, menaces, rien ne leur était épargné par les contribuables, qui refusaient de payer jusqu'à la dernière extrémité ; car malheur aux hommes de bonne volonté ! Comme les collecteurs étaient en même temps asséeurs (2), ceux qui payaient bien étaient sûrs de supporter une augmentation pour l'année suivante. Malheur aussi à ceux qui montraient leur richesse ou leur aisance ! une surtaxe ne tardait pas

---

(1) *Détail de la France*, p. 186. — *Collect. des économistes.*
(2) Ce n'est qu'en 1787 que la répartition et la perception furent dédoublées.

à les punir de cette sotte sincérité. L'agriculture en souffrait, parce qu'en présence des collecteurs nul n'osait tenir sur son bien le nombre d'animaux nécessaires à l'exploitation. Entre les collecteurs et les curiales du bas-empire il y avait plus d'une analogie (1). Les derniers n'étaient plus malheureux qu'en raison de la permanence de leur sort. La solidarité qui pesait sur les collecteurs les rendait naturellement fort rigoureux; ainsi leur malheur faisait celui des contribuables. « Il y en a, disait Vauban (2), qui sont exposés au froid et à la pluie avec un habit qui n'est que de lambeaux, persuadés qu'ils sont qu'un bon habit serait un prétexte infaillible pour les surcharger l'année suivante. »

Dans la généralité de Limoges, la situation des collecteurs était plus dure que partout ailleurs, parce qu'ils étaient chargés de recouvrer les vingtièmes en même temps que les tailles. Turgot aurait voulu supprimer la collecte pour les tailles comme pour les vingtièmes; mais la nature de ses pouvoirs ne lui permit que d'instituer, dans le Limousin, des préposés permanents semblables à ceux qui, dans les autres provinces, étaient spécialement chargés de recouvrer les vingtièmes. Ces receveurs avaient dans leur arrondissement un certain nombre de paroisses et étaient

---

(1) Guizot, *Histoire de la civilisation en France*, t. I, p. 28.
(2) *Dîme royale*, p. 70. Collect. des économistes.

payés au moyen d'une rétribution de quatre deniers pour livre. A cette rémunération pécuniaire, Turgot ajouta quelques priviléges importants, l'exemption de la corvée, de la milice et des transports militaires.

3° Les loups étant devenus très-communs dans le Limousin, Turgot établit, en 1767, une imposition dont le produit était destiné à encourager leur destruction (1).

4° La pomme de terre était considérée encore comme une denrée pernicieuse dont l'usage pouvait donner la lèpre ; un parlement en avait, sur le fondement de cette croyance, prohibé la culture. Détruire ce préjugé, c'était augmenter les subsistances d'une manière notable et diminuer la misère des habitants de la généralité. Turgot en fit servir à sa table et distribuer aux membres de la Société d'agriculture et aux curés en les priant d'en recommander l'usage. Lui-même, lorsqu'il se rendait dans les communautés, s'asseyait à la table des paysans et, en leur présence, mangeait de la pomme de terre. Le préjugé ne résista pas à cette démonstration, et les habitants du Limousin étaient habitués à cette nourriture avant que Parmentier ne l'eût popularisée par ses expériences et ses ouvrages.

(1) Le tarif fut fixé ainsi qu'il suit : Pour un loup, 12 liv., pour une louve, 15 ; pour une louve pleine, 18 ; pour chaque louveteau, 3 liv. ; pour un loup enragé, 43 liv. V. d'Hugues, *Essai*, p. 158.

Turgot aurait voulu ajouter à ces bienfaits l'ouverture du port de Rochefort, mesure qui aurait procuré un débouché important à l'agriculture du pays. Les denrées de la province avaient jadis suivi cette voie ; mais un jour l'administration de la marine avait établi un département dans cette ville, et les vaisseaux marchands avaient dû céder la place aux navires de l'État. La paix de Paris venait (1) d'anéantir notre marine, et sa première conséquence fut la réduction du port de Rochefort. Cette diminution enlevait aux habitants la compensation qu'ils avaient trouvée dans les dépenses occasionnées par un personnel nombreux. Cet avantage venant à cesser ou du moins à s'affaiblir, n'était-il pas juste de leur rendre ce qu'ils avaient perdu et de rouvrir le port au commerce ? C'est ce que demandaient à grands cris les habitants de Rochefort, et nous avons une lettre au maire de la ville dans laquelle Turgot s'associait à ces réclamations ; dans une autre lettre au contrôleur général il les appuya officiellement. On opposait l'intérêt de la ville de la Rochelle dont le commerce serait ruiné si on rouvrait Rochefort à la marine marchande. « Je crois cet intérêt très-léger, écrivait Turgot au maire de Rochefort, s'il est réel. Mais quand il serait beaucoup plus grand qu'il ne peut être, ce ne serait assurément pas une raison pour priver toutes les provinces à

(1) 1763.

portée de la Charente, de leur débouché naturel, pour les forcer d'en prendre un détourné et moins avantageux ; aurait-on pu rejeter le projet de canal du Languedoc sur l'opposition des rouliers de Toulouse à Cette ou admettre l'opposition des muletiers contre l'ouverture des routes praticables aux grandes voitures (1) ? » Les raisons qu'il se bornait à indiquer dans la lettre au maire de Rochefort étaient développées dans celle qu'il avait, quelques jours auparavant, écrite au contrôleur général. « Quant à l'intérêt prétendu des habitants de la Rochelle, il mérite peu de considération. Qu'importe à l'État que le commerce soit fait par telle ou telle ville ? ce qui lui importe, c'est que le commerce soit fait aux moindres frais possibles ; que les sujets de l'État aient le débit le plus avantageux de leurs denrées et que, par conséquent, il ait le plus grand choix entre les acheteurs, qu'ils se procurent les objets de leur jouissance au meilleur marché qu'il soit possible….. C'est ce qui arrive naturellement et de soi-même quand les routes du commerce sont libres, parce que chaque vendeur et chaque acheteur choisissent celle qui leur convient le mieux. Si les marchandises du royaume se débouchent mieux par la Rochelle, si celles des colonies y arrivent et en sortent à moins de frais que par la voie de Rochefort, la liberté sollicitée

(1) Lettre du 17 juillet 1772.

par Rochefort ne fera rien perdre à la Rochelle; mais si, par la nature des choses, les avantages des acheteurs et des vendeurs les attiraient par préférence à Rochefort, il serait injuste de leur en ôter la faculté (1). »

Les efforts de Turgot échouèrent, malgré l'évidence de sa démonstration, et le port de Rochefort demeura fermé jusqu'au jour où Turgot parvint au contrôle général.

Pendant que Turgot cherchait à assurer la prospérité de l'agriculture, il ne négligeait point l'industrie dont il reconnaissait l'importance; car sa doctrine physiocratique n'avait jamais signifié que l'industrie et le commerce fussent inutiles, et Turgot n'employait que rarement le mot équivoque de *stérile* dont se servaient les autres physiocrates. C'est sous son administration et ses auspices que fut fondée l'industrie des porcelaines de Limoges.

Les frères Laforêt, fabricants de cotonnades à Limoges, ayant demandé des lettres de noblesse, le monopole et l'exemption de certaines charges, Turgot, appelé à donner son avis sur cette affaire, se trouva placé entre ses principes et son désir d'aider au développement de l'industrie. Il fit la part de l'un et de l'autre avec un parfait discernement. Il

---

(1) La lettre au contrôleur général avait été écrite le 7 juillet, dix jours avant celle qui avait été adressée au maire de Rochefort. *Œuvres*, t. I, p. 374.

conclut au rejet de la demande, en ce qui concernait les lettres de noblesse, récompense trop haute pour des services utiles mais secondaires. Quant au monopole, sa protestation fut énergique ; il poussa l'attachement à ses principes jusqu'à l'indignation. Mais Turgot demanda qu'on accordât quelques avantages ou exemptions à ses utiles industriels, et Trudaine, qui était alors directeur du commerce, adopta pleinement l'avis de l'intendant.

VIII

TURGOT MINISTRE DE LA MARINE.

Turgot signala son passage au ministère de la marine par quelques actes louables et surtout par des projets. Pour ménager les finances de l'État, il voulait faire construire en Suède la plus grande partie de nos navires, parce qu'en raison de la proximité des bois l'établissement y était moins coûteux que chez nous. S'il gardait en France une certaine quantité de travaux, c'était pour ne pas laisser perdre l'art des constructions navales et conserver des ouvriers, qui au besoin, fussent en état de tenir la flotte à un assez haut degré de puissance. La bonté de ce projet dépendait beaucoup de la mesure qui aurait été gardée ; car, puisque Turgot reconnaissait lui-même qu'il fallait, pour les éventualités de la défense nationale, garder des ouvriers habiles, comment en aurait-il conservé un nombre suffisant si la plus grande partie des travaux avait été confiée aux Suédois? Quand il s'agit d'un service qui intéresse la défense de l'État, ce n'est pas seulement d'après les principes de l'économie politique que les difficultés doivent être résolues; les questions militaires passent les premières, et il n'y aurait pas plus de prudence à dissoudre ou trop réduire les compagnies des ouvriers de la marine qu'à s'en remettre à l'étranger ou à l'industrie privée du soin de fabriquer nos armes de guerre. Encore une fois, nous ne pouvons pas juger le projet de Turgot sur ce point, parce que nous n'en connaissons pas l'étendue.

Le projet le plus important que Turgot ait formé au ministère de la marine, c'est l'abolition du système colonial et la création d'un grand centre commercial à l'île Bourbon.

Les colonies sont le prolongement de la mère patrie et un puissant moyen de propagation pour la civilisation de la métropole. La nation qui fonde de tels établissements remplit un rôle civilisateur, et les sacrifices qu'elle s'impose dans ce but sont faits dans l'intérêt de la plus noble des causes. Lorsqu'on blâme, comme on le fait souvent, la conquête si coûteuse de l'Algérie, il faudrait s'entendre sur le point de vue. Si on la juge comme opération économique, il est à peu près évident que jusqu'à présent la spéculation n'a pas été productive. Mais il faut considérer, avant tout, que nous avons colonisé un pays barbare, que sans notre intervention, sans nos sacrifices, il ne serait pas encore civilisé, puisque, même avec notre puissante action, l'initiative individuelle est si lente à transformer ce pays. Ainsi à l'origine de la colonisation, l'économie politique n'est pas compétente pour la juger, parce qu'il ne s'agit pas d'une opération commerciale, mais avant tout d'un fait de civilisation supérieur aux attributions de l'économiste. Celui-ci n'est compétent que le jour où les colonies ont assez grandi pour marcher d'elles-mêmes. Il s'agit alors de savoir si la métropole a intérêt à s'assurer le monopole du marché et du commerce coloniaux ou s'il ne vaudrait pas mieux ouvrir les ports au libre commerce dans les colonies comme sur le territoire de la mère patrie.

Les faits qui ont suivi l'émancipation des États-Unis de l'Amérique du Nord ont prouvé que la liberté commerciale n'est pas contraire aux intérêts de la métropole. Les commerçants avaient déclaré que si les États confédérés l'emportaient, c'en était fait de leur commerce; et cependant lorsque la nécessité eut forcé l'Angleterre à conclure la paix, les relations commerciales furent plus nombreuses et plus actives sous le régime de la liberté qu'elles ne l'avaient été sous celui de la restriction. Les mêmes marchands qui avaient annoncé leur ruine, pétitionnèrent quelques années plus tard pour demander l'élargissement du port de leur ville devenu trop petit par suite de l'extension du commerce avec les États-Unis. Les colonies ont été appelées la patrie d'outre-mer, et, par conséquent, les mêmes raisons qui veulent que les ports de la métropole soient ouverts s'appliquent à nos établissements coloniaux lorsqu'ils ont été amenés au point de développement où ils peuvent marcher seuls. Refuser la liberté commerciale aux colonies, c'est arrêter leur prospérité, et pour se ménager le monopole du marché, le restreindre volontairement. Ne vaudrait-il pas mieux laisser s'étendre le débouché et commercer sur le marché agrandi en concurrence avec tous les peuples ? N'est-il pas à peu près certain que nous profiterons pour la plus grande part de l'extension, puisque les habitudes prises conduisent les denrées des colonies à la métropole, et que celle-ci conserve par le gouvernement des moyens d'action et d'influence considérables sur le pays ? La part que prendra la concurrence étrangère sera largement compensée par l'agrandissement du marché colonial.

Turgot voulait que l'Ile-de-France fût ouverte aux navires de toute provenance ; « elle serait devenue le centre d'un commerce immense, l'entrepôt de tout celui que font en contrebande les officiers de toutes les compagnies européennes, le magasin général de celui qu'on appelle commerce d'Inde en Inde (1). » Toutes les marchandises indiennes et de la Chine y seraient venues, et les vaisseaux européens n'auraient eu à faire que la traversée des îles Bourbon et de France.

Ce projet fut-il seulement une idée théorique que Turgot s'était promis de mettre à l'étude? — Dupont de Nemours nous apprend qu'il était allé un peu plus loin (2) : « L'exécution en a été plus prochaine. Le choix de celui qui devait diriger à l'Ile-de-France les établissements et les institutions que M. Turgot y croyait nécessaires était fait. Il avait déjà reçu les premières instructions de la main de ce ministre, dans des lettres particulières qu'il conserve avec reconnaissance, amour et respect. »

IX

TURGOT CONTROLEUR GÉNÉRAL.

Turgot, devenu contrôleur, généralisa le mode d'assistance publique qu'il avait suivi dans le Limousin. Son instruction sur les *ateliers de charité* adressée aux intendants, le 2 mai 1775, n'est que la reproduction des mémoires que nous avons analysés dans

(1) Dupont de Nemours, *Mémoires*, p. 143.
(2) *Ibid.*, p. 144.

un paragraphe précédent. Il y recommande le choix des travaux sur les chemins, le paiement à tant par tâche et la répartition des tâches par famille ou brigade, sous la responsabilité du chef de famille ou du chef de brigade. Le paiement en monnaie de cuir ou *marreau* ne fut pas transféré dans le règlement et demeura, ce qu'il avait été jusqu'alors, une institution locale du Limousin ; les ouvriers devaient être payés en numéraire, suivant un décompte qu'il est intéressant de connaître. Comme dans chaque brigade il y avait des hommes, des femmes et des enfants, il s'agissait de déterminer la part qui reviendrait aux travailleurs des trois catégories ; partant de cette idée qu'en général les enfants ne gagnaient pas au delà de leur subsistance (1) et que souvent ils n'étaient même pas en état de le faire, Turgot établit qu'ils n'auraient point part au *prix net* de la tâche, quand ils seraient au-dessous de seize ans. « Cette disposition, ajoutait-il, est d'autant plus équitable que les enfants n'ont guère d'autre besoin que d'être nourris ; au lieu que les pères et mères sont chargés de l'entretien de toute la famille, et ont quelquefois de jeunes enfants hors

---

(1) Turgot paraît ici reconnaître que les salariés gagnent au delà de leur subsistance, puisque, dans ce décompte, il ne réduit à la simple dépense du vivre que les enfants et partage *l'excédant sur la subsistance* entre les hommes et les femmes. N'est-ce pas une contradiction avec ce qu'il a dit, à plusieurs reprises, avec tous les physiocrates, sur le taux des salaires ?

d'état de travailler qu'ils doivent nourrir sur le prix de leur travail (1). »

L'organisation des ateliers de charité demandait des règles particulières, dans les villes ; car l'instruction précédente s'appliquait aux paroisses rurales. La ville de Paris spécialement, à cause de l'énorme variété des industries qu'on y exerce, aurait trouvé des difficultés à employer des ouvriers spéciaux et délicats aux travaux grossiers des terrassements. Si on les y avait appliqués (car la faim contraint à tout faire), leur travail aurait été infructueux, et avec les plus grands efforts, ils n'auraient gagné que peu de chose. « Un nouveau travail, disait-il, ne peut être un secours efficace contre l'indigence, s'il n'est à la portée des différentes classes de sujets que le public n'est pas dans l'usage d'occuper. » Aussi Turgot voulait-il qu'on choisît des occupations à leur portée : « Les dentelles, les gazes, disait-il, et tous les autres genres d'ouvrages de cette nature, sont les objets qui pourront le plus, s'ils sont encouragés et soutenus, faire vivre un grand nombre d'artisans désœuvrés (2). »

Pour que toutes les forces de la charité fussent centralisées et bien distribuées, Turgot proposait de diviser la capitale en six arrondissements, administrés par six commerçants « agissant par esprit de charité

---

(1) *Œuvres de Turgot*, t. II, p. 461.
(2) *Œuvres de Turgot*, t. II, p. 451 et suiv.

et sans nul bénéfice. » Ces notables auraient été chargés de distribuer aux ouvriers assistés les matières premières, la filasse, le fil à dentelles ou la soie, d'après une estimation égale au prix de revient. Une fois fabriqué, le produit devait être offert à l'administrateur, qui l'achetait au prix fixé par lui, sauf le droit pour l'ouvrier de le vendre ailleurs en remboursant le prix de la matière qui lui avait été fournie. Par cette combinaison, les travailleurs étaient sûrs de trouver non-seulement du travail, mais un débouché toujours ouvert.

Turgot s'occupa aussi des secours à distribuer, en cas de maladie et d'épidémies. Un arrêt de 1769 avait fixé à 742 les petites boîtes de remèdes, et à 32 les grandes boîtes qui seraient envoyées aux intendants, pour être distribuées gratuitement. Ces chiffres furent élevés, par arrêt du 9 février 1776, à 2,258 dont 32 grandes, et 2,226 petites.

Les épidémies étaient presque toujours des maux imprévus qui prenaient la science des médecins ruraux au dépourvu. Les traitements variaient de paroisse à paroisse, et la guérison des malades dépendait presque toujours du hasard. Pour faire cesser ces expériences *in vilibus animis*, Turgot eut l'heureuse pensée d'établir à Paris une commission centrale, chargée de correspondre avec les médecins des provinces, sur tout ce qui serait relatif aux maladies épidémiques et épizootiques. De cette manière, les pays les plus éloignés profitaient des lumières des premiers médecins, et l'uniformité remplaçait les mille traitements imaginés par l'inexpérience. La commission se composait d'un directeur général (1) d'un commissaire général (2), de six docteurs en médecine et d'un certain nombre d'étudiants. « Lorsqu'un ou plusieurs desdits médecins, disait l'art. VI, seront envoyés dans les provinces, il leur sera remis par le médecin inspecteur et directeur général, ou par le médecin commissaire du roi en cette partie, un plan de conduite approuvé par le contrôleur général des finances, auquel ils seront tenus de se conformer, à peine de privation de leurs places (3). »

Une épizootie qui ravagea le Languedoc, les généralités d'Auch et de Bayonne, fournit à Turgot l'occasion de déployer tout ce qu'il avait de ressources d'esprit, pour les plus petits détails. Cette épizootie frappait les bêtes à cornes, c'est-à-dire les animaux employés à la culture, dans la plus grande partie des provinces méridionales ; c'était donc un fléau d'autant plus terrible qu'il menaçait l'avenir de l'agriculture. Un premier arrêt, pour prévenir la contagion, ordonna que toute bête attaquée serait

(1) M. de Lassone.
(2) M. Vicq d'Azyr.
(3) *Œuvres de Turgot*, t. II, p. 476.

immédiatement abattue, tailladée et enterrée (1). Il ne suffisait pas en effet de tuer les animaux malades; il fallait, en outre, empêcher que leur cuir ne pût communiquer la maladie. Afin de remplacer les animaux enlevés à l'agriculture, Turgot fit décider qu'une prime serait accordée par chaque cheval ou mulet vendus sur les marchés de Condom, d'Agen ou de Libourne; le taux de la subvention était de 24 livres (2).

Mais le mal prit une telle intensité qu'on ne tarda pas à comprendre que les injonctions adressées aux particuliers étaient insuffisantes. Les mesures individuelles, prises sans ordre ni ensemble, étaient impuissantes contre un mal qui sévissait partout et, dissipé sur un point, revenait par tous les côtés. D'ailleurs, les paysans se décidaient avec peine à obéir aux prescriptions de l'arrêt sur l'abatage, et, se flattant d'un vain espoir, conservaient les animaux infectés. Il fallait donc faire intervenir l'initiative administrative, sous peine de tout perdre. Était-ce une contradiction avec le principe tant préconisé par Turgot de tout laisser à l'initiative individuelle et de s'en rapporter à l'intelligence de l'intérêt privé? Nullement, puisqu'il s'agissait de la salubrité publique, c'est-à-dire de l'ordre public et de

(1) Arrêt du 18 décembre 1774 et un autre du 30 janvier 1775.
(2) Arrêt du 8 janvier 1775.

La mesure arrêtée par Turgot fut employée pour désinfecter quelques paroisses du Languedoc et du Périgord; elle consistait à isoler par un cordon de troupes l'espace à purifier; on envoyait ensuite dans chacune des paroisses situées entre les lignes du cordon, un détachement pour y faire exécuter, sous les ordres d'un élève vétérinaire, les arrêts de décembre 1774 et janvier 1775 et les instructions qui avaient été rédigées par M. Vicq d'Azyr. « Il est indispensable, disait Turgot, de mettre la plus grande exactitude et la plus grande fermeté dans l'exécution de ces ordres et de vaincre, par toute la force de l'autorité, la résistance de ceux qui refuseraient de s'y prêter (1). »

Quand une zone était désinfectée, on repliait le cordon vers les voisins encore malades, de telle sorte que le canton purifié ne fût accessible que par les côtés d'où la contagion ne pouvait pas venir. Les opérations étaient ensuite poussées de proche en proche; on ne quittait un canton que lorsque « les « bêtes séparées des bêtes malades étaient restées « saines assez longtemps pour qu'on ne craignît « plus qu'elles portassent le germe de la maladie « dans leur sang (2). »

Turgot recommandait d'employer l'infanterie pour

---

(1) *Œuvres*, t. II, p. 485.
(2) *Id., ibid.*, p. 486.

les détachements envoyés dans les paroisses et la cavalerie pour le cordon; « ce dernier genre de troupe, disait-il, est très-avantageux, soit pour courir après les conducteurs des bestiaux ou les marchands de cuirs qui auraient trompé la vigilance des gardes, afin d'en introduire du pays infecté dans le pays sain, soit pour se transporter rapidement dans les paroisses éloignées où la contagion peut se montrer tout à coup, au milieu des provinces jusqu'alors intactes. »

Turgot ne resta pas assez longtemps au pouvoir, pour prendre des mesures générales, en matière d'impôts. Le projet de *contribution territoriale et de cadastre* qu'il avait soutenu dans un mémoire composé à Limoges, ne fut pas réalisé. La chute du contrôleur général doit même, en grande partie, être attribuée à la crainte qu'inspirèrent aux privilégiés les opinions de Turgot en cette matière. Parmi les nombreux décrets ou déclarations qui sont relatifs aux contributions, nous ne trouvons que des mesures isolées et spéciales, toutes, il est vrai, subordonnées à la même pensée, mais ne constituant pas une refonte des diverses taxes en un système nouveau; Turgot quitta les affaires sans avoir pu supprimer la variété des impôts, et fut obligé de s'en tenir à quelques modérations de droits (1).

(1) Nous rejetons en note l'énumération du plus grand nombre de ces modifications partielles.

Il fut plus heureux, en matière de liberté commerciale ; car il put la délivrer de toutes les entraves intérieures, et, si la situation financière ne l'avait pas forcé à conserver un impôt très-productif, il n'aurait pas déposé le pouvoir sans attaquer les tarifs de 1664 et 1667. Toutes les fois que l'occasion se présenta, Turgot proclama et pratiqua résolûment son principe. Citons seulement une expérience concluante qu'il fit dans la ville de Rheims, à l'é-

Un arrêt de septembre 1774 supprima les sous pour livre ajoutés à différents droits établis sur le commerce.

Un édit de janvier 1775 supprima le droit, à l'entrée de la ville de Paris, sur le poisson salé et réduisit de moitié le droit d'entrée sur le poisson de mer frais, depuis le commencement du carême jusqu'à Pâques.

Un édit du même mois, pour favoriser nos pêcheries, disposa que toutes les morues sèches provenant de la pêche française seraient exemptes de tout droit perçu au profit du Trésor, soit à l'entrée des ports, soit à la circulation dans l'intérieur du royaume.

Cet édit, comme on le voit, réservait les droits d'octroi établis sur cette denrée.

Un arrêt d'avril 1775 exempta de tous droits d'entrée dans le royaume, les livres imprimés ou gravés, soit en français, soit en latin, reliés ou non reliés, vieux ou neufs venant de l'étranger.

Un édit de décembre 1775 supprima les droits sur les étoffes en passe-debout à Paris.

Plusieurs édits dont nous avons parlé au commencement, supprimèrent des régies anciennes et en établirent de nouvelles. Ces mesures furent prises, à trois points de vue : 1° pour faire cesser les conditions onéreuses que l'abbé Terray avait acceptées ; 2° pour diminuer le nombre des agents et des administrations ; 3° pour substituer le système de la régie directe par l'État à celui des entreprises privées ou fermes. C'est ce qui eut lieu notamment pour les poudres et les messageries.

poque du sacre. Jamais la liberté ne fut mieux démontrée par les faits.

Comme cette cérémonie attirait à Rheims un concours extraordinaire, il était d'usage de pourvoir à la subsistance de cette population flottante par des mesures administratives. Turgot voulut livrer cet approvisionnement au commerce, sûr d'avance que la spéculation suffirait à tous les besoins. Pour que l'expérience de la liberté fût plus complète, il fit rendre un édit qui supprimait les droits d'entrée, de gros et de détail sur les denrées alimentaires et les boissons, pendant le sacre et une période de huit jours après la cérémonie. Les fermiers ne pouvaient pas se plaindre de cette suspension des taxes, puisqu'au moment de leur bail ils n'avaient pas pu compter sur cette recette extraordinaire (1).

La mesure prise assez longtemps à l'avance pour qu'elle fût connue des commerçants, produisit le plus heureux effet; les denrées arrivèrent en abondance, et la liberté commerciale fit mieux que n'avait fait jusqu'alors la sollicitude de l'administration (2).

Le plus grand acte du ministère de Turgot fut assurément l'édit abolitif des jurandes et maîtrises. Il n'est pas utile de réfuter les remontrances que

(1) Édit du 15 mai 1775.
(2) Montyon est le seul écrivain qui nie le succès de cette expérience.

l'avocat général Séguier prononça lors de l'enregistrement, en lit de justice. Parmi les raisons qu'il développa, les unes font aujourd'hui sourire; les autres tenaient à des circonstances que la révolution a fait disparaître. Les faits ont démontré du reste combien étaient chimériques les dangers que l'orateur redoutait de la liberté du travail. L'accroissement de notre richesse industrielle, l'explosion d'activité qui a suivi la loi des 2-17 mars 1791 ont prouvé qu'il attribuait à tort notre prospérité aux règlements de Colbert et à l'organisation des communautés. S'il était vrai, comme il le croyait, que la qualité de nos produits venait du privilége appliqué aux métiers, pourquoi la liberté n'en a-t-elle pas diminué la perfection ? D'ailleurs qu'importe la qualité supérieure de la fabrication, et ne vaut-il pas mieux produire beaucoup à bon marché que de faire des œuvres plus parfaites inaccessibles à la majorité des consommateurs ? J'aimerais mieux l'immense développement d'activité industrielle de l'Angleterre que l'habileté déployée par l'industrie parisienne pour quelques articles de goût.

L'avocat général reconnaissait que l'abus s'était glissé dans l'organisation des communautés, et il osait même, avec les plus grandes précautions, demander quelques innovations. Jugez de la hardiesse de ce légiste ! « Il serait utile, il est même indispensable de diminuer le nombre des corporations. Il en est dont l'objet est si médiocre que la liberté la plus entière y devient, en quelque sorte, de nécessité. Est-il nécessaire, par exemple, que les bouquetières fassent un corps assujetti à des règlements? Qu'est-il besoin de statuts pour vendre des fleurs et en former un bouquet? la liberté ne doit-elle pas être l'essence de cette profession? où serait le mal quand on supprimerait les fruitières? Ne doit-il pas être libre à toute personne de vendre les denrées de toute espèce qui ont toujours formé le premier aliment de l'humanité?.... Il en est d'autres qu'on pourrait réunir comme les tailleurs et les fripiers; les menuisiers et les ébénistes ; les selliers et les charrons ; les traiteurs et les rôtisseurs ; les boulangers et les pâtissiers ; en un mot, tous les arts et métiers qui ont une analogie entre eux, ou dont les ouvrages ne sont parfaits qu'après avoir passé par les mains de plusieurs ouvriers (1). »

Mais voyez l'arbitraire ; les productions sont tellement solidaires que tout objet fabriqué, *avant d'être parfait, passe par plusieurs mains*, et il n'est pas une industrie qui ne fournisse à une autre sa matière première. Si l'avocat général avait suivi l'application de son idée, il serait arrivé à une énumération telle-

---

(1) *Procès-verbal du lit de justice. Œuvres de Turgot*, t. II, p. 336, et à la fin du volume, Notes et pièces, III.

ment longue qu'elle aurait embrassé tous les produits et toutes les industries. Ces petites et étroites distinctions durent faire sourire la physionomie ferme de Turgot, et le grand ministre qui osait regarder, sans trouble, le développement de la liberté, eut de la peine sans doute à réprimer un sentiment de mépris pour ces puériles concessions. Mais laissons les attaques inspirées par un esprit de résistance qui est depuis longtemps vaincu. La même thèse a été reprise par d'autres défenseurs obéissant, les uns à un regret général pour le passé, les autres à leur haine de l'individualisme.

Ceux qui pleurent encore les institutions aristocratiques de 1789 ont raison d'accorder leurs regrets aux priviléges de la bourgeoisie comme à ceux de la noblesse; il est de bonne tactique de défendre le système dans toutes ses parties. Bourgeois, disent ces adorateurs du passé, vous avez voulu être les égaux des gentilshommes; mais la tempête soulevée par votre orgueil a brisé les corporations, et le prolétaire a été élevé au-dessus de vos enfants. Vous n'avez abaissé ceux qui étaient au-dessus qu'en vous humiliant devant ceux qui étaient au-dessous. — Il s'agit bien d'orgueil et de vanité; l'abolition des priviléges a été servie peut-être par cette mesquine passion, mais elle avait pour but le triomphe de la justice. L'égalité devant la loi n'était pas seulement la victoire d'une classe sur une autre; c'était la réparation universelle, la délivrance de l'individu opprimé par la caste, la substitution de la valeur propre de chaque homme à la valeur qu'il tirait de son rang. A mon tour je dirai : Bourgeois, que vous importe d'avoir perdu vos priviléges de second ordre? Vous avez été ramenés au prolétariat dont vous sortiez; mais du moins la voie est libre, et le prolétariat où vous êtes rentrés n'est pas retenu par une loi tyrannique dans une invincible infériorité. Si vous avez reçu de la nature ce qu'il faut pour le premier rang, rien ne s'oppose à ce que la volonté de Dieu s'accomplisse, et si vous ne le prenez pas, c'est que vous n'y étiez point appelés.

Les détracteurs de la seconde catégorie, sans regretter les priviléges dont ils sont les ennemis, attaquent les conséquences meurtrières de l'individualisme. Toute leur argumentation se réduit au tableau de la misère qu'ils rattachent à la concurrence. *Væ victis!* Ce fut le cri du barbare vainqueur; c'est, disent-ils, celui de l'homme habile et heureux qui écrase le pauvre de son bonheur. Dieu a-t-il donc créé les forts pour fouler les faibles et n'est-il pas plus conforme aux desseins providentiels que les premiers protégent les seconds? Puisque tant de générosité ne doit pas être attendu des privilégiés envers les déshérités, que l'État, disent-ils, se charge de ce soin et comble les distances ou les empêche de naître par une intervention constante dans les rapports privés. Ces objections aboutissent au droit au travail ou au communisme sur lesquels nous nous sommes expliqué à deux reprises en parlant du droit de propriété et de la rente foncière.

CONCLUSION

Si la révolution s'était faite pacifiquement et conformément au programme de Turgot, la France vivrait probablement encore sous le gouvernement des héritiers de Hugues Capet; la noblesse aurait perdu ses priviléges, mais elle serait devenue une aristocratie politique avec une grande influence sur la marche des affaires publiques; n'était-elle pas encore puissante par la propriété territoriale, et Turgot ne faisait-il pas découler le Pouvoir du suffrage confié aux propriétaires fonciers? La participation au gouvernement aurait bientôt été préférée par la noblesse aux charges de cour, et nous aurions vu s'établir dans ce pays des institutions analogues à celles de l'Angleterre, institutions que le dix-huitième siècle était si disposé à accepter depuis que Montesquieu les avait fait connaître. Lorsque les gentilshommes se réjouirent si bruyamment de la chute de Turgot, ils applaudirent donc aveuglément et sans s'apercevoir des conséquences que la disgrâce du contrôleur général renfermait; car, ce jour-là, fut perdue d'une manière irréparable; l'occasion qui leur était offerte de renaître à la vie politique et de changer le bougeoir de la domesticité royale contre l'influence d'une classe prépondérante. La noblesse vaincue sur le terrain de la féodalité se serait relevée par l'influence d'une assemblée où elle aurait dominé; en défendant les intérêts de tous, en devenant à son tour l'alliée du tiers état, qui avait jusqu'alors combattu avec les rois, elle aurait réparé les défaites qu'elle avait constamment éprouvées depuis Louis le Gros.

Faut-il regretter que les choses aient pris une autre direction? Quand on ne considère que les sacrifices, les déchirements que la révolution nous a coûtés, de semblables regrets sont naturels. Mais si j'examine les résultats, l'état social dans lequel nous vivons, les mœurs publiques de notre époque, je ne saurais trouver assez d'énergie pour proclamer que je me réjouis d'être de ce temps, et que, en comparant notre situation avec celle des autres peuples, je ne voudrais pas, tout sentiment de patriotisme demeurant réservé, changer ma qualité de citoyen français pour la qualité de citoyen dans un autre pays.

En France, la cause des aristocraties est définitivement perdue, et il semble que leur puissance soit incompatible avec nos mœurs. Les aristocraties qui se sont succédé au pouvoir s'annulent réciproquement, et par des coalitions diverses elles s'opposeraient au triomphe ou amèneraient la chute de celle qui serait momentanément la plus forte. Le règne des classes ou des ordres est terminé, et la puissance appartient désormais à tous, à l'opinion publique d'abord et, en second lieu, aux influences individuelles.

Ces chutes successives qui ont renversé l'ancienne noblesse féodale, la noblesse-impériale, l'aristocratie bourgeoise, ont produit de grands désastres, des malheurs individuels et des souffrances publiques. Mais les lois de l'histoire veulent que le bien sorte du mal.

En se succédant au pouvoir et dans l'opposition, les aristocraties ont, les unes après les autres, invoqué la liberté et l'égalité devant la loi, c'est-à-dire les principes de la saine démocratie. Chose digne de remarque! Les circonstances ont forcé les partis aristocratiques à défendre, chacun à son tour, des idées qui sont pour eux un arrêt de mort. En s'attaquant réciproquement, ils ont tous contribué à démontrer que le mérite personnel était la seule base légitime des distinctions et qu'il n'y avait de possible que l'aristocratie personnelle, c'est-à-dire la démocratie. Les gouvernements comprennent et comprendront mieux, chaque jour, que là est la force, le véritable appui du pouvoir; car, cette force se renouvelle sans cesse et se retrempe à chaque génération aux sources vives de la nation. Qu'importe que l'esprit de corps manque à ces hommes nés d'hier? C'est un préjugé de moins et, par conséquent, une force de plus. L'esprit de corps a perdu toutes les compagnies puissantes, parce que c'est sous l'empire de ce sentiment qu'elles ont voulu vivre et se renouveler par elles-mêmes, au lieu de chercher à se fortifier par les influences qui s'étaient formées en dehors. Les hommes exclus par l'esprit de corps ont sapé les institutions auxquelles ils ne participaient point, et on ne s'est pas aperçu que le même esprit qui donnait aux aristocraties quelque force de résistance développait autour d'elles l'attaque qui devait entraîner leur chute.

Il faudrait avoir bien peu observé les besoins de notre époque pour ne pas s'apercevoir que la tendance la plus marquée nous conduit à la réalisation de la justice, c'est-à-dire à l'absence du privilége. Ce n'est pas qu'en France chacun n'aspire à primer son voisin et ne se réjouisse d'une faveur arbitraire tout autant que d'une récompense méritée. Mais précisément parce que nous détestons les avantages dont d'autres sont appelés à profiter, nous parlons tous d'égalité et nous en parlons sincèrement. Ces tendances ne viennent peut-être pas des plus nobles instincts de notre âme, puisqu'en somme la jalousie est au fond; mais qu'importe, si cette passion peu généreuse conduit à de bons effets?

Comme on l'a souvent reconnu, l'égalité est l'idée prédominante dans ce pays, et nous y sommes beaucoup moins préoccupés de liberté politique. Il y en a qui attribuent cette indifférence, en matière de liberté, à l'absence d'une aristocratie, et on cite l'exemple toujours prêt de l'Angleterre. Mais n'est-il pas facile d'opposer l'exemple contraire de la Belgique, de la Hollande et des États-Unis? — Y a-t-il dans ces trois pays une noblesse ayant des droits propres et d'autres avantages légaux que le plus humble des citoyens? Dans toutes les contrées où il y a eu une aristocratie privilégiée, il est impossible de lui enlever l'influence de fait qu'elle doit à sa position distinguée, et, sous ce rapport, il reste encore beaucoup aux aristocraties de notre pays. Mais les privilèges légaux sont séparés par un abîme de cette influence. En Belgique et en Hollande, comme chez nous, l'aristocratie n'a plus que cette situation de fait, et cependant la liberté politique y est aussi pleine que possible. En matière politique, ainsi qu'en beaucoup d'autres, tant de combinaisons sont possibles qu'il ne faut pas considérer la liberté comme exclusivement attachée à une forme ou à une classe. L'histoire prouve que plusieurs chemins conduisent au même but.

La mobilité de nos institutions politiques et la fréquence de nos révolutions ont pu avoir leurs inconvénients, mais elles ont eu aussi l'avantage de forcer tous les hommes politiques à invoquer la liberté, et de là est résulté un mouvement dans l'opinion publique dont nul parti ne pourra méconnaître la voix.

Quand on n'est pas un politique matérialiste et à courte vue, il est impossible de ne pas remarquer que toutes les révolutions se sont faites au nom du droit contre la force, et que, si le droit a pu être longtemps réduit au silence, il a fini par avoir son tour et par dissoudre peu à peu les forces les plus redoutables. Les esprits superficiels sont les seuls qui considèrent toutes les révolutions comme des événements de hasard qui auraient échoué si on n'avait pas oublié de fermer une porte ou de prendre quelque mesure de police. Qu'on examine avec attention les révolutions, l'on verra que toutes se sont faites au nom d'un droit méconnu et qu'elles ont eu pour agent l'opinion publique, à laquelle la victoire demeure toujours ; car de quoi sert-il d'avoir des armes si le courant de l'opinion finit par entraîner les hommes qui les portent ? Ceux-là donc sont des politiques éclairés qui enlèvent à leurs adversaires tout moyen d'action sur l'esprit public, en s'assimilant les idées généreuses. Turgot appartenait à cette catégorie de politiques, et c'est pour cela qu'on a pu dire qu'il aurait prévenu la révolution en s'appropriant par des réformes ce qui faisait la force et ce qui a fait le succès du mouvement de 1789.

Nous jouissons en France d'une égalité telle que nulle part ailleurs elle n'a été portée à un degré supérieur, et que dans une foule de pays, même parmi les plus libéraux, elle n'existe que dans une plus faible mesure. Je n'oserais pas affirmer qu'en France il ne reste plus aucune trace des mœurs féodales; mais ce qui est incontestable, c'est que chez aucun peuple la destruction de l'ancien régime n'a été aussi radicale que chez nous. Oui, « la démocratie coule à pleins bords, » et ce qui était un cri d'alarme dans un autre temps est le plus grand éloge qu'on puisse faire de notre état social. Elle coule à pleins bords; car, les premières positions appartiennent à des hommes venus de tous les rangs; le pouvoir est facilement accessible à ceux qui sont capables de l'occuper, et bien loin que les occasions manquent aux hommes, il faudrait plutôt déplorer que les hommes manquent aux circonstances. A part la Belgique et la Hollande, où l'occupation française a laissé nos idées, quel est l'État européen où chacun, quelle que soit son origine, puisse aussi facilement prendre le rang qu'il mérite? — La démocratie coule à pleins bords; car, chez nous, la propriété est divisée, et par ce morcellement l'indépendance est descendue jusqu'aux derniers rangs de la société. Les liens qui, en Angleterre, attachent encore le cultivateur aux propriétaires, sont brisés chez nous et si nous n'avons pas la liberté politique aussi grande à l'égard du souverain, l'égalité a fait le citoyen français plus indépendant dans les relations quotidiennes.

Il y a des écrivains qui affectent de ne pas tenir cette égalité en grande estime, parce que la liberté politique n'a pas suivi la même progression, et que, selon eux, il faut attribuer au développement excessif de l'égalité les défaites de la liberté. S'il était vrai que les deux choses fussent incompatibles, le citoyen français n'aurait peut-être pas la moins bonne part. Mais aucune contradiction n'existe entre les deux idées, et puisque d'autres peuples sont parvenus à les mettre d'accord, nous y parviendrons, nous qui avons été les plus vaillants initiateurs de la liberté en Europe.

Qui donc a pu dire que nous étions un peuple en décadence et que les mauvais temps de l'empire romain avaient commencé par nous? Si cette comparaison était exacte dans toutes ses parties, nous aurions encore cinq siècles à vivre, et cette perspective est propre à nous faire supporter la prophétie. Mais ces prédictions ne peuvent venir que d'esprits moroses qui adressent à la nation les griefs qu'ils peuvent avoir contre quelques hommes. Le peuple français est toujours vaillant, moral, intelligent et généreux ; tant que ces qualités le distingueront, il ne sera pas permis de parler sérieusement de notre décadence.

Mais nous sommes, dit-on, les fils d'un siècle d'argent, nous avons soif de jouissances matérielles, nous sacrifions tout à la convoitise, et

> La vertu sans argent est un meuble inutile.

Ce vers n'a pas, que je sache, été fait de notre temps, et par sa date on peut juger que le reproche n'est pas nouveau. Il appartient à une époque qu'on appelle le grand siècle, et, par conséquent, on peut le recevoir sans se croire en décadence. L'historien se trouve constamment placé entre des courants qui tantôt font prédominer la vie morale et intellectuelle, tantôt au contraire ramènent le règne des intérêts matériels. Même aux époques les plus grandes par l'intelligence, on a élevé des plaintes contre la puissance de l'argent ; on les retrouve aux siècles d'Auguste et de Louis XIV. Si, depuis quelques années, notre pays a cherché les fortunes rapides et demandé au jeu ce qui ne doit être que la récompense du travail, déjà aussi la réaction commence, et je suis assuré que bientôt l'estime publique aura repris sa direction légitime. J'affirme que ceux qui ont dédaigné les travaux de l'esprit seront, dans un temps rapproché, surpris de se trouver isolés au milieu d'une société rendue aux nobles préoccupations de la vie morale. Nous verrons alors si ce peuple qui donnait naguère des héros à l'histoire, n'est pas encore capable de produire des penseurs et des orateurs. N'allons pas prendre pour la mort le sommeil qui prépare une activité nouvelle, ou confondre le repos d'un peuple fort qui n'est que fatigué avec la décomposition de sa vieillesse.

NOTES ET PIÈCES

Turgot jugé par Montyon dans ses *Particularités sur quelques ministres des finances*, p. 175-192 (1).

Il est peu d'hommes entre lesquels la nature ait établi un contraste plus prononcé qu'entre M. l'abbé Terray et M. Turgot son successeur : forme extérieure, manières, mœurs, opinions, sentiments, procédés, sous tous les rapports ils différaient. Lorsqu'il n'y avait pas opposition, il y avait au moins disparité : ces deux ministres semblaient être des espèces diverses.

Une figure sombre, dure, repoussante, signalait la dureté de l'âme et l'insensibilité de l'abbé Terray. La figure de M. Turgot était belle, majestueuse, avait quelque chose de cette dignité remarquable dans les têtes antiques. Cependant sa physionomie n'était ni douce, ni agréable, manquait d'expression décidée et avait quelque chose d'égaré.

Les manières de l'abbé Terray étaient simples et lourdes : son élocution était concise et sèche, mais claire et juste ; dans la société il parlait peu, parce qu'il ne se sentait aucun besoin de communiquer ses idées ni ses sentiments et n'y trouvait point de plaisir. Quand il voulait plaisanter, ce qui

(1) Les notes qui ne portent pas les lettres A. B., sont de Montyon. Nous avons signé de nos initiales les observations que nous avons faites pour répondre aux injustes critiques de l'auteur que nous citons. Montyon était un conseiller d'État, ancien intendant, ancien maître des requêtes ; il était imbu de tous les préjugés de la magistrature ancienne. Pendant la révolution, il émigra et, suivant l'usage constant des vaincus, il récriminait contre les amis qui avaient cru pouvoir sauver la royauté en faisant des concessions. Ne soyons pas surpris de trouver un homme exprimant cette idée en 1812, puisque de nos jours encore, un écrivain a développé en trois volumes cette thèse paradoxale que la révolution n'avait eu d'autre cause que l'esprit imprudemment réformateur de Louis XVI. (*Causes de la révolution française*, par Granier de Cassagnac.)

était rare, ses plaisanteries sentaient l'antichambre. Les manières de M. Turgot avaient quelque chose de noble, cependant de gêné et d'embarrassé ; il y avait de la disgrâce dans son maintien et de la gaucherie dans tous ses mouvements. Quand il était dans un cercle, il semblait être dans un élément qui lui était étranger, et il était déplacé partout ailleurs que dans son cabinet. Son élocution était pénible, diffuse, obscure ; mais il en sortait, de temps en temps, des pensées profondes et des idées lumineuses. Sa conversation tournait presque toujours en dissertation, il était rare qu'il plaisantât : cependant il se permettait quelquefois une ironie qui était plus pensée que gaie.

Un déréglement de mœurs qui allait jusqu'à la crapule, était le genre de vie qui plaisait à l'abbé Terray. Son état d'ecclésiastique en aggravait l'indécence ; et ses liaisons avec les femmes n'étaient même pas colorées par l'apparence du sentiment. M. Turgot, qui n'était gêné ni par son état ni par les liens du mariage, a toujours eu une conduite décente. Il y a lieu de croire qu'il n'a pas été sans penchant et sans attachement pour le sexe ; mais les objets de ses liaisons n'ont jamais été que soupçonnés.

Quoique né avec une grande fortune, l'abbé Terray s'occupait sans cesse à l'accroître ; et s'il ambitionnait les grandes places, un de ses motifs principaux était le traitement pécuniaire qui y était attribué. M. Turgot, né avec une fortune médiocre, tournait ses désirs à celle nécessaire à la représentation qu'exigeaient les fonctions qu'il avait à remplir ; il ambitionnait les grandes places, mais ne recherchait la puissance que comme un instrument de bienfaisance. En lui, l'ambition même était une vertu.

Cette affection pour l'espèce humaine, ce désir de contribuer à son bonheur étaient sa passion dominante, et même unique ; et elle était d'une si grande pureté, d'une si grande sublimité, qu'il bornait ses vœux à la réalité du succès, sans que la gloire de l'avoir opéré fût pour lui une récompense nécessaire. L'abbé Terray désirait aussi d'améliorer le sort de la nation; mais c'était pour que les contribuables les plus riches pussent supporter les plus fortes contributions.

Il n'y avait pas entre eux moins de différence dans les talents ministériels qu'en morale. La tête de M. Turgot était dans une fermentation continuelle, toujours occupée d'innovations et de projets; les idées de l'abbé Terray étaient bien plus circonscrites, mais précises et justes; son esprit ainsi que son caractère avaient une tendance au repos qui tenait de l'apathie, et quand l'affaire du moment qui était sur son bureau était terminée, il croyait n'avoir plus rien à faire. Ce n'était qu'alors que commençaient les grandes méditations de M. Turgot.

Nous avons vu que l'abbé Terray écoutait sans répugnance et sans humeur les représentations et les objections contre les places; rarement il se livrait à la discussion, quelquefois même il avouait la force et la justice de l'objection. Souvent M. Turgot se refusait aussi à la discussion, mais son silence avait une expression de dédain : on entrevoyait qu'il ne répondait point à l'objection, parce qu'il estimait qu'elle ne méritait pas de réponse et qu'on n'était pas à la hauteur de ses conceptions. Lorsqu'il défendait ses principes, c'était avec une aigreur offensante, et il attaquait le contradicteur plus que l'argument.

Aux yeux de M. Turgot toute l'espèce humaine était divisée en trois classes : la première, qui en composait la grande masse et la presque totalité, était formée de tous ceux qui ne s'occupaient point de spéculations économiques (1); il n'y voyait que le résidu de la société, et lors même qu'il s'y

(1) Turgot ne s'occupait pas que d'économie politique, et nous avons suffisamment démontré que son intelligence était d'une rare étendue. Il est facile de voir par là combien est injuste l'appréciation qui tendait à en faire un esprit exclusif et entiché d'une spécialité. La lettre à Mme de Graffigny prouve qu'il ne bornait pas ses travaux aux spéculations économiques. Montyon s'est fait ici l'organe des gens du monde qui se croient le droit de mépriser les philosophes et s'étonnent ensuite si les philosophes le leur rendent. A. B.

trouvait des esprits ou des talents d'un ordre supérieur, il n'y donnait que peu d'attention, parce qu'il n'apercevait en eux qu'un mérite secondaire et hétérogène à l'objet de ses méditations. Les contradicteurs de ses opinions qui formaient la seconde classe, lui paraissaient ou des hommes stupides, ou des esprits faux ; il était même assez ordinaire qu'il leur refusât la probité et la bonne foi ; et c'était dans leur perversité qu'il croyait trouver la cause de leur dissentiment. La troisième classe, très-peu nombreuse et à ses yeux la classe d'élite, était composée de ses sectateurs ; ils lui paraissaient des êtres supérieurs en intelligence et en morale ; il les croyait capables de tout, leur confiait les fonctions auxquelles ils étaient le moins propres, et si quelquefois il a eu sujet de se plaindre de leur infidélité, leur croyance l'a disposé à l'indulgence parce qu'il portait, en administration, la superstition et le fanatisme qu'il reprochait aux sectes religieuses. L'abbé Terray, sans avoir beaucoup réfléchi sur ce qu'est l'espèce humaine, et sans y établir de distinctions, estimait que, pour presque tous les hommes, l'amour du bien public et la démonstration d'un sentiment noble n'étaient que le masque de l'intérêt personnel, et que le moyen le plus sûr de disposer d'eux était de servir cet intérêt. — Malheureusement cette honteuse opinion l'a souvent conduit à des résultats justes.

Tant de différences dans les qualités personnelles et dans les opinions, en annonçaient et en nécessitaient une grande dans l'administration. Aussi le changement a-t-il été subit et intégral ; mais laissons le parallèle et ne voyons plus que M. Turgot (1).

Il était d'une noblesse si antique et si illustre qu'il en existe peu de pareilles dans la magistrature, et quoique cet avantage

(1) Non-seulement M. Turgot comptait parmi ses aïeux de preux chevaliers qui s'étaient signalés aux croisades, mais on faisait remonter son origine jusqu'à ces Danois, anciens conquérants de la Normandie, et même on le faisait descendre d'un Togut, roi environ mille ans avant l'ère chrétienne.

soit, avec raison, de peu de considération en administration, il n'y est pas absolument nul : soit parce que le public croit toujours revoir les grands hommes dans leurs descendants, quand, par la déchéance de leurs qualités, ils ne mettent pas de grands obstacles à l'idée de cette représentation ; soit parce que, dans ses descendants, le souvenir des aïeux détourne des actions basses et malhonnêtes qui déshonoreraient un nom célèbre.

L'état ecclésiastique fut la première carrière dans laquelle fut engagé M. Turgot, et en théologie, il soutint des thèses, où il défendit avec éclat et succès des vérités sur lesquelles, depuis, on l'a accusé d'avoir plus que des doutes.

Il renonça à cet état pour celui de la magistrature, qui depuis longtemps était celui de sa famille ; mais il n'en goûta jamais les discussions épineuses et chercha à s'en distraire par la littérature et par les sciences. Il composa pour l'Encyclopédie plusieurs articles de métaphysique estimés, et c'est là qu'il puisa le genre d'esprit que, depuis, il a porté dans l'administration.

Nommé à l'intendance de Limoges, il s'y distingua par la suppression des corvées : opération juste et louable en ce qu'elle fit retomber sur les propriétaires de terres la charge de la construction et de l'entretien des chemins, qui portait en grande partie sur des manouvriers ; cependant opération qui, de la manière dont il y procéda, était très-irrégulière et très-injuste, en ce qu'il employa au rachat de la corvée des fonds destinés à des décharges d'impositions en faveur des contribuables qui avaient éprouvé des pertes dans leurs récoltes (1). Cette irrégularité et cette injustice ne furent point aperçues, ou furent excusées par le grand enthousiasme qu'avait excité la suppression d'une charge si onéreuse (2).

---

(1) Nous avons déjà démontré combien ce reproche est mal fondé et annonce une connaissance superficielle de l'administration. A. B.

(2) Que le manouvrier, qui est sans propriété foncière, soit affran-

Dans cette intendance, il commença à établir les principes de la secte économiste dont il devint bientôt le chef : ce qui lui valut des admirateurs d'autant plus enthousiastes, qu'ils étaient moins éclairés par l'expérience. Subordonné dans l'intendance du Limousin à des règlements qui lui déplaisaient et aux idées variables des contrôleurs généraux qui se succédaient fréquemment, il désirait se placer sur un plus grand théâtre où il pût donner l'essor à ses opinions. D'ailleurs accoutumé à vivre dans la capitale avec des hommes savants et de beaucoup d'esprit, il se déplaisait à Limoges, où il ne pouvait trouver les mêmes avantages. Il en fut tiré par sa nomination au ministère; mais le ministère fut celui de la marine pour lequel il n'avait ni attrait, ni disposition, ni connaissances acquises (1). Ordinairement les ministres des finances quittent leur département pour celui de la marine, moins pénible, moins orageux, plus stable ;

chi d'un travail dont l'objet n'est directement utile qu'au propriétaire du sol, c'est une disposition dont la justice est évidente; mais, comme cet affranchissement ne peut avoir lieu qu'en en rejetant la charge sur les propriétaires de terres, la conversion d'un travail en nature en une rétribution pécuniaire est susceptible de considérations qui n'ont pas été assez pesées. Il aurait fallu observer comment cette conversion devait être opérée, si elle était également avantageuse pour tout genre d'ouvrages, confection ou entretien des chemins ; si elle était également convenable dans tous les pays, dans ceux où le genre de culture laisse pendant quelque temps les hommes et les animaux destinés à la culture sans occupations et dans ceux qui offrent un objet de travail continuel ; dans les pays riches et dans ceux où il y a peu d'argent ; dans quelle proportion la contribution doit être répartie ; si elle doit peser sur les produits du sol seulement, et également sur les terres qui sont à proximité du chemin et sur celles qui par leur distance en tirent peu d'avantage, etc., etc.

(1) Quand il reçut la nouvelle qu'il était nommé ministre de la marine, il dit : « *Au moins je ne retournerai plus à Limoges.* M. de Maurepas, qui désirait entourer le trône d'hommes vertueux, l'appela au ministère. Mme la duchesse d'Anville, admiratrice enthousiaste de M. Turgot, en avait parlé avec ce sentiment à M. de Maurepas, qui avait pris l'opinion de cette duchesse et de la société pour une opinion générale et nationale. D'ailleurs M. de Maurepas, parent des Larochefou-

M. Turgot suivit une voie contraire, quitta la marine pour les finances, parce qu'il espérait par leur reconstitution faire le bonheur de la nation.

Dès les premiers pas dans la nouvelle carrière, il débuta par une double faute : il fit arrêter les agents de l'abbé Terray pour l'approvisionnement des blés, comme coupables de manœuvres ; ce qui fit concevoir au peuple des soupçons auxquels il n'est que trop disposé dans les temps de disette. Après avoir fait cet éclat, il ne put trouver ces agents en tort, soit qu'ils n'y fussent point, soit qu'il n'eût pas pris des mesures assez promptes et assez justes pour acquérir des preuves de leurs manœuvres. Imprudent dans sa sévérité, il l'a été encore dans ses affections et sa bienfaisance ; il a pris pour ses coopérateurs des illuminés, ses partisans, dont les idées étaient gauches (1) et l'expérience nulle ; d'autre part, pour se faire regretter dans le Limousin, il accorda à cette province une diminution du montant de ses tailles qui fut répartie en augmentation sur les provinces voisines, sans qu'il y eût preuve que les provinces fussent imposées dans une proportion moins forte que le Limousin et sans qu'il eût été fait aucune vérification qui justifiât ce rejet (2). Il y avait déjà eu des exemples de ces faveurs irrégulières (3), mais les exemples ne formaient point autorisation pour un ministre ami de la justice.

En écartant les détails, si l'on considère l'administration

---

cault et des Mailli, avait pour eux une grande déférence, et cherchait à s'identifier avec ces maisons, dont l'alliance illustrait la famille des Philipoteaux.

(1) Les *illuminés* dont parle Montyon ont créé la science économique dont les enseignements prennent une place chaque jour plus importante dans le gouvernement.   A. B.

(2) Turgot avait toujours demandé le dégrèvement du Limousin, et il a agi d'après sa conviction.   A. B.

(3) Quand le cardinal de Fleuri fut principal ministre, il fit accorder à la viguerie de Fréjus, où il avait été évêque, une diminution d'impôt qu'il fit répartir sur les autres vigueries de la Provence, sans prouver que cette viguerie fût plus imposée que les autres.

de M. Turgot dans toute son étendue, si l'on remonte jusqu'à ses principes, un vaste horizon se découvre. Peu de ministres ont eu des idées plus vastes, des conceptions aussi hardies. Son esprit tenait de la nature du génie ; il apercevait toutes les affaires sous les plus grands rapports, en sondait les éléments, en pénétrait l'essence ; mais malheureusement il voyait tout en abstraction, dédaignant de porter ses regards sur les faits, ne faisant aucune attention au pays qu'il régissait, au siècle où il vivait, aux institutions établies, aux usages admis, aux préjugés, aux intérêts. Quand même ces idées auraient été justes, il aurait échoué dans toutes ses entreprises, parce qu'il ne savait manier aucun des moyens nécessaires pour les faire réussir ; il voulait gouverner par des démonstrations, ne considérant l'homme que comme un être intelligent et non comme un être sensible et mû par son intérêt. Son plan d'administration était de perfectionner l'entendement humain dans la conviction que plus le peuple serait éclairé, plus il serait soumis aux lois, dans lesquelles il reconnaîtrait une vocation à l'ordre de choses le plus favorable à son bonheur : plan d'autant plus faux, qu'on ne peut donner à la masse du peuple qu'une instruction incomplète, et que les demi-connaissances sont plus dangereuses que l'ignorance absolue dont on a la conscience : et on ne tarda pas à en avoir d'évidentes et funestes preuves (1).

Toute l'administration de M. Turgot est le développement de sa confiante présomption dans la sagesse populaire (2), et toutes ses fautes en sont la suite : il a voulu que, pour la

(1) Montyon reproche à Turgot d'avoir voulu appliquer ses idées sans tenir compte des faits. Son administration du Limousin a prouvé d'une manière éclatante que Turgot, malgré le caractère généralisateur de son esprit, donnait son attention aux faits les plus petits. Les *intérêts menacés* trouveront toujours que le réformateur des abus n'a pas l'esprit des affaires. A. B.

(2) Turgot croyait, non à la sagesse populaire, mais à la puissance des lois naturelles en général et, en particulier, des lois économiques. A. B.

subsistance de la nation, le gouvernement s'en rapportât à la nation elle-même et se reposât de l'importation des grains sur l'avantage que les commerçants y trouveraient. Cependant, d'après ces errements, la subsistance a été compromise; des insurrections ont signalé les premiers moments du règne de Louis XVI (1), et si les amis et les partisans de M. Turgot ne l'avaient pas engagé à modérer ses principes, au moins pour la ville de Reims pendant le sacre du roi, il eût été possible que cette inauguration eût été troublée par les violences d'un peuple famélique.

Le système réglementaire qui dirigeait l'industrie, et conférait à des confédérations des droits exclusifs pour la confection de la plupart de ses œuvres, paraissait à M. Turgot une usurpation de la puissance sociale sur les droits naturels de l'homme. Presque toutes les carrières de l'industrie et du commerce ont été ouvertes à qui a voulu y entrer. On a pu se livrer à tout genre de fabrique sans être assujetti à une preuve de capacité (2). A peu d'exceptions près, toutes sortes de marchandises ont pu être mises en vente, sans que la bonne qualité en fût constatée. Ceux des ports étrangers où les navires de certaines compagnies de commerce étaient seuls admis, ont été ouverts aux navires de tout négociant français. Les distinctions, les restrictions, les prérogatives établies depuis longtemps, conformes à l'usage des autres pays, justifiées par le succès, ont été abrogées. Une gêne excessive avait nui aux progrès des arts et aux spéculations. Cette liberté illimitée aurait dégénéré en licence et aurait été plus pernicieuse encore. Dans nombre de marchandises l'avantage de la fraude et la facilité de la voiler aux yeux du public auraient porté à

---

(1) Il y a eu des insurrections sous le régime réglementaire comme sous le régime de la liberté. Les insurrections venaient de l'ignorance des populations développée par l'influence du régime réglementaire et les habitudes qu'il donne au peuple de compter sur le gouvernement.
A. B.

(2) Montyon défend le régime des corporations et jurandes. On peut, à ce trait, juger de la valeur de ses observations. A. B.

l'altération de la fabrique; et dans l'étranger, les marchandises françaises auraient perdu l'avantage qu'elles avaient obtenu depuis l'assujettissement aux règlements qui en avaient assuré la bonne qualité (1).

M. Turgot proposa aussi de supprimer la contrainte par corps, peine de l'inexécution des engagements contractés en matière de commerce; s'il y fût parvenu, il eût détruit le commerce, en ouvrant la porte à des infidélités auxquelles ce frein est nécessaire.

En matière de contributions, il a donné une préférence décidée aux impôts directs sur les impôts indirects, parce qu'il considérait ceux-ci comme énormément onéreux par l'avance à laquelle est forcé le contribuable, et par les frais qu'entraîne la perception; et il n'avait aucun égard à nombre d'avantages attachés à ce genre de contribution. La conversion et le revirement qu'il en projetait, n'auraient pu s'opérer sans la lésion d'une multitude d'intérêts, sans une disproportion énorme dans la répartition des charges de l'État, et, conséquemment sans une grande commotion (2).

Ses vues sur l'amélioration du sort du peuple se portèrent aussi sur l'assujettissement du service militaire : il voulut abolir la milice et qu'il ne fût plus pourvu à la sûreté de la patrie que par des défenseurs volontaires, au moyen d'engagements contractés à prix d'argent. Cette proposition fut discutée dans le conseil et fut rejetée à l'unanimité, comme devant produire un renchérissement prodigieux dans les engagements, si c'était le seul moyen de recruter l'armée; et comme compromettant le salut de l'État, qui deviendrait dépendant de la bonne vo-

---

(1) En lisant cette page on croirait entendre l'avocat général Séguier faisant les remontrances au *lit de justice* tenu à Versailles en 1776. On ne peut pas être plus aveugle et plus arriéré que Montyon. A. B.

(2) Montyon critique avec raison la doctrine de Turgot sur l'impôt foncier unique; mais il la combat par des raisons peu concluantes.
A. B.

lonté et de la disposition à la profession des armes (1).

Ce dissentiment unanime du conseil commença à porter atteinte à la grande admiration et à la vive affection que le roi avait conçue pour M. Turgot, et qui, d'abord excitées par les éloges de M. de Maurepas, avaient été fortifiées par la conformité des vertus et des intentions bienfaisantes du monarque et de son ministre. Ce prince, dans une circonstance critique, avait donné à M. Turgot un témoignage de confiance et de prédilection, que M. Turgot, pour l'augmentation de son crédit, avait eu l'indiscrétion de laisser transpirer dans le public (2), et cette préférence avait excité l'inquiétude et la jalousie de M. de Maurepas. D'autre part, M. Turgot gêné, et contredit dans ses innovations par M. de Maurepas, voyait plus en lui un contradicteur que son bienfaiteur. Il est incertain s'il ne voulut point se servir de sa faveur pour écarter cet obstacle à ses grands projets. Ce qui n'est pas douteux, c'est que le vieux et rusé ministre le craignit; mais il se garda bien d'attaquer directement M. Turgot, le laissa marcher lui-même à sa perte par la témérité de ses dispositions et se borna à accélérer sa chute.

En effet M. Turgot, au lieu de remédier à des maux instants et de pourvoir à l'acquit des dettes et des charges de l'État, ne s'occupait que de la formation d'un nouveau plan d'administration; et on pouvait lui reprocher qu'il tirait avantage de ce qu'il critiquait (3). Tandis qu'il proscrivait tout magasin de blé pour le compte du gouvernement, le peuple de Paris était nourri avec les blés emmagasinés par l'abbé Terray. Tandis qu'il censurait les moyens de finance employés par son prédécesseur, il pourvoyait à l'acquit de la dépense avec l'argent obtenu par ces moyens. Toutes les

(1) Montyon travestit le projet de Turgot en matière de milices.
A. B.

(2) Le roi avait écrit à M. Turgot : *Il n'y a que vous et moi qui aimions le peuple*, et M. Turgot avait montré la lettre.

(3) Turgot a été aussi économe que le fut Necker, et c'est à tort que Montyon l'accuse de n'avoir pas payé les dettes de l'État; il le fit dans la mesure du possible.
A. B.

classes de la nation et singulièrement celles qui avaient le plus de connexité avec l'administration, étaient mécontentes de la suppression de leurs règlements et de leurs usages, et effrayées des innovations qu'on se proposait d'y substituer : la magistrature défendait des institutions qu'elle avait sanctionnées et qu'elle croyait nécessaires à l'ordre public ; le clergé redoutait un ministre connu par ses préventions contre les concessions faites à l'ordre ecclésiastique ; les gens de finance s'attendaient à la subversion des contributions dont le recouvrement leur était confié ; les fabricants et les commerçants se plaignaient de la suppression d'un régime sous l'influence duquel leur industrie et leurs spéculations avaient prospéré ; le peuple, ayant été appelé à examiner, à juger les questions qui jusqu'alors avaient été soustraites à ses regards, prononçait sur ce qu'il n'était point en état de comprendre ; il prenait pour problématique tout ce qui était objet de discussion ; pour faux tout ce qui était contraire à ses préjugés, à ses affections, à ses intérêts, surtout à ses intérêts du moment ; disciple indocile et ingrat, il se servait de la liberté qui lui avait été accordée de manifester ses opinions, pour censurer l'auteur de cette concession : de l'improbation à la désobéissance la voie est facile et la distance n'est pas grande : et ainsi se sont formés des germes d'insubordination et d'insurrection.

Cette indisposition générale, toutes ces fautes et la contradiction de tout le conseil qui avait éclaté sous les yeux du roi, donnèrent à M. de Maurepas une grande facilité pour faire revenir ce prince de son enthousiasme pour M. Turgot ; et, mettant en œuvre l'art qu'il possédait de ridiculiser les idées et les personnes, il transforma les nouveaux systèmes en projets romanesques, en rêves, en chimères qu'il était insensé de concevoir et dangereux d'adopter, et il fit sentir la nécessité de l'expulsion de leur auteur.

Ainsi sortit de place M. Turgot, sans avoir rien fait d'important pour la prospérité de la France. On ne peut voir qu'avec regret que les intentions les plus pures, une passion vraie pour le bonheur de l'humanité, des vues étendues et élevées, tant de connaissances, de méditations, de soins, d'efforts, de vertus, n'aient produit que des institutions qui n'ont pas subsisté et ont commencé la désorganisation de l'État. Ce jugement est celui que M. de Malesherbes a porté de M. Turgot son ami, et de lui-même. Recueillons cet aveu (1) émané d'une bonne foi et d'une moralité qui doivent faire excuser des erreurs et des fautes et qui rendent M. de Malesherbes respectable, intéressant et cher aux yeux de quiconque sait apprécier la véracité et la bonté. « M. Turgot et moi nous étions de fort honnêtes gens, très-instruits, passionnés pour le bien. Qui n'eût pensé qu'on ne pouvait mieux faire que de nous choisir? Cependant ne connaissant les hommes que dans les livres, manquant d'habileté pour les affaires, nous avons mal administré ; nous avons laissé diriger le roi par M. de Maurepas, qui a ajouté sa propre faiblesse (2). Sans le vouloir, sans le prévoir, nous avons contribué à la Révolution. »

(1) Cet aveu de M. de Malesherbes prouve qu'il se faisait une très-fausse idée des causes de la Révolution. Le seul moyen de l'éviter, c'était de donner satisfaction aux justes réclamations, et le seul homme qui ait voulu sérieusement employer ce remède, ce fut Turgot.   A. B.

(2) Dans cet aveu même, M. de Malesherbes donne la preuve de ce dont il s'accuse, de ne pas connaître les hommes : la faiblesse n'était le défaut ni de Louis XVI, ni de M. de Maurepas. Le roi, dans les convulsions de la Révolution, ne s'est jamais montré faible ; mais son défaut était l'abnégation de son opinion et de sa volonté, de crainte de se tromper, et un abandon absolu aux conseils des dépositaires de sa confiance. Le défaut de M. de Maurepas était le rapport de tout à lui-même et l'insouciance des événements qu'il prévoyait ne devoir survenir qu'après le terme de son existence.

II

Lettre de Turgot à M. d'Ormesson du 20 novembre 1767, sur la répartition du *moins-imposé* (1).

La proportion établie entre toutes les paroisses reste toujours la même d'une année à l'autre, à moins qu'une surcharge prouvée ne mette dans le cas de la changer en connaissance de cause. Mais l'imposition de chaque paroisse varie suivant que la somme demandée par le roi est plus ou moins forte. Lorsqu'il y a de l'augmentation, soit par le surhaussement du brevet, soit parce que le moins-imposé n'est pas aussi considérable, la différence en plus se répartit exactement au marc la livre de la taille de l'année précédente, et l'on en use de même par rapport à la diminution lorsqu'il y en a. Cette manière d'opérer n'empêche pas qu'on n'ait égard, dans la répartition de chaque année, aux accidents d'incendies, de grêle, de pertes de récolte, etc., en diminuant les paroisses au département. J'ay trouvé aussy établi l'usage d'accorder une diminution assez considérable aux paroisses qui sont chargées de quelques réparations ou constructions dispendieuses, soit pour leurs églises ou leurs presbytères, soit pour les constructions d'édifices utiles. Ce soulagement est nécessaire aux paroisses sur lesquelles tombent ces constructions, dont les frais, quoique indispensables, sont quelquefois trop disproportionnés à leurs forces. L'augmentation de charge qui en résulte pour le reste de la généralité ne forme pas un objet considérable, et n'a rien d'injuste, toutes les paroisses étant dans le cas de

(1) Reproduite d'après M. de Hugues, qui l'a trouvée aux *Archives de l'intendance*. V. *Essai sur l'administration de Turgot*, p. 113, 114, 115.

s'ayder ainsi réciproquement. L'arrangement que j'ay pris pour suppléer aux corvées, en imposant successivement toutes les paroisses dont on exécute la tâche à prix d'argent, m'a mis dans le cas d'accorder aussi à ces paroisses une très-forte diminution pour remplir l'engagement que j'ay pris avec elles de les dédommager sur leurs impositions ordinaires du montant des sommes qu'elles se sont soumises à payer pour la confection de leurs tâches.

Toutes ces diminutions ne s'accordent au département que sur le principal de la taille; mais, la répartition des impositions militaires et de la capitation se faisant au marc la livre de la taille, cette première diminution en entraîne une proportionnée sur les deux autres articles d'impositions. Pour fixer la diminution que je dois accorder sur le principal de la taille, je me règle sur la proportion que me donne le calcul entre le montant de la taille de l'année et le montant de la totalité des impositions, et je m'arrange de façon que la diminution que j'ay accordée sur le principal de la taille jointe à la diminution proportionnée sur l'imposition militaire et la capitation fasse précisément la somme dont j'ay voulu diminuer la paroisse.

Ces diminutions ne troublent point la proportion établie entre les paroisses, et qui continue de rester la même, malgré la variation de la somme imposée chaque année. Voicy comme on opère pour la conserver: on prend la somme de toutes les diminutions que je me suis décidé à accorder, et l'on ajoute cette somme à la totalité de celles que le roi demande, c'est-à-dire au montant du brevet, déduction faite du moins-imposé, pour en former la somme à répartir au marc la livre de l'imposition de l'année précédente. Cette répartition faite, on applique à chaque paroisse en particulier la diminution qui lui est destinée, en réduisant en conséquence son imposition particulière. Au moyen de quoy, la somme totale est toujours celle que le roy demande, et la proportion entre les paroisses n'est aucunement dérangée, quoique chacune ait obtenu les soulagements qu'il a paru juste de lui accorder.

Lorsqu'il est question, l'année suivante, de répartir l'imposition nouvelle, on a soin d'ajouter à la taille qu'ont supportée les paroisses le montant des diminutions qui leur avoient été accordées, ce qui les remet toutes dans leur proportion naturelle; et c'est d'après cette proportion ainsi rétablie qu'on part pour répartir l'imposition de l'année qui doit suivre, non pas précisément au marc la livre de cette imposition effective de l'année qui finit, mais au marc la livre de cette imposition effective, augmentée dans chaque paroisse du montant des diminutions qu'elles avoient obtenues.

Vous voyés, Monsieur, que, par cette manière d'opérer, *le soulagement accordé aux paroisses qui en ont besoin est absolument indépendant du moins-imposé que le roy a la bonté d'accorder à la province ;* et, en effet, si les besoins de l'État obligeoient le roy d'imposer la totalité du brevet, il ne paroîtroit pas moins juste d'accorder à une paroisse qui auroit perdu toute sa récolte une exemption d'impositions qui retomberoit en augmentation sur le reste de la province. Vous voyés aussy que le moins-imposé se trouve confondu dans la fixation du principal de la taille, et que tous les contribuables de la province y participent dans la même proportion. Cette manière d'opérer n'a rien d'arbitraire; et, quoiqu'elle exige quelque travail, elle est au fond assés simple, parce qu'on ne s'occupe jamais que d'une seule répartition, qui est celle du principal de la taille dont toutes les autres s'ensuivent par un simple calcul de proportion, dont le travail est purement méchanique.

III

Procès-verbal *du lit de justice tenu à Versailles, le 12 mars 1776, par le roi Louis seizième du nom, pour l'enregistrement des édits sur l'abolition de la corvée, des jurandes et autres du mois de février précédent.*

Le roi s'étant assis et couvert, M. le garde des sceaux a dit par son ordre que Sa Majesté commandait que l'on prit séance ; après quoi le roi, ayant ôté et remis son chapeau, a dit :

« Messieurs, je vous ai assemblés pour vous faire connaître mes volontés ; mon garde des sceaux va vous les expliquer. »

M. le garde des sceaux étant ensuite monté vers le roi, agenouillé à ses pieds pour recevoir ses ordres, descendu, remis à sa place, assis et couvert, a dit :

« Le roi permet qu'on se couvre. »

Après quoi, M. le garde des sceaux a dit :

« Messieurs, le roi a signalé les premiers moments de son règne par des actes éclatants de sa justice et de sa bonté !

« Sa Majesté ne paraît avec la splendeur qui l'environne que pour répandre des bienfaits ; elle a rappelé les magistrats à des fonctions respectables qu'ils exerceront toujours pour le bien de son service ; elle est assurée que vous donnerez dans le temps à ses sujets l'exemple d'une soumission fondée sur l'amour de sa personne sacrée autant que sur le devoir.

« La justice est la véritable bonté des rois, le monarque est le père commun de tous ceux que la Providence a soumis à son empire ; ils doivent être tous également les objets de sa vigilance et de ses soins paternels.

« Les édits, déclarations et lettres patentes, auxquels Sa Majesté donnera dans ce jour une sanction plus auguste par sa présence, tendent uniquement à réunir les seuls moyens qu'il soit possible dans ce moment-ci de mettre en usage afin de satisfaire l'empressement du roi pour réparer les malheurs passés, pour en prévenir de nouveaux et pour soulager ceux de ses sujets auxquels le poids des charges publiques a été jusqu'à présent le plus onéreux, quoiqu'ils fussent moins en état de le supporter.

« La confection des grandes routes est indispensable pour faciliter le transport des marchandises et des denrées, pour favoriser dans toute l'étendue du royaume une police active, de laquelle dépend la sûreté des voyageurs, pour assurer la tranquillité intérieure de l'État et les communications nécessaires au commerce.

« Les ouvrages immenses que le roi est obligé d'ordonner pour cet effet seraient bientôt en pure perte, si l'on n'apportait pas le plus grand soin à leur entretien.

« Il n'est donc pas possible que le roi néglige un objet aussi intéressant, mais il était naturel que Sa Majesté choisît, dans les moyens de le remplir, ceux que sa sagesse lui ferait considérer comme les plus conformes à l'esprit d'équité qui règle toutes ses actions.

« L'on avait jusqu'à présent contraint les laboureurs de fournir leurs charrois et leurs domestiques pour les transports des terres et des matériaux nécessaires à la confection et à la réparation des grandes routes. On avait aussi exigé des habitants des campagnes, qui ne subsistent que par le travail de leurs bras, de renoncer à une partie des salaires journaliers sur lesquels est fondée toute leur subsistance, pour donner gratuitement chaque année un certain nombre de jours au travail des chemins.

« Les propriétaires des fonds dont la plus grande partie jouissent des exemptions attachées à la noblesse et aux officiers, ne contribuaient point à cette charge, et cependant ce sont eux qui participent le plus à l'avantage de la confection des grandes routes par l'augmentation du produit de leurs héritages, qui est l'effet naturel des progrès du commerce et de la consommation des denrées.

« La corvée de travail imposait aux habitants de la campagne une espèce de servitude accablante. Il était de la justice et de la bonté du roi de les en délivrer par une contribution qui ne fût supportée que par ceux qui, jusqu'à ce moment, recueillaient seuls le fruit de ce travail.

« Telles sont les vues qui ont engagé le roi à établir cette contribution, à la régler sur la répartition du vingtième, et à donner lui-même l'exemple à tous les propriétaires de son royaume, en ordonnant que ses domaines y seraient assujettis.

« Sa Majesté a pris toutes les précautions possibles pour que les deniers qui en proviendront ne puissent jamais être divertis à d'autres usages; qu'ils soient toujours employés dans chacune des généralités où ils auront été levés, et que la somme qui sera imposée, n'excède jamais la valeur des ouvrages auxquels elle sera destinée.

« Après avoir pourvu au soulagement des habitants des campagnes, Sa Majesté a jeté un regard favorable sur sa bonne ville de Paris. Elle s'est fait représenter les anciens règlements sur la police des grains, relativement à l'approvisionnement de cette capitale de son royaume, elle en a examiné les dispositions, combiné les effets et pesé mûrement les conséquences. Elle a reconnu que tous ces règlements, qui, en apparence, semblaient avoir pour objet de rendre l'accès de Paris plus facile aux grains de toute espèce, de favoriser les moyens d'en faire des magasins, enfin d'attirer l'abondance et de la fixer, ne servaient au contraire qu'à dégoûter les négociants de ce genre de commerce; en les exposant à des recherches inquiétantes, et en les assujettissant à des formalités gênantes et toujours contraires au bien du commerce, dont l'âme est une honnête liberté.

« Le roi a résolu de révoquer entièrement tous ces règlements, et comme les sacrifices ne coûtent rien à Sa Majesté lorsqu'il s'agit du soulagement de ses sujets, elle a, par la même loi, supprimé tous les droits qu'on percevait à Paris sur les grains qui servent à la subsistance du peuple, et s'est chargée de dédommager les prévôts des marchands et échevins de Paris de ceux qui leur avaient été accordés, et dont ils se trouveront privés par cette suppression.

« Les besoins de l'État avaient donné lieu, en différents temps, à l'établissement d'offices dans les halles, sur les quais et sur les ports de Paris. Le roi Louis XV de glorieuse mémoire, ayant reconnu que les fonctions attribuées à ces offices n'étaient d'aucune utilité, et que les émoluments que l'on y avait attachés étaient fort onéreux au public, en avait ordonné la suppression par un édit du mois de septembre 1759.

« Des circonstances imprévues avaient engagé ce monarque à différer jusqu'au 1er janvier 1777 l'exécution de cet édit, ainsi que les remboursements qu'il était indispensable de faire à ceux qui étaient propriétaires des offices.

« Le roi a jugé à propos de commencer dès à présent l'exécution de ce projet, mais d'une manière moins onéreuse pour son trésor royal, et qui cependant assure aux propriétaires des offices dont il s'agit un remboursement effectif et conforme à la nature des effets, avec lesquels eux ou leurs auteurs en avaient originairement payé la finance.

« Les habitants de Paris sont assurés par ce moyen, d'une manière certaine, de voir arriver le terme où les droits attribués à tous ces offices cesseront d'être perçus, et les propriétaires de conserver les capitaux de leur finance et d'en recevoir les intérêts jusqu'au parfait remboursement.

« Le roi s'est fait rendre compte de l'établissement des différentes communautés d'arts et métiers et des jurandes; Sa Majesté en a mûrement examiné les avantages et les inconvénients, et elle a reconnu que ces sortes de corporations, en favorisant un certain nombre de particuliers privilégiés, étaient nuisibles à la plus grande partie de ses sujets. Elle a pris la résolution de les supprimer, de rétablir tout dans l'ordre naturel et de laisser à chacun la liberté de faire valoir tous les talents dont la Providence l'aura pourvu. A l'ombre de cette loi salutaire, les commerçants réuniront tous les genres de moyens dans lesquels leur industrie les rendra le plus capables de conserver et d'augmenter leur fortune, et d'assurer le sort de leurs enfants. Les artisans auront la faculté d'exercer toutes les professions auxquelles ils seront propres, sans être exposés à se voir troublés dans leurs travaux, épuisés par des contestations ruineuses, et cruellement privés de ces instruments sans le secours desquels ils ne peuvent avoir leur subsistance, ni pourvoir à celle de leurs femmes et de leurs enfants. L'usage de cette heureuse liberté sera cependant modéré par de sages règlements, afin d'éviter les abus auxquels les hommes ne sont que trop sujets à se livrer. Mais comme elle sera délivrée des entraves dans lesquelles jusqu'à présent elle avait été resserrée et presque anéantie, elle étendra les différentes branches du commerce; elle favorisera les progrès et la perfection des arts, évitera aux particuliers des dépenses aussi ruineuses que superflues, augmentera les profits légitimes des marchands et proportionnera les salaires des ouvriers au prix des denrées nécessaires à la vie. Le nombre des indigents diminuera, et les secours que l'humanité procure à ceux que l'âge et les infirmités réduisent à l'inaction, deviendront plus abondants.

« La modération du droit sur les suifs et le changement de la forme de la perception sont encore de nouvelles preuves de l'attention que le roi apporte à tout ce qui intéresse son peuple. Cette réforme est une suite naturelle de la suppression de la communauté dont cette sorte de marchandise formait le trafic. Elle était autorisée à se rendre maîtresse de tous les suifs, et par conséquent de leur prix. Ce commerce exclusif n'existera plus. Le prix du suif sera proportionné à celui des bestiaux qui le produisent et les artisans auxquels l'usage en est le plus nécessaire pourront l'acheter à meilleure composition.

« Tels sont, Messieurs, les motifs qui ont déterminé le roi à faire enregistrer en sa présence ces lois dont vous allez entendre la lecture. Sa Majesté, qui ne veut régner que par la raison et par la justice, a bien voulu vous les exposer et vous rendre dépositaires des sentiments de tendresse qui l'engagent à veiller sans cesse sur tout ce qui peut être avantageux à son peuple. »

Après quoi, M. le premier président et tous les présidents et conseillers ont mis le genou en terre.

M. le garde des sceaux ayant dit :

« Le roi ordonne que vous vous leviez, »

Ils se sont levés : restés debout et découverts, M. le premier président a dit :

« Sire,

« En ce jour où Votre Majesté ne déploie son pouvoir que dans la persuasion qu'elle fait éclater sa bonté, l'appareil dont Votre Majesté est environnée, l'usage absolu qu'elle fait de son autorité, impriment à tous ses sujets une profonde terreur, et nous annoncent une fâcheuse contrainte.

« Eût-il donc été besoin de contrainte pour exercer un acte de bienfaisance ?

« Le vœu de la nation entière, le suffrage unanime des magistrats, n'y eussent-ils pas concouru avec le zèle le plus empressé ?

« Vous liriez, Sire, dans tous les yeux, sûrs interprètes des cœurs, la reconnaissance et la joie.

« Ce genre de satisfaction si flatteur pour un bon roi, vous l'avez goûté dès les premiers moments de votre règne, et votre grande âme en a senti tout le prix.

« Pourquoi faut-il qu'aujourd'hui une morne tristesse s'offre partout aux augustes regards de Votre Majesté ?

« Si elle daigne les jeter sur le peuple, elle verra le peuple consterné !

« Si elle les porte sur la capitale, elle verra la capitale en alarmes.

« Si elle les tourne vers la noblesse, elle verra la noblesse plongée dans l'affliction.

« Dans cette assemblée même où votre trône est environné de ceux que le sang, les dignités et l'honneur de votre confiance attachent plus particulièrement encore que le reste de vos sujets à votre personne sacrée, au bien de votre service, aux intérêts de votre gloire, elle ne peut méconnaître l'expression fidèle du sentiment général dont les âmes sont pénétrées.

« Quel plus sûr témoignage peut attester à Votre Majesté l'impression que les édits adressés à votre parlement ont laissée dans les esprits? Celui concernant les corvées, accablant si on impose tout ce qui serait nécessaire, insuffisant si on ne l'impose pas, fait envisager comme une suite indispensable le défaut d'entretien des chemins et conséquemment la perte entière du commerce.

« Cet édit, par l'introduction d'un nouveau genre d'imposition perpétuelle et arbitraire sur les biens-fonds, porte un préjudice essentiel aux propriétés des pauvres comme des riches, et donne une nouvelle atteinte à la franchise naturelle de la noblesse et du clergé, dont les distinctions et les droits tiennent à la constitution de la monarchie.

« Qu'il nous soit permis, Sire, de supplier Votre Majesté de considérer que l'on ne peut reprocher à votre noblesse et au clergé de ne pas contribuer aux besoins de l'État. Ces deux premiers ordres de votre royaume, par des octrois volontaires dans le principe, ont fourni les plus grands secours, et toujours animés du même zèle, ils contribuent directement aujourd'hui par la capitation, les vingtièmes, et indirectement par la taille que paient leurs fermiers, et par les autres droits dont sont chargées les consommations de toute espèce.

« Enfin, cet édit ôte au royaume ce qui pourrait lui rester de ressources pour les besoins les plus pressants, en imposant en temps de paix sans nécessité pour l'État, sans avantage pour les finances, une surcharge susceptible d'accroissements progressifs et arbitraires, dont le fardeau achèvera d'accabler ceux mêmes de vos sujets qu'il est dans l'intention de Votre Majesté de soulager.

« La déclaration qui abroge sans distinction tous les règlements de police pour l'approvisionnement de votre capitale, met en péril les subsistances et la salubrité des aliments d'un peuple innombrable renfermé dans ses murs.

« L'édit de suppression des jurandes rompt au même instant tous les liens de l'ordre établi pour les professions d'artisans et de commerçants.

« Il laisse sans règle et sans frein une jeunesse turbulente et licencieuse, qui, contenue à peine par la police publique, par la discipline intérieure des communautés et par l'autorité domestique des maîtres sur leurs compagnons, est capable de se porter à toutes sortes d'excès lorsqu'elle ne se verra plus surveillée d'aussi près, et qu'elle se croira indépendante.

« Cet édit et les autres qui tiennent au même système augmentent encore sans nécessité le montant de la dette dont les finances sont chargées, et cette masse effrayante pourrait faire craindre à vos sujets que, contre la bonté du cœur de Votre Majesté et l'esprit de justice qui l'anime, il ne vînt un temps où les engagements les plus sacrés cesseraient d'être respectés.

« Après s'être acquitté de l'obligation de vous faire connaître la vérité, Sire, le profond respect de votre parlement le réduit au silence dans l'instant où Votre Majesté commande.

« Dans un moment plus heureux, sa fidélité constante espère être écoutée lorsqu'elle implorera la justice et la bonté de Votre Majesté, en faveur des premiers ordres du royaume, sa compassion en faveur du peuple, sa sagesse en faveur de l'État entier.

« En cet instant, Sire, à peine sommes-nous assez à nous-mêmes pour exprimer une faible partie de notre douleur.

« Vous jugerez quelle doit en être l'étendue quand vous aurez vu se développer les pernicieux effets de tant d'innovations, également contraires à l'ordre public et à la constitution de l'État.

« Votre Majesté saura gré pour lors à son parlement de sa persévérance à n'y prendre aucune part.

« Elle reconnaîtra de quel côté se trouve un véritable attachement à sa personne sacrée, un zèle éclairé pour son service, un amour du bien général conforme aux vues de Votre Majesté.

« Elle veut le bien du peuple, et quand l'expérience lui aura montré que des systèmes adoptés comme capables d'opérer le bien produisent le mal, elle se hâtera de les rejeter.

« Puissent seulement les maux que nous prévoyons, Sire, et que nous ne cessons de vous exhorter à prévenir, ne pas jeter de si profondes racines, ne pas ruiner tellement les anciens fondements de l'État, qu'il ne devienne en quelque sorte impossible d'en arrêter et d'en réparer les ravages.

« Il ne nous reste plus d'espoir que dans la prudence et dans l'équité de Votre Majesté. Pleins de la confiance qu'elle nous inspire, nous ne cesserons jamais de renouveler nos instances auprès d'elle, et nous osons nous flatter, Sire, que Votre Majesté daignera rendre justice à la pureté de nos sentiments et à notre amour inviolable pour sa personne sacrée. »

Son discours fini, M. le garde des sceaux, monté vers le roi, agenouillé à ses pieds, pour prendre ses ordres, descendu, remis à sa place, assis et couvert, a dit :

« Messieurs, le roi a jugé à propos de donner un édit portant suppression des corvées et ordonne que les grandes routes seront faites et réparées à prix d'argent. Sa Majesté ordonne qu'il en soit fait lecture par le greffier en chef de son parlement, les portes ouvertes. »

Les portes ayant été ouvertes, M⁰ Paul-Charles Cardin le Bret, greffier en chef civil, s'est avancé jusqu'à la place de M. le garde des sceaux, a reçu de lui l'édit ; revenu à sa sa place, debout et découvert, en a fait la lecture.

Ensuite M. le garde des sceaux a dit aux gens du roi qu'ils pouvaient parler.

Aussitôt les gens du roi s'étant mis à genoux, M. le garde des sceaux leur a dit : « Le roi ordonne que vous vous leviez. »

Eux levés, restés debout et découverts, M⁰ Antoine-Louis Seguier, avocat dudit seigneur roi, portant la parole, ont dit :

« Sire, la puissance royale ne connaît d'autres bornes que celles qu'il lui plaît de se donner à elle-même. Votre Majesté croit devoir, en ce moment, faire usage d'une autorité absolue. Quelque puisse être l'événement de l'exercice de ce pouvoir, l'édit dont nous venons d'entendre la lecture n'en sera pas moins, aux yeux de votre parlement, une nouvelle preuve de la bienfaisance du cœur de Votre Majesté.

« Du haut de son trône, elle a daigné jeter un regard sur toutes les provinces de son royaume ; avec quelle douleur n'a-t-elle pas considéré l'affreuse situation des malheureux qui habitent la campagne ! Réduits à ne pouvoir trouver dans le travail, par la cherté des denrées, un salaire suffisant pour assurer leur subsistance, ils accusent de leur infortune l'avarice de la terre et l'intempérie des saisons. On a proposé à Votre Majesté de venir à leur secours ; on lui a fait envisager les travaux publics auxquels ils étaient forcés de sacrifier une partie de leur temps comme une surcharge également injuste dans le principe et odieuse dans ses effets. La bonté de votre cœur s'est émue, votre tendresse s'est alarmée et n'écoutant que la sensibilité d'une âme paternelle, Votre Majesté s'est empressée de remédier à un abus apparent, mais consacré en quelque sorte par son ancienneté ! La nation entière applaudira, Sire, aux vues de bienfaisance dont vous êtes animé. Tous vos sujets partagent vos sentiments, et leur amour leur fera supporter avec patience la nouvelle charge que vous croyez devoir imposer. Mais Sire, permettez à notre zèle de vous représenter très-respectueusement que le même motif qui vous engage à tendre une main secourable aux malheureux, doit également vous engager à ne pas faire supporter tout le poids des impositions aux possesseurs de fonds dont la propriété sera bientôt anéantie par la multiplicité des taxes. Et en effet, c'est sur le propriétaire que les impôts en tous genres se trouvent accumulés ; c'est le propriétaire qui paye l'industrie ; c'est le propriétaire qui paye la capitation de son fermier, la sienne et celle de ses domestiques, enfin c'est le propriétaire qui paye les vingtièmes. Si Votre Majesté ajoute à ces différents impôts un nouveau droit pour tenir lieu des corvées, que deviendra cette propriété morcelée en tant de manières ? Et pourra-t-il trouver dans le peu qui lui restera, toutes charges de l'État déduites, un bénéfice suffisant pour fournir à sa consommation, à celle de sa famille, à l'entretien de ses bâtiments, et à la culture de son domaine dont il ne sera plus que le fermier ?

« C'est un principe universellement reconnu qu'en matière d'impôt, la difficulté de la perception absorbe souvent tout le bénéfice ; la multiplicité des taxes fatigue nécessairement les contribuables, sans augmenter la masse des trésors du prince ; enfin, Sire, la véritable richesse d'un roi, c'est la richesse de son peuple. Apauvrir les sujets, c'est ruiner le souverain, parce que toutes les ressources de l'État sont dans la fortune des particuliers !

« Si, de ces considérations générales, nous descendons dans l'examen de la nouvelle imposition que Votre Majesté se propose d'établir, que de réflexions n'aurions-nous pas à vous présenter, et sur la nature qui détruit toutes les franchises de la noblesse, aussi anciennes que la monarchie, et sur sa durée qui n'a point de limites, et sur l'arbitraire de la fixation qui s'en fera toutes les années !

« Sous quelque dénomination que l'on envisage cet impôt, il n'en sera pas moins perpétuel ; il n'aura ni terme, ni mesure, il dépendra de l'influence des saisons, de l'activité du commerce, de la rapidité des passages, et il n'aura jamais d'autres appréciateurs que les commissaires départis par

Votre Majesté, en chaque province de son royaume. Cette contribution confondra la noblesse qui est le plus ferme appui du trône, et le clergé, ministre sacré des autels, avec le reste du peuple, qui n'a droit de se plaindre de la corvée que parce que chaque jour doit lui rapporter le fruit de son travail pour sa nourriture et celle de ses enfants.

« Il est juste, sans doute, d'assurer la subsistance du paysan que l'on tire de ses foyers ; il est juste de le dédommager de la perte de ses travaux auxquels il est arraché ; mais, Sire, si l'entretien des chemins publics est indispensable, comme personne n'en peut douter, il est également vrai qu'ils sont d'une utilité générale à tous les sujets de Votre Majesté. Cette utilité reconnue, ne doivent-ils pas y contribuer également, les uns avec de l'argent, les autres par leur travail ? Pourquoi faut-il que le fardeau tout entier ne retombe que sur le propriétaire, comme s'il était le seul qui eût droit d'en profiter ? Nous ne disconviendrons pas que le possesseur d'un domaine en tirera un grand avantage pour l'exploitation de ses terres et pour la facilité du transport des denrées. Mais tous les commerçants du royaume, autres que ceux qui font le trafic des productions de la terre, ne retireront-ils pas le même avantage de l'entretien de la voie publique ? Le poids des marchandises étrangères qui se transportent d'une extrémité du royaume à l'autre, les voitures publiques ouvertes à tous les citoyens, les rouliers et les voyageurs n'y causeront pas moins de dégradations et jouiront de la même commodité, sans être tenus de payer pour l'établissement ou la réparation des grandes routes. Ne serait-il pas de la justice de Votre Majesté de répartir l'imposition sur tous ceux qui font usage de la voie publique, en proportion de l'utilité qu'ils en retirent ? La perception, sans doute, deviendrait très-difficile et peut-être impraticable ; mais puisque nous avons l'honneur de parler à un roi qui ne veut que le bonheur de son peuple, ne nous sera-t-il pas permis de lui exposer le moyen de le soulager ?

« Les peuples les plus anciens, les nations les plus sages,

les républiques les mieux policées, ont toujours employé leurs armées à l'établissement et à l'entretien des chemins publics. Les ouvrages faits par les gens de guerre ont toujours été les plus solides, et il existe encore en France des chemins construits par César lors de la conquête des Gaules.

« Votre Majesté pourrait également faire travailler ses soldats pendant la paix. Cent mille hommes employés pendant un mois, à deux reprises différentes dans l'année, quinze jours au printemps, quinze jours en automne, achèveraient plus d'ouvrages que toutes les paroisses du royaume. Par cet arrangement, les chemins se trouveraient toujours en bon état, et le doublement de la paye tiendrait lieu d'indemnité pour ce nouveau travail. Cent mille hommes font 25,000 livres par jour; pour un mois, ce serait 750,000 livres; et, en y ajoutant la même somme pour les voitures à charroi, la totalité ferait un objet de 1,500,000 livres. Le corps du génie pourrait remplacer l'école des ponts et chaussées, et les fonds actuellement destinés à cette école et à ces travaux se trouveraient suffisants sans aucune taxe nouvelle. Les soldats y trouveraient un bénéfice, et les vues de bienfaisance de Votre Majesté seraient entièrement remplies.

« Voilà, Sire, les réflexions que l'amour du bien public nous a suggérées : puissent-elles être agréées de Votre Majesté ! En lui fournissant le moyen d'épargner un impôt à ses sujets, nous croyons donner à Votre Majesté une nouvelle preuve de notre amour et de notre respect. Si elle pouvait douter des sentiments qui nous animent et que nous partageons avec tout son parlement, Votre Majesté peut s'assurer par elle-même des véritables motifs qui ont dirigé les démarches d'un corps si attaché à son souverain.

« Jusqu'à présent, Sire, les rois, vos augustes prédécesseurs, n'ont déployé leur puissance souveraine que pour faire usage de la plénitude du pouvoir absolu. La bouche des magistrats a toujours été muette, et leur esprit accablé, sous le poids de l'autorité, n'osait, même au pied du trône, réclamer l'usage de la liberté qui doit être le partage des fonctions de la magistrature. Votre Majesté veut-elle connaître ses véritables intérêts? Veut-elle assurer le bonheur de ses peuples? Si les magistrats les plus fidèles pouvaient être suspects dans leurs motifs ou dans leurs intentions, Votre Majesté, en ce moment, est entourée de ses augustes frères, des princes de la famille royale, des pairs de France, des ministres de son conseil, des plus nobles personnages du royaume : qu'elle daigne les consulter. Voilà le véritable conseil des rois ; voilà l'élite de la nation ; c'est par leur bouche qu'elle parlera ; vous connaîtrez, Sire, par l'expression de leurs sentiments, et ce qu'il y a de plus analogue à la constitution de l'État, et ce qu'il y a de plus utile pour le bien général de vos sujets. Ils sont tous animés du même esprit ; la vérité ne craindra point de se montrer au milieu de l'appareil éclatant qui environne Votre Majesté ; l'expérience prêtera son appui à la bonté de votre âme, et quand la postérité ira consulter les annales de la monarchie, elle y verra sans doute avec étonnement qu'un jeune prince, au milieu de l'acte le plus imposant de la majesté royale n'a pas voulu s'en rapporter à ses seules lumières, et qu'il n'a pas dédaigné de recevoir publiquement l'avis de tous ceux qui, jusque-là, n'avaient été que les témoins de l'exercice de sa puissance. Un trait aussi glorieux suffira seul pour immortaliser Votre Majesté, et les fastes de la justice en déposeront à tous les siècles à venir. Puissent nos vœux se réaliser, et pleins de respect et de confiance, nous nous en rapporterons à ce que la sagesse de Votre Majesté voudra bien ordonner. »

Ensuite M. le garde des sceaux, monté vers le roi, ayant mis un genou en terre pour prendre ses ordres, a été aux opinions à Monsieur, à M. le comte d'Artois, à MM. les princes du sang, à MM. les pairs laïques, à MM. le grand écuyer et le grand chambellan, est revenu passer devant le roi, lui a fait une profonde révérence, a pris l'avis de MM. les pairs ecclésiastiques et maréchaux de France, des capitaines des gardes du corps, des cent-suisses de la garde ; puis descendant dans le parquet, à MM. les présidents de la cour, aux conseillers d'État et maîtres des requêtes venus avec lui, aux secrétaires d'État, aux présidents aux enquêtes et requêtes et aux conseillers de la cour, est remonté vers le roi, s'est agenouillé, descendu et remis à sa place, assis et couvert, a prononcé :

« Le roi, étant en son lit de justice, a ordonné et ordonne que l'édit qui vient d'être lu sera enregistré au greffe de son parlement, et que sur le repli d'icelui, il soit mis que lecture en a été faite et l'enregistrement ordonné, ouï son procureur général pour être le contenu en icelui exécuté selon sa forme et teneur, et copies collationnées envoyées aux baillages et sénéchaussées du ressort, pour y être pareillement lu, publié et enregistré ; enjoint aux substituts du procureur général d'y tenir la main et d'en certifier la cour dans le mois.

« Pour la plus prompte expédition de ce qui vient d'être ordonné, le roi veut que, par le greffier en chef de son parlement, il soit mis présentement sur le repli de l'édit qui vient d'être publié, et que Sa Majesté a ordonné qui y fût mis. »

Ce qui a été exécuté à l'instant.

M. le garde des sceaux étant ensuite monté vers le roi pour prendre ses ordres, agenouillé à ses pieds, descendu, remis en sa place, assis et couvert, a dit :

« Messieurs, par les lettres patentes du 2 novembre 1744, le roi s'étant réservé de statuer sur les règlements concernant la police des grains dans la ville de Paris, Sa Majesté juge à propos de donner à cet effet une déclaration dont elle ordonne que lecture soit faite par le greffier en chef de son parlement, les portes ouvertes. »

M⁰ Paul-Charles Cardin le Bret, greffier en chef, s'étant approché de M. le garde des sceaux pour prendre de ses mains la déclaration, remis en sa place, debout et découvert, il en a fait lecture.

Après quoi M. le garde des sceaux a dit aux gens du roi qu'ils pouvaient parler.

Aussitôt ils se sont mis à genoux. M. le garde des sceaux

ayant dit : « Le roi ordonne que vous vous leviez, »
Ils se sont levés et restés debout et découverts, Mᵉ Antoine
Louis Séguier, avocat dudit seigneur roi portant la parole,
ont dit :

« Sire, l'approvisionnement de votre bonne ville de Paris
a toujours été un objet d'attention pour le gouvernement.
Les règlements qui ont été faits à ce sujet n'ont eu d'autres
motifs que d'assurer l'abondance des denrées, et l'abondance
entretient nécessairement la tranquillité publique.

« Les précautions que le ministère a cru devoir prendre pour
étaler aux yeux du peuple une subsistance certaine, ces précautions, loin de nuire aux opérations du commerce, lui procurent des ressources par la facilité et la promptitude du débit
que le cultivateur et le négociant trouvent chaque jour dans la
consommation de cette grande ville. Ces règlements, que la
nécessité seule a fait admettre, ont été utiles dans tous les
temps, et malgré le défaut de liberté, la ville de Paris n'a
éprouvé de disettes réelles que celles qui ont été occasionnées par les refus de la terre. La liberté, au contraire, depuis
qu'elle est établie, a vu plus d'une époque où la taxe du pain
a été portée au-dessus des facultés du pauvre et de l'indigent;
et nous ne craignons pas de le déposer dans le sein paternel
de Sa Majesté, c'est la cessation des règlements qui a toujours été la cause des plus grands désordres.

« Abandonner la subsistance de votre capitale aux spéculations des commerçants, c'est abandonner la certitude du
présent pour un avenir incertain ; c'est s'exposer à manquer
de nourriture pour les citoyens, car il faut que le peuple voie
des provisions; et que deviendrait cette multitude innombrable de journaliers, qui ne trouve ses aliments que dans le
fruit du travail de leurs mains, si le défaut de denrées dans
les marchés pouvait les alarmer sur la certitude de la subsistance du lendemain. Quel effroi cette inquiétude seule n'est-elle pas capable de jeter dans les esprits ?

« Quelle confusion si elle allait se réaliser ? Nous ne craignons point d'en offrir le tableau à un monarque dont nous connaissons la sensibilité, et nous nous faisons gloire d'alarmer votre tendresse pour les malheureux. Le bien public sera toujours l'objet de toutes nos démarches. Nous pouvons nous féliciter nous-mêmes, même de chercher en toutes occasions de concourir avec Votre Majesté à la félicité publique. Nos vœux et les remontrances respectueuses de votre parlement n'ont d'autres motifs que le bonheur du peuple, dont Votre Majesté est sans cesse occupée. C'est avec la douleur la plus amère que nous avons vu Votre Majesté répandre des nuages sur notre fidélité. Il semble que l'on a cherché à la rendre suspecte, et la réponse de Votre Majesté semble l'annoncer. Eh bien, Sire, recevez le serment que nous venons réitérer au pied du trône, de ne consulter jamais que votre gloire et vos intérêts, et c'est cette fidélité même que nous vous jurons de nouveau qui nous force à requérir que, sur la déclaration dont la lecture vient d'être faite, il soit mis qu'elle a été lue et publiée, Votre Majesté séant en son lit de justice; et enregistrée au greffe de la cour pour être exécutée selon sa forme et teneur. »

Ensuite, M. le garde des sceaux, monté vers le roi, ayant mis un genou en terre pour prendre ses ordres, a été aux opinions à Monsieur, à M. le comte d'Artois, etc..... (*Le surplus n'est que la répétition de la formule finissant par ces mots :* Ce qui a été exécuté à l'instant. — *Supra*, p. 421).

Ensuite M. le garde des sceaux étant monté vers le roi, agenouillé à ses pieds pour prendre ses ordres, descendu, remis à sa place, assis et couvert, a dit:

« Messieurs, le roi a jugé à propos de donner un édit portant suppression des offices qui avaient été créés dans les halles, sur les quais et sur les ports de la ville de Paris. Sa Majesté ordonne qu'il en soit fait lecture par le greffier en chef de son parlement, les portes ouvertes. »

M⁰ Paul-Charles Cardin le Bret, greffier en chef, s'étant approché de M. le garde des sceaux pour prendre de sa main l'édit, remis en sa place, debout et découvert, en a fait la lecture.

Après quoi M. le garde des sceaux a dit aux gens du roi qu'ils pouvaient parler.

Aussitôt les gens du roi se sont mis à genoux, et le garde des sceaux ayant dit :

« Le roi ordonne que vous vous leviez, »

Ils se sont levés, debout et découverts, M⁰ Antoine-Louis Séguier, avocat dudit seigneur roi, portant la parole, ont dit :

« Sire, par l'édit dont nous venons d'entendre la lecture, Votre Majesté réalise la suppression de différents offices, qui avait été ordonnée en 1755. Les circonstances du temps avaient engagé notre auguste prédécesseur à rétablir les officiers supprimés dans la jouissance provisoire des droits attribués à ces différentes charges jusqu'au remboursement de leur finance. Ce remboursement devait s'effectuer dans une caisse créée à cet effet, où devaient se verser le produit des droits de ces offices et le produit des droits rétablis. L'établissement de cette caisse devait avoir lieu en 1771 ; il fut retardé par une déclaration en 1768, et l'ouverture ne devait s'en faire, d'après cette loi nouvelle, qu'en l'année 1777. Les fonds qui avaient été destinés à ces remboursements étaient une sûreté que le feu roi accordait également et aux propriétaires de ces offices et à leurs créanciers, d'après la déclaration qui en avait été faite en 1760. Votre Majesté en ce moment dérange toute l'opération de son auguste prédécesseur ; elle accorde le remboursement des offices supprimés partie en argent, partie en contrats, et ne fixe autre chose pour effectuer les remboursements projetés, que les droits mêmes attribués à ces officiers, qui, par la suppression de plusieurs de ces droits, deviennent insuffisants pour acquitter même les droits de la finance. Ces droits eux-mêmes doivent cesser d'être perçus avant que les remboursements soient effectués, et néanmoins, par cette opération, Votre Majesté charge l'État d'une augmentation de 65 millions de dette, à quoi se monte la totalité de la finance des offices supprimés suivant la liquidation faite en 1760.

« Nous ne présentons ce calcul à Votre Majesté que pour intéresser sa bonté en faveur de ces officiers qui, la plupart, jouissaient de ces offices à titre de patrimoine, et qui ne pourront peut être se défaire que très-difficilement et avec perte des contrats que Votre Majesté va leur donner en payement. Ces considérations ne peuvent que déterminer Votre Majesté à leur assurer de plus en plus le montant de leur créance. Mais pour donner à Votre Majesté une nouvelle preuve de notre obéissance et de notre fidélité, nous requérons que sur l'édit dont lecture vient d'être faite, il soit mis qu'il a été lu et publié, Votre Majesté séant en son lit de justice, et registré au greffe de la cour pour être exécuté selon sa forme et teneur. »

M. le garde des sceaux monté vers le roi, ayant mis un genou en terre pour prendre ses ordres, a été aux opinions à Monsieur, à M. le comte d'Artois, etc.

M. le garde des sceaux, étant ensuite remonté vers le roi pour prendre ses ordres le genou en terre, descendu, remis à sa place, assis et couvert, a dit :

« Messieurs, par les motifs que le roi m'a ordonné de vous expliquer, Sa Majesté s'est déterminée à donner un édit, portant suppression des jurandes et des communautés de commerce, d'arts et métiers ; le roi ordonne qu'il en soit fait lecture par le greffier en chef de son parlement, les portes ouvertes. »

Mᵉ Paul-Charles Cardin le Bret, greffier en chef, s'étant approché de M. le garde des sceaux, a reçu de lui l'édit ; revenu à sa place, debout et découvert, en a fait la lecture.

Ensuite M. le garde des sceaux a dit aux gens du roi qu'ils pouvaient parler. Aussitôt les gens du roi s'étant mis à genoux, M. le garde des sceaux leur a dit : « Le roi ordonne que vous vous leviez. »

Eux levés, restés debout et découverts, Mᵉ Antoine-Louis Séguier, avocat dudit seigneur roi, portant la parole, ont dit :

« Sire, le bonheur de vos peuples est encore le motif qui engage en ce moment Votre Majesté à déployer la puissance royale dans toute son étendue ; mais puisqu'il nous est permis de nous expliquer sur une loi destructive de toutes les lois de vos augustes prédécesseurs, la bonté même de Votre Majesté nous autorise à lui présenter avec confiance les réflexions que le ministère qui nous est confié nous oblige de mettre sous ses yeux, et, nous ne craindrons point d'examiner, au pied du trône d'un roi bienfaisant, si son intention sera remplie et si ses peuples en seront plus heureux. La liberté est sans doute le principe de toutes les actions ; elle est l'âme de tous les États ; elle est principalement la vie et le premier mobile du commerce. Mais, Sire, par cette expression si commune aujourd'hui, et qu'on a fait retentir d'une extrémité du royaume à l'autre, il ne faut point entendre une liberté indéfinie, qui ne connaît d'autres lois que ses caprices, qui n'admet d'autres règles que celles qu'elle se fait à elle-même. Ce genre de liberté n'est autre chose qu'une véritable indépendance ; cette liberté se changerait bientôt en licence ; ce serait ouvrir la porte à tous les abus, et ce principe de richesse deviendrait un principe de destruction, une source de désordres, une occasion de fraude et de rapines dont la suite inévitable serait l'anéantissement total des arts et des artistes, de la confiance et du commerce.

« Il n'y a, Sire, dans un État policé, de liberté réelle ; il ne peut y en avoir d'autre que celle qui existe sous l'autorité de la loi. Les entraves salutaires qu'elle impose ne sont point un obstacle à l'usage qu'on en peut faire ; c'est une prévoyance contre tous les abus que l'indépendance traîne à sa suite. Les extrêmes se touchent de près ; la perfection n'est qu'un point dans l'ordre physique, au delà duquel le mieux, s'il peut exister, est souvent un mal, parce qu'il affaiblit ou qu'il anéantit ce qui était bon dans son origine.

« Pour s'en convaincre, il ne faut que jeter un coup d'œil sur l'érection même des communautés.

« Avant le règne de Louis IX, les prévôts de Paris réunissaient, aux fonctions de la magistrature, la recette des deniers publics. Les malheurs du temps avaient forcé, en quelque façon, à mettre en ferme le produit de la justice et la recette des droits royaux. Sous l'avide administration des prévôts-fermiers, tout était, pour ainsi dire, au pillage dans la ville de Paris, et la confusion régnait dans toutes les classes des citoyens. Louis IX se proposa de faire cesser le désordre, et sa prudence ne lui suggéra d'autres moyens que de former, de toutes les provinces, autant de communautés distinctes et séparées qui pussent être dirigées au gré de l'administration. Ce remède, qui est l'origine des corporations actuelles, réussit au delà de toute espérance. Le même principe a dirigé les vues du gouvernement sur toutes les autres parties du corps de l'État, et c'est d'après ce premier plan qu'il obtint le bon ordre. Tous vos sujets, Sire, sont divisés en autant de corps différents qu'il y a d'États différents dans le royaume. Le clergé, la noblesse, les cours souveraines, les tribunaux inférieurs, les officiers attachés à ces tribunaux, les universités, les académies, les compagnies de finances, les compagnies de commerce, tout présente, et dans toutes les parties de l'État, des corps existants qu'on peut regarder comme les anneaux d'une grande chaîne dont le premier est dans la main de Votre Majesté, comme chef et souverain administrateur de tout ce qui constitue le corps de la nation.

« La seule idée de détruire cette chaîne précieuse devrait être effrayante. Les communautés de marchands et artisans font une portion de ce tout inséparable qui contribue à la police générale du royaume ; elles sont devenues nécessaires, et, pour nous renfermer dans ce seul objet, la loi, Sire, a érigé des corps de communautés, a créé des jurandes, a établi des règlements, parce que l'indépendance est un vice dans la Constitution politique, parce que l'homme est toujours tenté d'abuser de la liberté. Elle a voulu prévenir les fraudes en tout genre et remédier à tous les abus. La loi veille également sur l'intérêt de celui qui vend et sur l'intérêt de celui qui achète ; elle entretient une confiance réciproque entre l'un et l'autre ; c'est, pour ainsi dire, sur le sceau de la foi publique que le commerçant étale sa marchandise aux yeux de l'acquéreur et que l'acquéreur la reçoit avec sécurité des mains du commerçant.

« Les communautés peuvent être considérées comme autant de petites républiques, uniquement occupées de l'intérêt général de tous les membres qui les composent, et, s'il est vrai que l'intérêt général se forme de la réunion des intérêts de chaque individu en particulier, il est également vrai que chaque membre en travaillant à son utilité personnelle, travaille nécessairement, même sans le vouloir, à l'utilité véritable de toute la communauté. Relâcher les ressorts qui font mouvoir cette multitude de corps différents, anéantir les jurandes, abolir les règlements, en un mot, désunir les membres de toutes les communautés, c'est détruire les ressources de toute espèce que le commerce lui-même doit désirer pour sa propre conservation. Chaque fabricant, chaque artiste, chaque ouvrier, se regardera comme un être isolé, dépendant de lui seul et libre de donner dans tous les écarts d'une imagination souvent déréglée ; toute subordination sera détruite ; il n'y aura plus ni poids, ni mesure ; la soif du gain animera tous les ateliers, et comme l'honnêteté n'est pas toujours la voie la plus sûre pour arriver à la fortune, le public entier, les nationaux comme les étrangers, seront toujours la dupe des moyens secrets préparés avec art pour les aveugler et les réduire. Et, ne croyez pas, Sire, que votre ministère, toujours occupé du bien public, se livre en ce moment à de vaines terreurs ; les motifs les plus puissants déterminent notre réclamation, et Votre Majesté serait en droit de nous accuser un jour de prévarication si nous cherchions à les dissimuler. Le principal motif est l'intérêt du commerce en général, non-seulement dans la capitale, mais encore dans tout le royaume ; non-seulement dans la France, mais dans toute l'Europe, disons mieux, dans le monde entier.

« Le but qu'on a proposé à Votre Majesté est d'étendre et de multiplier le commerce en le délivrant des gênes, des entraves, des prohibitions introduites, dit-on, par le régime réglementaire. Nous osons, Sire, avancer à Votre Majesté la proposition diamétralement contraire; ce sont ces gênes, ces entraves, ces prohibitions qui font la gloire, la sûreté, l'immensité du commerce de la France. C'est peu d'avancer cette proposition, nous devons la démontrer. Si l'érection de chaque métier en corps de communauté, si la création des maîtrises, l'établissement des jurandes, la gêne des règlements et l'inspection des magistrats sont autant de vices secrets qui s'opposent à la propagation du commerce, qui en resserrent toutes les branches et l'arrêtent dans ses spéculations, pourquoi le commerce de la France a-t-il été si florissant ? Pourquoi les nations étrangères sont-elles si jalouses de sa rapidité ? Pourquoi, malgré cette jalousie, sont-elles si curieuses des ouvrages fabriqués dans le royaume ? La raison de cette préférence est sensible ; nos marchandises l'ont toujours emporté sur les marchandises étrangères ; tout ce qui se fabrique, surtout à Lyon et à Paris, est recherché dans l'Europe entière pour le goût, pour la beauté, pour la finesse, pour la solidité, pour la correction du dessin, le fini de l'exécution, la sûreté dans les matières ; tout s'y trouve réuni, et nos arts, portés au plus haut degré de perfection, enrichissent votre capitale dont le monde entier est devenu tributaire.

« D'après cette vérité de fait, n'est-il pas sensible que les communautés d'arts et métiers, loin d'être nuisibles au commerce, en sont plutôt l'âme et le soutien, puisqu'elles nous assurent la préférence sur les fabriques étrangères, qui cherchent à les copier sans pouvoir les imiter ?

« La liberté indéfinie fera bientôt évanouir cette perfection, qui est seule la cause de la préférence que nous avons obtenue ; cette foule d'artistes et d'artisans de toutes professions, dont le commerce va se trouver surchargé, loin d'augmenter nos richesses, diminuera tout à coup le tribut des deux mondes. Les nations étrangères trompées par leurs commissionnaires, qui l'auront été eux-mêmes par les fabricants en recevant des marchandises achetées dans la capitale, n'y trouveront plus cette perfection qui fait l'objet de leurs richesses. Elles se dégoûteront de faire transporter à grands risques et grands frais des ouvrages semblables à ceux qu'elles trouveront dans le sein même de leur patrie.

« Le commerce deviendra languissant ; il retombera dans l'inertie dont Colbert, ce ministre si sage, si laborieux, si prévoyant, a eu tant de peine à le faire sortir, et la France perdra une source de richesses que ses rivaux cherchent depuis longtemps à détourner. Ils n'y réussissent que trop souvent, et déjà plus d'une fois nos voisins se sont enrichis de nos pertes. Le mal ne peut qu'augmenter encore ; les meilleurs ouvriers, fixés à Paris, par la certitude du travail, par la promptitude du débit, ne tarderont pas à s'éloigner de la capitale, et l'espoir d'une fortune rapide dans les pays étrangers où ils n'auront point de concurrents, les engagera peut-être à y transporter nos arts et leur industrie. Ces émigrations, déjà trop fréquentes, deviendront encore plus communes à cause de la multiplicité des artistes, et l'effet le plus sûr d'une liberté indéfinie sera de confondre tous les talents et de les anéantir par la médiocrité du salaire, que l'affluence des marchandises doit sensiblement diminuer. Non-seulement, le commerce, en général, fera une perte irréparable, mais tous les corps en particulier éprouveront une secousse qui les anéantira tout à fait. Les maîtres actuels ne pourront plus continuer leur négoce, et ceux qui viendront à embrasser la même profession, ne trouveront plus de quoi subsister ; le bénéfice trop partagé empêchera les uns et les autres de se soutenir ; la diminution du gain occasionnera une multitude de faillites. Le fabricant n'osera plus se fier à celui qui vend en détail. La circulation une fois interceptée, une crainte aussi légitime qu'habituelle arrêtera toutes les opérations du crédit ; et ce défaut de sûreté énervera peu à peu et finira par détruire toute l'activité du commerce, qui ne s'étend et ne se multiplie que par la confiance la plus aveugle.

« Ce n'est point assez d'avoir fait envisager à Votre Majesté la désertion des meilleurs ouvriers comme un malheur peut-être inévitable ; elle doit encore considérer que la loi nouvelle portera un coup funeste à l'agriculture dans tout son royaume. La facilité de se soutenir aujourd'hui dans les grandes villes avec le plus petit commerce fera déserter les campagnes, et les travaux laborieux de la culture des terres paraîtront une servitude intolérable en comparaison de l'oisiveté que le luxe entretient dans les cités. Cette surabondance de consommateurs fera bientôt renchérir les denrées, et, par une conséquence encore plus effrayante, toute police sera détruite sans qu'on puisse même espérer de la rétablir que par les moyens les plus violents. Le nombre immense de journaliers et d'artisans que les grandes villes et que la capitale surtout renfermera dans son sein, doit faire craindre pour la tranquillité publique. Dès que l'esprit de subordination sera perdu, l'amour de l'indépendance va germer dans tous les cœurs. Tout ouvrier voudra travailler pour son compte ; les maîtres actuels verront leurs boutiques et leurs magasins abandonnés ; le défaut d'ouvrage et la disette qui en sera la suite, ameuteront cette foule de compagnons échappés des ateliers où ils trouvaient leurs subsistances, et la multitude que rien ne pourra contenir causera les plus grands désordres.

« Nous craignons, Sire, de charger le tableau, et nous nous arrêtons pour ne point alarmer le cœur sensible de Votre Majesté ; mais en même temps, nous croirions manquer à notre devoir si nous ne protestions pas ici d'avance contre les maux publics dont la loi nouvelle sera infailliblement une source trop funeste.

« Quelle force n'ajouterions-nous pas à ces considérations, s'il nous était permis de représenter à Votre Majesté qu'on lui fait adopter, sans le savoir, l'injustice la plus criante ! Qui osera, néanmoins, l'exposer à vos yeux si notre ministère craint de se compromettre et se refuse aux intérêts de la vérité ?

« Cette injustice est bien éloignée du cœur de Votre Majesté, mais elle n'en résulte pas moins de la lésion énorme dont tous les marchands de son royaume vont avoir à se plaindre. Donner à tous vos sujets indistinctement la faculté de tenir magasin et d'ouvrir boutique, c'est violer la propriété des maîtres qui composent les communautés. La maîtrise, en effet, est une propriété réelle qu'ils ont achetée et dont ils jouissent sur la foi des règlements ; ils vont la perdre cette propriété, du moment qu'ils partageront le même privilége avec tous ceux qui voudront entreprendre le même trafic sans en avoir acquis le droit aux dépens d'une partie de leur patrimoine ou de leur fortune ; et cependant, le prix d'une grande portion de ces maîtrises, telles que celles qui ont été créées en différents temps, et en dernier lieu en 1767, ce prix, disons-nous, a été porté directement dans le trésor royal ; et si l'autre portion a été trouvée dans la caisse des communautés, elle a été employée à rembourser les emprunts qu'elles ont été obligées de faire pour les besoins de l'État ; cette ressource dont on a peut-être fait un usage trop fréquent, mais toujours utile dans les circonstances urgentes, sera fermée désormais à Votre Majesté ; et les revenus publics en souffriront eux-mêmes une diminution très-considérable ; car, d'un côté, les riches marchands, après avoir souffert un préjudice considérable dans leur trafic par l'augmentation de ceux qui s'adonneront au même commerce, ne seront plus en état de payer la même capitation, et d'un autre côté la plus grande partie de ceux qui viendront partager leur bénéfice ne seront point en état d'acquitter la capitation, dont il faudra décharger les anciens maîtres en raison de la diminution de leur commerce.

« Nous ne parlons point à Votre Majesté, ni de la difficulté du recouvrement de cette même capitation, ni de la surcharge des dettes de l'État, par l'obligation que Votre Majesté contracte d'acquitter les dettes de toutes les communautés. Les inconvénients en tous genres que nous avons eu l'honneur de présenter à vos yeux détermineront sans doute Votre Majesté à prendre une nouvelle résolution plus favorable au commerce et aux différents corps qui l'exercent depuis si longtemps et avec tant de succès.

« Ce n'est pas, Sire, que nous cherchions à nous cacher à nous-mêmes qu'il y a des défauts dans la manière dont les communautés existent aujourd'hui ; il n'est point d'institution, point de compagnie, point de corps en un mot, dans lesquels il ne se soit glissé quelques abus. Si leur anéantissement était le seul remède, il n'est rien de ce que la prudence humaine a établi qu'on ne dût anéantir, et l'édifice même de la constitution politique serait peut-être à reconstruire dans toutes ses parties.

« Mais, Sire, Votre Majesté elle-même ne doit pas l'ignorer, il y a une distance immense entre détruire les abus et détruire les corps où ces abus peuvent exister. Les communautés d'arts et métiers, qu'on a engagé Votre Majesté à supprimer, en sont un exemple frappant. Elles ont été établies comme un remède à de très-grands abus ; on leur reproche aujourd'hui d'être devenues la source de plusieurs abus d'un autre genre ; elles en conviennent, et la sincérité de cet aveu doit porter Votre Majesté à les réformer et non à les détruire. Il serait utile, il est même indispensable d'en diminuer le nombre. Il en est dont l'objet est si médiocre que la liberté la plus entière y devient en quelque sorte de nécessité. Qu'est-il nécessaire, par exemple, que les bouquetières fassent un corps assujetti à des règlements ? qu'est-il besoin de statuts pour vendre des fleurs et en former un bouquet ? La liberté ne doit-elle pas être l'essence de cette profession ? où serait le mal quand on supprimerait les fruitières ? Ne doit-il pas être libre à toute personne de vendre les denrées de toute espèce qui ont toujours formé le premier aliment de l'humanité ?

« Il en est d'autres qu'on pourrait réunir, comme les tailleurs et les fripiers ; les menuisiers et les ébénistes ; les selliers et les charrons ; les traiteurs et les rôtisseurs ; les boulangers et les pâtissiers ; en un mot, tous les arts et métiers qui ont une analogie entre eux, ou dont les ouvrages ne sont parfaits qu'après avoir passé par les mains de plusieurs ouvriers.

« Il en est enfin où l'on devrait admettre les femmes à la maîtrise, telles que les brodeuses, les marchandes de modes, les coiffeuses ; ce serait préparer un asile à la vertu, que le besoin conduit souvent au désordre et au libertinage. En diminuant ainsi le nombre des corps, Votre Majesté assurerait un état solide à tous ses sujets, et ce serait un moyen sûr et certain de leur ôter à tous mille prétextes de se ruiner en frais, et de les multiplier avec un acharnement que l'intérêt seul peut entretenir ; et si, après l'acquittement des dettes des communautés, Votre Majesté supprimait tous les frais de réception généralement quelconques, à l'exception du droit royal qui a toujours subsisté, cette liberté objet des vœux de Votre Majesté s'établirait d'elle-même, et les talents ne seraient plus exposés à se plaindre des rigueurs de la fortune.

« Ces motifs sans doute feront impression sur le cœur paternel de Votre Majesté. Jusqu'à présent, nous n'avons parlé qu'au père du peuple ; il est un dernier motif que nous devons présenter au monarque. Ce motif est si puissant que votre zèle pour le bien public (car Votre Majesté voudra bien être persuadée qu'il est plus d'un magistrat dans son royaume qui s'occupe du bonheur commun), notre amour et notre respect pour votre personne sacrée, ne nous permettent pas de le passer sous silence : c'est la manière dont on a voulu faire envisager à Votre Majesté les statuts et règlements des différents corps d'arts et métiers de son royaume. Dans l'édit qui vient d'être lu dans cette auguste séance, on présente ces statuts, ces règlements, comme bizarres, tyranniques, contraires à l'humanité et aux bonnes mœurs ; il ne leur manquait, pour exciter l'indignation publique, que d'être connus. Cependant, Sire, la plupart sont confirmés par des lettres patentes des rois vos augustes prédécesseurs ; ils sont l'ouvrage de ceux qui s'y sont volontairement assujettis ; ils sont le fruit de l'expérience ; ce sont autant de digues élevées pour arrêter la fraude et prévenir la mauvaise foi. Les arts et métiers eux-mêmes n'existent que par les précautions salutaires que ces règlements ont introduites ; enfin, ce sont vos ancêtres, Sire, qui ont forcé ces différents corps à se réunir en communautés ; ces érections ont été faites non pas sur les demandes des marchands, des artisans, des ouvriers, mais sur les supplications des habitants des villes que les arts ont enrichis ; c'est Henri IV lui-même, ce roi qui sera toujours les délices des Français, ce roi qui n'était occupé que du bonheur de son peuple, ce roi que Votre Majesté a pris pour modèle ; oui, Sire, c'est cette idole de la France, qui, sur l'avis des princes de son sang, des gens de son Conseil d'État, des plus notables personnages et de ses principaux officiers, assemblés dans la ville de Rouen, pour le bien de son royaume, a ordonné que chaque état serait divisé et classé sous l'inspection des jurés choisis par les membres de chaque communauté et assujetti aux règlements particuliers à chaque corps de métier différent. Henri IV s'est déterminé à cette loi générale, non pas, comme ses prédécesseurs, qui ne cherchaient qu'un secours momentané dans cette création, mais pour prévenir les effets de l'ignorance et de l'incapacité, pour arrêter les désordres, pour assurer la perception de ses droits et en faire usage à l'avenir suivant les circonstances ; d'où il résulte que c'est le bien public qui a nécessité l'érection des maîtrises et des jurandes ; que c'est la nation elle-même qui a sollicité ces lois salutaires ; que Henri IV ne s'est rendu qu'au vœu général de son peuple ; et nous ne pouvons répéter sans une espèce de frémissement qu'on a voulu faire envisager la sagesse de ce monarque, si bon et si chéri, comme ayant autorisé des lois bizarres, tyranniques, contraires à l'humanité et aux bonnes mœurs, et que cette assertion se trouvera dans une loi publique émanée de Votre Majesté ! Colbert pensait bien autrement. Ce Colbert qui a changé la face de toute la France, qui a ranimé tout le commerce, qui l'a créé, pour ainsi dire, et lui a assuré la prépondérance sur toutes les autres nations ; Colbert, qui ne connaissait que la gloire et l'intérêt de son maître, qui n'avait d'autre vue que la grandeur et la puissance du peuple français ; ce génie créateur qui ranima également l'agriculture et les arts ; ce ministre enfin, fait pour servir, en cette partie, de modèle à tous ceux qui le suivront, fit ordonner que toutes personnes faisant trafic ou commerce en la ville de Paris, seraient et demeureraient pour l'avenir érigées en corps de maîtrises et de jurandes.

« Jamais prince n'a été plus chéri que Henri IV, jamais la France n'a été plus florissante que sous Louis XIV ; jamais le commerce n'a été plus étendu, plus profitable que sous l'administration de Colbert : c'est néanmoins l'ouvrage de Henri IV et de Louis XIV, de Sully et de Colbert qu'on vous propose d'anéantir. Voilà, Sire, les réflexions que le zèle le plus pur dicte au ministère chargé de la conservation des lois de votre royaume. La confiance dont Votre Majesté nous honore nous a enhardis à lui représenter tous les inconvénients qui peuvent résulter d'une subversion totale dans toutes les parties du commerce, et nous ne doutons pas que si Votre Majesté daigne peser l'importance des motifs que nous venons d'avoir l'honneur de lui exposer, elle ne se détermine à faire examiner de nouveau la loi qu'elle se propose de faire enregistrer. Au lieu d'anéantir les communautés dans tout son royaume, elle se contentera de déraciner les abus qu'on peut justement leur reprocher, et la même autorité qui allait les détruire donnera une nouvelle existence à des corps analogues à la constitution de l'état, et qu'il est facile de rendre encore plus utiles au bien général de la nation. Animés de cet espoir si flatteur, nous ne pouvons en ce moment que nous en rapporter à ce que la sagesse et la bienfaisance de Votre Majesté voudra ordonner. »

Ensuite, M. le garde des sceaux, monté vers le roi pour prendre ses ordres, ayant mis un genou en terre, a été aux opinions à Monsieur, à M. le comte d'Artois, etc.....

M. le garde des sceaux a monté vers le roi, agenouillé à ses pieds pour prendre ses ordres, redescendu, remis en sa place, assis et couvert, a dit :

« Messieurs, le roi a donné des lettres patentes portant modération du droit sur les suifs. Sa Majesté ordonne que lecture en soit faite par le greffier en chef de son parlement, les portes ouvertes. »

M⁰ Paul-Charles Cardin le Bret, greffier en chef, s'étant avancé jusqu'à la place de M. le garde des sceaux, a reçu de lui les lettres patentes, revenu à sa place, debout et découvert, en a fait la lecture.

Ensuite M. le garde des sceaux a dit aux gens du roi qu'ils pouvaient parler.

Aussitôt les gens du roi se sont mis à genoux.

M. le garde des sceaux leur a dit que le roi ordonnait qu'ils se levassent. Ils se sont levés, et, debout et découverts, M⁰ Antoine-Louis Seguier, avocat dudit seigneur roi, portant la parole, ont dit :

« Sire, Votre Majesté accorde un nouveau soulagement à son peuple par la suppression des droits énoncés dans les lettres patentes dont nous venons d'entendre la lecture ; votre parlement se serait porté à les enregistrer de lui-même, si elles n'avaient supposé l'anéantissement d'une communauté qu'il espérait que vous voudriez bien conserver avec tous les autres corps d'arts et métiers de votre royaume. Votre Majesté persiste dans sa volonté, nous ne pouvons nous dispenser de requérir qu'il soit mis au bas des lettres-patentes dont la lecture a été faite, qu'elles ont été lues et publiées par Votre Majesté séant en son lit de justice, et enregistrées au greffe de la cour pour être exécutées selon leur forme et teneur. »

M. le garde des sceaux, monté vers le roi pour prendre ses ordres, ayant mis un genou en terre, a été aux opinions à Monsieur, à M. le comte d'Artois, etc.

Ensuite le roi a dit :

« Vous venez d'entendre les édits que mon amour pour mes sujets m'a engagé à rendre ; j'entends qu'on s'y conforme.

« Mon intention n'est point de confondre les conditions ; je ne veux régner que par la justice et les lois.

« Si l'expérience fait reconnaître des inconvénients dans quelques-unes des dispositions que ces édits contiennent, j'aurai soin d'y remédier. » Après quoi, le roi s'est levé et est sorti dans le même ordre qu'il était entré.

M. le garde des sceaux a suivi le roi, et, quelque temps après, la compagnie est sortie dans le même ordre qu'elle était entrée et descendue dans la cour des princes.

MM. les présidents sont entrés dans la salle des ambassadeurs où ils ont quitté leurs manteaux, ainsi que le greffier en chef son épitoge ; et la compagnie est montée en carrosse et revenue à Paris en corps de cour, escortée de la robe courte, comme elle l'avait été en venant ; les brigades de maréchaussée étaient placées aux mêmes endroits de la route, et lui ont rendu les mêmes honneurs ; la robe courte a accompagné M. le premier président jusque dans la cour de son hôtel.

ERRATUM.

A la page 60 *in fine*, au lieu de « *disait-il,* » lisez « disait le premier président. » Les paroles que nous citons ne furent pas prononcées par l'avocat général, mais par le premier président.

TABLE DES MATIÈRES.

Introduction..	1
Biographie...	13
PREMIÈRE PARTIE.—Doctrines philosophiques de Turgot.	79
I. Métaphysique et psychologie.................	79
II. Morale...................................	99
III. Doctrine politique........................	119
IV. Philosophie de l'histoire...................	145
DEUXIÈME PARTIE. — Doctrines économiques...........	161
I. Propriété des mines et carrières.............	173
II. Commerce des grains.......................	181
III. Taux de l'intérêt.........................	194
IV. De l'impôt................................	206
V. Douanes...................................	225
VI. Impôts divers.............................	230
VII. Fondations...............................	237
VIII. Foires et marchés........................	244
IX. Rente de la terre..........................	247
X. Grande et petite culture.....................	260
XI. Théorie de la valeur.......................	274
XII. De la monnaie............................	284
XIII. Statistique..............................	289
TROISIÈME PARTIE. — Administration.................	293
I. Une province avant 1789.....................	293

II. La généralité de Limoges.............................	305
III. Réformes financières dans la généralité..........	312
IV. Abolition de la corvée................................	327
V. Milices...	336
VI. Bienfaisance publique................................	341
VII. Mesures diverses.....................................	351
VIII. Turgot ministre de la marine.....................	360
IX. Turgot contrôleur général...........................	365
CONCLUSION..	379
NOTES ET PIÈCES...	389
I. Turgot jugé par Montyon..............................	391
II. Lettre de Turgot à M. d'Ormesson.................	404
III. Procès-verbal du lit de justice tenu à Versailles pour l'enregistrement des édits de 1776.................	407

FIN DE LA TABLE.

CORBEIL. — Typ. et stér. de CRÉTÉ.

www.ingramcontent.com/pod-product-compliance
Lightning Source LLC
Chambersburg PA
CBHW060935230426
43665CB00015B/1955